LAURA CHILDS
Tod beim Tee

Buch

Theodosia Browning hat das hektische Leben der Werbebranche hinter sich gelassen, um sich einen lang gehegten Traum zu erfüllen: In ihrer Heimatstadt Charleston, South Carolina, hat sie einen Teeladen eröffnet. Mit dem Teespezialisten Drayton, den zwei Angestellten Haley und Bethany sowie Hund Earl Grey führt sie erfolgreich den Indigo Teeladen.
Doch dann stirbt einer der Gäste bei einer von Theos legendären Teegesellschaften. Bei dem Toten handelt es sich um den bekannten und umstrittenen Bauunternehmer Hughes Barron. Die polizeilichen Untersuchungen ergeben, dass Barron durch eine Dosis Gift in seinem Tee starb, und Theos neue Angestellte Bethany, die den Toten entdeckt hatte, ist für Detektiv Burt Tidwell sofort eine der Hauptverdächtigen. Diese absurde Beschuldigung und die ausbleibenden Gäste veranlassen Theo, selbst in diesem mysteriösen Fall zu ermitteln. Schnell stößt sie auf eine Reihe von verdächtigen Personen, und als sie erfährt, dass die Polizei als Beweisstück einen Teefilter voller Fingerabdrücke besitzt, kommt Theo dem Täter auf die Spur ...

Autorin

Laura Childs war zwanzig Jahre lang erfolgreich in der Werbe- und Marketingbranche tätig, bevor sie anfing, Kriminalromane zu schreiben. Als Teeliebhaberin hat sie Reisen nach China, Japan und Indonesien unternommen. Zusammen mit ihrem Mann und ihren zwei Hunden lebt sie in Charleston, South Carolina. Ein weiterer Roman mit der Amateurdetektivin Theodosia Browning ist bei Goldmann in Vorbereitung.

Laura Childs
Tod beim Tee

Roman

Aus dem Amerikanischen
von Sabine Maier-Längsfeld

GOLDMANN

Die Originalausgabe erschien 2001 unter dem Titel
»Death by Darjeeling«
bei The Berkley Publishing Group,
a division of Penguin Putnam Inc., New York

Umwelthinweis:
Alle bedruckten Materialien dieses Taschenbuches
sind chlorfrei und umweltschonend.

Deutsche Erstausgabe Dezember 2002
Copyright © der Originalausgabe 2002
by The Berkley Publishing Group
Published by arrangement with Berkley Books,
a member of Penguin Putnam Inc.
Copyright © der deutschsprachigen Ausgabe 2002
by Wilhelm Goldmann Verlag, München,
in der Verlagsgruppe Random House GmbH
Umschlaggestaltung: Design Team München
Umschlagfoto: Zefa/SIS
Satz: deutsch-türkischer fotosatz, Berlin
Druck: Elsnerdruck, Berlin
Verlagsnummer: 45373
Redaktion: Maria Hochsieder
AL · Herstellung: Katharina Storz/Str
Made in Germany
ISBN 3-442-45373-9
www.goldmann-verlag.de

1 3 5 7 9 10 8 6 4 2

*Dieses Buch ist Peg Baskerville gewidmet,
treue Freundin und unersättliche Leserin.
Mögest du in Frieden ruhen
und die unendliche Zeit genießen,
die der Himmel zum Lesen bereithält.*

1

Eine Teegarnitur aus Knochenporzellan auf einem Knie balancierend lehnte Theodosia Browning sich von dem Durcheinander auf ihrem antiken Holztisch zurück und trank einen wohlverdienten Schluck Lung Ching. Sie genoss die smaragdgrüne Farbe des Tees und seine köstliche Süße und strich geistesabwesend eine Locke ihrer naturkrausen, kastanienbraunen Haarpracht zurück, die ihr Gesicht einrahmte und sie aussehen ließ wie die Mischung aus einem Gemälde von Raphael und einer freundlichen Meduse.

Immer mit der Ruhe, sagte sie sich.

An diesem herrlichen Oktobernachmittag – die Temperatur in Charleston lag bei etwa 24 Grad, und die Hintertür stand weit offen, um das laue Lüftchen einzufangen, das vom nahe gelegenen Cooper River herüberwehte – schien der Indigo Tea Shop das Epizentrum diverser kleiner Krisen zu sein, deren Auswirkungen treffsicher in Theodosias Schoß landeten.

Ihr Frachtführer, der den Umgang mit rotem Klebeband normalerweise ebenso meisterlich verstand wie empfindliche Sendungen aus fernen Kontinenten durch den Zoll zu bugsieren, hatte soeben mit katastrophalen Nachrichten aufgewartet. Drei Kisten Silver Tips von der Makaibari-Teeplantage in Indien waren ohne viel Federlesens auf einem Dock in New Jersey abgeladen und dem strömenden Regen überlassen worden.

Dann war da die Sache mit der Website.

Theodosia lenkte den Blick auf die bunten Konzepttafeln, die auf dem Fußboden verstreut lagen. Obwohl sie in Sachen Marketing und Design auf den Fachverstand der Todd & Lambeau Design Group zählen konnte, eine der führenden Web-Design-Agenturen in Charleston, erwies sich die Einführung eines virtuellen Teeladens als Großunternehmung. Die Platzierung von Tüten, Schachteln und Dosen mit exotischen Teesorten und Teezubehör erforderte mehr als reinen Cyber-Sachverstand; es war eine langwierige Aufgabe, insbesondere was Zeit und Geld anbelangte.

Und als wäre das nicht alles schon genug, war Drayton Conneley, ihr Assistent und ihre rechte Hand, in letzter Minute zu einer Teeprobe gerufen worden. In diesem Augenblick war Drayton vorne im Laden und beglückte ein halbes Dutzend Damen mit seinem Charme. Was bedeutete, dass die letzten Vorbereitungen für die Lamplighter-Tour heute Abend noch immer nicht abgeschlossen waren.

Gewöhnlich schwelgte Theodosia in der Oase der Ruhe, die ihr kleiner Teeladen darstellte. Eingebettet zwischen Robillard Booksellers und dem Kartenantiquariat in der Altstadt von Charleston, South Carolina, war der Indigo Tea Shop ein Teil des romatischen Pastellgobelins aus Südstaaten- und Föderationsarchitektur, viktorianischen Stadthäusern, Innenhöfen und altmodischen Geschäften.

Im Innern dieses kleinen Juwels, eines ehemaligen Kutschhauses, zischten und blubberten kupferne Teekessel, und auf hölzernen Gestellen kühlte frisch bereitetes Gebäck aus, während sich die Stammgäste um einen der heiß begehrten Sitzplätze an den knarzenden Nussholztischen balgten. Durch bleigefasste Fenster und flatternden Baumwollstoff, der die kräftige Sonne South Carolinas mildern sollte, fiel gefiltertes Licht auf hölzerne Dielen, freiliegende Balken und Ziegelwände. Vom Boden bis zur Decke erstreckte sich ein Labyrinth aus winzigen Fächern, gefüllt mit Töpfen, die bis zum Rand gefüllt waren mit schwarzen, grünen und weißen Tees, mit Black Powders in Nussbraun und Ocker und ganzen Blättern, die blassgrün schimmerten. Und was für ein unwiderstehliches Spektrum an Aromen sich hier bot! Würziger Gunpowder, grüner Tee aus Südchina, leicht fermentierter ceylonesischer Garden-Tee, mit köstlichen Früchten aromatisierter Nilgiri-Tee von den Blauen Bergen Indiens.

Das Klingeln des Telefons riss Theodosia aus ihren Betrachtungen.

»Delaine auf der Zwei«, rief Haley. Sie kam aus der Küche geschossen und blieb neben Theodosia stehen.

Haley Parker war Theodosias junge Verkäuferin und darüber hinaus eine außerordentlich talentierte Bäckerin. Sie arbeitete tagsüber im Teeladen und besuchte einige Male die Woche Abendkurse am College. Im Augenblick war Kommunikationswissenschaft Haleys Hauptfach, doch sie hatte in den vergangenen drei Jahren zwischen Soziologie, Philosophie und Frauenforschung gependelt.

Theodosia warf ihr einen hoffnungsvollen Blick zu. »Könntest du mit ihr sprechen?«

»Delaine hat ganz speziell nach dir gefragt«, sagte Haley, und ihre braunen Augen blitzten belustigt.

»Himmel, hilf!«, murmelte Theodosia und griff nach dem Hörer.

»Merkur ist rückläufig«, fügte Haley theatralisch flüsternd hinzu. »Die nächsten Tage werden reichlich unruhig werden.«

Theodosia holte tief Luft. »Delaine! Wie schön, dass du anrufst.«

Delaine Dish war die Besitzerin von Cotton Duck, einer Damenboutique mit lässig eleganter Kleidung aus Baumwolle, Seide und Leinen. Außerdem war Delaine die Klatschtante der Nachbarschaft.

»Sag nicht, dass dir dieser Mann nicht aufgefallen ist, Hughes Barron meine ich«, ertönte Delaines schrille Stimme.

»Doch, ist er nicht, Delaine.« Theodosia erhob sich und streckte in Erwartung einer längeren Belagerung ihren steifen Rücken.

»Nun, er hat ein Angebot für den Peregrine-Bau gemacht.«

Der Peregrine-Bau stand drei Häuser vom Indigo Tea Shop entfernt auf der Church Street. Es handelte sich um einen reich verzierten Kalksteinbau, der zur Jahrhundertwende als Opernhaus gedient hatte und jetzt in den ersten beiden Etagen einige Geschäfte und Büros beherbergte.

»Meine Liebe«, fuhr Delaine fort, »du bist eine kluge Geschäftsfrau. Du kennst dich aus mit komplizierten Sachverhalten wie Flächennutzungsplänen und gewerblicher Nutzung.«

»Worauf willst du hinaus, Delaine?«, fragte Theodosia, unbeeindurckt von Delaines Schmeichelei.

»Auf den Denkmalschutz. Gott weiß, welche Bausünden ein Immobilienhändler von Barrons Ruf an einem Gebäude wie diesem zu begehen im Stande ist.« Delaine sprach das Wort »Immobilienhändler« mit einem solchen Abscheu aus, als spreche sie über Kuhmist.

»Ich sag dir was, Delaine …« Theodosia unterdrückte ein Kichern. »Ich werde mit Drayton sprechen. Er ist …«

»… ein hohes Tier im Denkmalschutzverein!«, fiel Delaine ihr ins Wort. »Natürlich, der gute alte Drayton! Ich wüsste niemanden mit einem besseren Draht zu dieser ganzen Geschichte!«

»Du nimmst mir die Worte aus dem Mund.«

»Theo, du bist ein Schatz!«

»Bye, Delaine.« Theodosia legte auf und trug das Teegeschirr in die Küche. Der Raum wurde beherrscht von einem überdimensional großen Backofen, dem der köstliche Duft frisch gebackener Plätzchen entströmte.

»Wenn du Delaine einstellen würdest, könntest du dir den Auftritt im Internet sparen«, sagte Haley. Sie öffnete die Ofentüre, warf einen kurzen Blick hinein und machte wieder zu.

»Delaine ist schon eine besondere Marke«, stimmte Theodosia zu, »aber sie verleiht der Nachbarschaft unbestritten ein gewisses Flair von Leidenschaftlichkeit.« Theodosia hob die Plastikabdeckung von einem Tablett mit kleinen Preiselbeerküchlein. »Die sehen himmlisch aus.«

»Danke. Hoffentlich reicht das für heute Abend. Oh … einen Augenblick noch, dann kannst du unseren Gästen eine frische Fuhre Butterkekse mit hinausnehmen.«

»Wie läuft es?« Theodosia deutete mit dem Kopf zum Ladenraum.

»Drayton ist ganz der übliche Connaisseur.«

»Dein Wortschatz erweitert sich in rasender Geschwindigkeit, Haley.«

»Danke. Ich habe einen Kurs mit dem Titel ›Rhetorische Kompetenz‹ belegt.«

»Hervorragend«, sagte Theodosia. »Er bringt dich hoffentlich deinem Abschluss ein Schrittchen näher, oder?«

Haley streifte sich den Ofenhandschuh über und verlagerte das Gewicht ihres schmalen, geschmeidigen Körpers von einem Bein auf das andere. »Eigentlich denke ich gerade darüber nach, ein Jahr Pause einzulegen, damit ich mich zur Abwechslung mal auf etwas Praktisches konzentrieren kann.«

»Aha.« Theodosia spähte durch die dunkelgrünen Samtvorhänge, die den Durchgang vom Verkaufsbereich zur Küche und ihrem kleinen Büro verhängten.

Um einen der großen Tische waren sechs Teekosterinnen versammelt, die eifrig lauschten, als Drayton Conneley, professioneller Teemischer und einer von nur zehn Meisterteeverkostern in den Vereinigten Staaten, einen leidenschaftlichen Vortrag zum Besten gab. Elegant wie immer, in Tweedjackett, gestärktem weißem Hemd und Fliege, gab Drayton vier gehäufte Teelöffel Jasmin Pearl in eine vorgewärmte weiße Keramikkanne. Darauf schenkte er einen Schwall warmes Wasser, das nicht mehr als 66 Grad haben durfte. Während die Teeblätter in dem dampfenden Wasser zogen, entwickelte sich ein satter Ingwerton und kurz darauf ein süßer, an Mandeln erinnernder Duft.

»Woher weiß man, wie lange man den Tee ziehen lassen muss?«, fragte eine weißhaarige Frau und zog anerkennend die Nase kraus.

»Grüne und weiße Sorten lässt man am besten nur ein bis zwei Minuten ziehen!«, sagte Drayton. »Ein Darjeeling, eine, wie wir alle wissen, milde und fruchtige Sorte, sollte keinesfalls länger ziehen als drei Minuten. Und das ist eine feste Regel.« Drayton Conneley warf einen Blick über die Schildpatt gefassten Halbgläser seiner Brille, die beständig seine lange Adlernase hinunterrutschte und ihm ein etwas eulenhaftes Aussehen verlieh.

»Nur fünfzehn Sekunden zu lang, und ein Darjeeling wird bitter. Ein Formosan Oolong, besonders wenn die Blätter eng gerollt sind, ist dagegen eine ganz andere Sache. Scheuen Sie nicht davor zurück, diese Sorte sieben Minuten ziehen zu lassen«, erklärte Drayton in der sorgfältig modulierten Tonlage, die gute Freunde sein *basso contante* nannten.

Drayton war zweiundsechzig Jahre alt und hatte als einziger Sohn eines Missionarsehepaares, das ursprünglich von Sullivan's Island, einen Sprung übers Wasser von Charleston entfernt, stammte, die ersten zwanzig Jahre seines Lebens in Kanton verbracht. In Südchina hatte Drayton seine Leidenschaft für Tee entwickelt. Er hatte oft wochenlang auf der Panyang-Teeplantage im Hochland von Hangzhou verbracht, während seine Eltern sich um chinesische Christen in weit entfernten Provinzen kümmerten. Nach seiner Rückkehr nach Charleston besuchte Drayton die Johnson & Wales Universität, die renommierteste kulinarische Lehranstalt der Gegend. Im Anschluss daran verbrachte er mehrere Jahre in London, wo er bei der Croft & Squire Teegesellschaft arbeitete, und wechselte dann nach Amsterdam, jenem weltgrößten Umschlagplatz für Tee.

Jetzt hatte Drayton sechs verschiedene Teekannen auf der drehbaren Platte in der Mitte des Tisches arrangiert. Jede Kanne war mit einem einzigartigen Motiv verziert. Die Bandbreite erstreckte sich von einem farbenprächtigen Keramikkohlkopf bis zu einer chinesischen Yi-Shing-Kanne aus gebranntem purpurnem Ton. In jeder Kanne zog eine andere Sorte Tee, und vor jeder der Damen standen sechs kleine Tässchen zum Probieren. Ein verziertes Silbertablett mit einer schnell schwindenden Gebäckmischung machte ohne Unterlass die Runde um den Tisch.

»Ich bin mir nie ganz sicher, wann das Wasser so weit ist«, gab eine Frau mit gelbem Twinset in dem langsamen Tonfall von sich, der verriet, dass sie in Savannah, Georgia, zu Hause war, während sie sich schnell nach dem letzten Butterkeks streckte.

»Dann, meine Liebe, werde ich für Sie ein berühmtes japanisches Sprichwort zitieren, das erbaulich und gleichzeitig wunderbar anschaulich ist. ›Karpfenaugen kommen, Fischaugen gehen ...‹«

»›Gleich wird der Wind in den Kiefern wehen‹«, schloss Theodosia und trat durch den Vorhang.

»Mit Fischaugen sind die ersten winzigen Bläschen gemeint«, erklärte sie und stellte ein Tablett mit frischen Butterkeksen auf den Tisch. »Die Karpfenaugen sind die großen Blasen, die verkünden, dass das Wasser richtig kocht. Und der Wind in den Kiefern ist, wie könnte es anders sein, das beginnende Pfeifen des Wasserkessels.«

Die charmanten Metaphern entlockten der entzückten Zuhörerschaft eine spontane Runde Applaus. Drayton sah auf, erfreut über den gekonnten Auftritt seiner geliebten Arbeitgeberin.

Die meisten Menschen waren vom ersten Augenblick an von Theodosia Browning entzückt: blau funkelnde Augen, aus denen kaum zu bändigende Energie strahlte, ein breites, intelligentes Gesicht, hohe Wangenknochen und ein üppiger, vollkommen geschwungener Mund, den sie, wenn sie verlegen war, zu einem Schmollen verzog.

Theodosia holte eine Schürze hinter der Ladentheke

hervor und band sie sich um die Taille ihres Laura-Ashley-Kleides. Sie hatte zwar kein Übergewicht, war aber auch nicht wirklich schlank. Sie war kräftig, und das schon ein Leben lang. Konfektionsgröße 40, die dann und wann zu 42 tendierte, vor allem um Weihnachten und Neujahr herum, wenn der Teeladen überquoll von Hörnchen, süßen Waffeln, Sahneteilchen und Butterbiskuits und die Church Street hinauf und hinunter zu Weihnachtsfeiern geladen wurde, auf denen sich die Buffets unter Krabbensuppe, gebratener Ente und scharfen Garnelen mit Tassosauce bogen.

Theodosias Mutter, überzeugte Romantikerin und Liebhaberin der Geschichte, hatte ihre einzige Tochter nach Theodosia Alston benannt, der Frau von Joseph Alston, dem ehemaligen Gouverneur von South Carolina, und Tochter des ehemaligen Vizepräsidenten Aaron Burr.

Theodosia Alston hatte zu Beginn des neunzehnten Jahrhunderts eine glanzvolle Rolle als First Lady ihres Staates abgegeben. Doch ihr Ruhm war nur von kurzer Dauer. Im Jahre 1812 reiste sie als Passagier auf einem Segelschiff, das vor der Küste North Carolinas sank. Als die Leichen der Unglückseligen an Land gespült wurden, blieb Theodosia Alston als Einzige vermisst.

Als junges Mädchen hatte Theodosia oft mit ihrer Mutter in der Gartenschaukel gesessen und darüber spekuliert, was wohl in Wirklichkeit aus der historischen Theodosia geworden war. Während sie sich die Nachmittage damit vertrieben, dem Summen der Bienen zu lauschen, hatten sie sich unzählige aufregende Szenarien ausgedacht.

War sie von den Feinden ihres Vaters entführt worden? Hatten die Piraten, die vor der Küste ihr finsteres Unwesen trieben, die arme Theodosia Alston entführt und sie in die Sklaverei verkauft? Und als Jahre später das Anwesen einer alten Dame aus North Carolina veräußert wurde, weshalb fand man da ein Portrait dieser Dame in jungen Jahren, das so auffallend der vermissten Theodosia ähnelte?

Doch in Charleston, jener schönen Stadt, die einst, als Reis, Indigo und Tabak von den umliegenden Plantagen auf der ganzen Welt gefragt waren, als Charles Town begonnen hatte, hatten sich Legenden und Geschichte schon immer zu einer farbenfrohen Überlieferung vermischt.

Für Theodosia Browning war das Betreiben eines Teeladens die zivilisierte Mischung aus Handel und typisch südstaatlerischer Gastfreundschaft. Beinahe, als würde man die Türen seines Salons weit aufreißen und einfach abwarten, welche Überraschungsgäste hereinschneiten.

Doch Theodosia, inzwischen sechsunddreißig Jahre alt, war nicht immer Besitzerin eines Teeladens gewesen.

Vor vielen Jahren (Theodosia zählte lieber nicht mehr genau nach) hatte sie an der renommierten Universität von Charleston studiert. Mit englischer Literatur im Hauptfach hatte sie sich mitreißen lassen von den Werken Jane Austens, Mary Shelleys und Charlotte Brontës. Fest entschlossen, selbst romantische Dichterin zu sein, hatte Theodosia, ganz der Kunst verpflichtet, ein fließendes, purpurrotes Samtcape getragen, war auf der Suche nach Inspiration über den alten Magnolia-Friedhof gewandelt und hatte einen Nebenjob im Antiquariat angenommen.

Doch einen Monat vor ihrem Abschluss war Theodosias Vater gestorben, und weil auch ihre Mutter schon seit langem tot war, blieb ihr nur ein kleines Einkommen, um ihren Lebensunterhalt zu bestreiten. Sie wusste, dass das

Leben eines Dichters sogar noch eine missliche Stufe unter dem des Hungerkünstlers stehen kann, und so nahm Theodosia eine Stelle in einer Werbeagentur an.

Weil sie nicht nur mit Kreativität, sondern genauso mit einer genialen Begabung für Geschäftsführung und Marketing gesegnet war, stieg sie auf der Karriereleiter schnell nach oben. Sie begann ihre Karriere als einfache Mediaplanerin, stieg auf zur Kundenbetreuerin und wurde schließlich stellvertretende Leiterin des Bereichs Kundenbetreuung.

Doch zwölf Jahre in einer halsabschneiderischen, profitorientierten Maschinerie forderten ihren Preis. Lange Arbeitstage, knappe Fristen, nervöse Kunden und riskante Entscheidungen verloren immer mehr an Zauber. Theodosia suchte nach einer Gelegenheit, den Absprung von diesem Karussell zu schaffen.

Während einer Sitzung des Marketingkomitees für »Spoleto«, Charlestons jährlichem Kulturfestival, stolperte Thedosia über eine unerwartete Gelegenheit. Der künstlerische Leiter eines teilnehmenden Theaters versuchte, einen kleinen Teeladen auf der Church Street abzustoßen, den seine Mutter vor Jahren betrieben hatte. Theodosias Neugierde war geweckt, und sie nahm den staubigen, leer stehenden kleinen Teeladen genau unter die Lupe und dachte: *Und was wäre wenn?*

Nach einer langen, schlaflosen Nacht traf Theodosia die endgültige Entscheidung und verwandte ihre bescheidenen Ersparnisse für eine Anzahlung auf den Laden.

Überzeugt davon, dass die friedvolle Atmosphäre eines Teeladens ihrem Seelenheil sehr viel förderlicher sein würde als neuen Kreditkarten, Computerzubehör und Arzneimitteln den Weg zum Markt zu ebnen, stürzte

Theodosia sich aus ganzem Herzen in ihr neues Unternehmen.

Sie lernte, den Twist, die Form der gedrehten Blätter, die Tips und das Aroma von Teeblättern einzuschätzen und erwarb ein imposantes Sortiment an offenen und abgepackten Tees von bedeutenden Großhändlern wie Freed, Teller & Freed's in San Francisco und Kent & Dinmore in England.

Durch einen wunderbaren Zufall befand sich die letzte noch bewirtschaftete Teeplantage der Vereinigten Staaten, die Charleston-Teeplantage, gerade einmal vierzig Kilometer südlich von Charleston auf der subtropischen Insel Wadmalaw. Theodosia konnte also die Bekanntschaft der Eigentümer Mack Fleming und Bill Hall und ihrer 127 Morgen großen Plantage machen, auf der beinahe dreihundert Sorten Tee produziert wurden.

Von Fleming und Hall lernte Theodosia alles über den Erntevorgang. Wie man die jüngsten, zartesten Blätter auswählte; den Gebrauch von Siebtischen, auf denen die Blätter mittels einer ausgefeilten Belüftungstechnik gewelkt wurden; Rolltechniken, bei denen über einen exakten Anrolldruck die Oberflächenzellen aufgebrochen wurden.

Sie ging sogar so weit, besondere Teerezepte nachzulesen. Das köstliche Orange-Pekoe-Soufflé eines Patissiers im Vier Jahreszeiten in San Francisco, ein Rezept für teegeräuchertes Hühnchen aus dem Hotel Peninsula in Hong Kong.

Und Theodosia warb Drayton Conneley von seinem Posten als Chef der Gästebetreuung in Charlestons berühmtem Vendue Inn ab.

Es dauerte nicht lange, und der wieder auferstandene

Indigo Tea Shop wurde – als Teestube, Teefachgeschäft und Geschenkboutique – ein lohnendes Unternehmen und beliebter Abstecher vieler Stadtführungen und Rundfahrten. Zu Theodosias großer Freude erkoren ihre Nachbarn ihren Teeladen außerdem zum sozialen und geistigen Knotenpunkt des historischen Viertels.

Hufgeklapper auf dem Pflaster vor dem Indigo Tea Shop verkündete, dass die Pferdekutsche gekommen war, um ihre teekostenden Besucher zurück in ihre jeweiligen Pensionen und Hotels zu bringen.

»Ich hoffe, Sie haben Karten für eine der geführten Lamplighter-Touren heute Abend«, sagte Theodosia, während letzte Schlückchen genommen, Münder sorgfältig abgetupft und leinene Servietten säuberlich gefaltet wurden. »Viele der historischen Wohnhäuser auf dem Programm sind in Privatbesitz und öffnen nur zu diesem besonderen Anlass ihre Türen. Es ist wirklich sehenswert.«

Mit Unterstützung der Heritage Society, eines Vereins, der sich dem historischen Erbe der Stadt verschrieben hatte, war die Lamplighter-Tour in Charleston alljährliche Tradition. Sie fand in den letzten beiden Oktoberwochen statt, wenn die lang ersehnten kühleren Nächte zurückkehrten. Die abendlichen Rundgänge durch sehenswerte Straßen wie die Montagu oder Queen Avenue und die Church Street führten die Besucher auf gemütlichen Spaziergängen durch Kopfstein gepflasterte Gassen und boten ihnen die einmalige Gelegenheit, einmal den Fuß über die Schwelle einiger der großen, eleganten Herrenhäuser oder in ein paar von den fast klösterlichen, abgeschiedenen Hinterhofgärten zu setzen.

»Wenn mir eine ganz persönliche Empfehlung gestattet

ist«, sagte Drayton, während er Stühle zurückschob und den Damen den Arm reichte, »würde ich Ihnen ganz besonders unseren Church-Street-Rundgang ans Herz legen. Er beginnt am Ravenel House, einem überwältigenden Beispiel viktorianischer Maßlosigkeit, und endet im Garten des eleganten Avis Melbourne House, wo unsere gütige Gastgeberin Miss Theodosia Browning engagiert wurde, eine Auswahl erlesener Tees zu servieren, darunter eine Lamplighter-Spezialmischung, die eigens zu diesem Anlass kreiert worden ist.«

»Ach Gott«, sagte eine der Damen, »wie faszinierend!«

»Ja«, erklärte Drayton. »Unsere Lamplighter-Mischung ist die liebliche Vermählung zweier traditioneller Schwarztees mit einem Hauch von Jasmin zur Verfeinerung der Note.«

Theodosia warf einen Blick zum Verkaufstresen hinüber und grinste Haley an, die gerade, die Arme voller Geschenkkörbe, aus dem Hinterzimmer gekommen war. Haley warf Drayton ständig vor, seine Rolle als Vorstandsmitglied der Charleston Heritage Society verführe ihn zu rhetorischer Überspanntheit.

»Natürlich«, fügte Theodosia mit neckischem Tonfall hinzu, der als Kontrapunkt zu Draytons gedacht war, »servieren wir auch Heidelbeermuffins mit Schlagsahne.«

Rund um den Tisch erhob sich anerkennendes Gemurmel.

Drayton, dem der viel sagende Blickwechsel nicht entgangen war, schnappte sich einen der mit kleinen Teedöschen gefüllten und mit weißem Geschenkband umwundenen Körbe und hob ihn hoch, damit alle ihn sehen konnten. »Und vergessen Sie nicht, ehe Sie gehen, noch einen genauen Blick auf unsere Geschenkkörbe zu werfen.

Miss Parker hier hat jüngstens begonnen, sich der für South Carolina traditionellen Kunst des Webens von Vanillegraskörben zu widmen, und ich muss sagen, sie hat sich zu einer geschickten Handwerkerin entwickelt.«

Haley errötete. »Danke sehr«, murmelte sie.

Und natürlich, weil die Damen Damen waren, kundige Konsumentinnen und enthusiastische Touristen, wurden wenigstens drei der grazil gefertigten Geschenkkörbe in Theodosias indigoblaues Seidenpapier geschlagen und vorsichtig in der Kutsche verstaut.

»Hast du Earl Grey mit runtergebracht?«, fragte Theodosia, als die Tür ins Schloss gefallen war und die langen Schatten ihr sagten, dass an diesem Nachmittag keine Teegäste mehr zu erwarten waren.

Haley nickte.

»Komm her, Earl, mein Freund«, rief Theodosia und klatschte in die Hände.

Eine haarige Schnauze schob sich durch die Vorhänge, und dann kam ein knochiger Hund zum Vorschein und trottete langsam über den Holzboden. Als er bei Theodosia angekommen war, legte er den Kopf in ihren Schoß und seufzte zufrieden.

Earl Grey, Theodosias Adoptivhund, sah heute um Klassen besser aus als damals, als sie ihn gefunden hatte. Hungrig und zitternd hatte er zusammengerollt in einer Pappschachtel in der engen Kopfsteinpflastergasse gelegen, die hinter dem Laden vorbeiführte, ein ausgesetzter, unerwünschter Köter, der sich offensichtlich wochenlang auf den Straßen herumgetrieben hatte.

Doch Theodosia hatte sein feiner Kopf gefallen, der sanfte, bestürzte Blick und das ruhige Wesen, und sie hatte ihn sofort bei sich aufgenommen. Sie gab ihm Futter,

Pflege, Obdach und einen Namen, und sie gab ihm ihre ganze Liebe.

Als Drayton Einspruch dagegen erhob, einen Straßenköter nach dem bekannten Premierminister aus dem neunzehnten Jahrhundert zu benennen, der als Erster den berühmten Tee mit Bergamotte-Aroma aus China mitgebracht hatte, hatte Theodosia dagegen gehalten, der Name sei mehr eine altenglische Referenz an die gesprenkelte Fellfärbung.

»Ich finde nicht, dass er sehr grau aussieht«, hatte Drayton beinahe beleidigt eingewandt.

Und er hatte Recht, der Hund war eigentlich eher schwarz-weiß gesprenkelt.

»Da. Auf der Innenseite seines linken Hinterbeins«, hatte Theodosia erklärt. »Da ist das Fell eindeutig grau.«

Drayton war ratlos, was den Hund anbelangte. »Eine Promenadenmischung!«, hatte er mit hochgezogenen Augenbrauen verkündet.

»Wie die Mischung eines feinen Tees«, hatte Theodosia schlagfertig gekontert. Sie legte ihre kräftigen Hände auf den schmalen Kopf des Hundes und massierte ihn sanft hinter den Ohren, während er zu ihr aufblickte, die klaren braunen Augen voll Liebe. »Ja«, hatte sie erklärt, »dieser Kerl ist eine Mischung aus Dalmatiner und Labrador. Ein Dalbrador.« Und von jenem Moment an wurde Earl Grey aus dem Geschlecht der Dalbradore allseits geliebter, offizieller Empfangschef des Indigo Tea Shops und ständiger Mitbewohner in Theodosias gemütlicher Zwei-Zimmer-Wohnung über dem Laden.

»Wie viele Vanillegraskörbe kannst du schaffen?«, fragte Theodosia, als Haley auf Zehenspitzen sechs ihrer Körbe in das Regal hinter der Kasse stellte.

»Wie viele brauchst du denn?«

»Schätzomative mindestens fünfzehn bis zu den Feiertagen. Wenn unsere Web-Site bis dahin steht, das Doppelte.«

»Vielleicht kann Bethany mir helfen, dann schaffe ich noch mal zwölf Stück«, sagte Haley. Ihre Freundin Bethany Sheperd lebte momentan bei ihr in der kleinen Gartenwohnung auf der anderen Seite der Gasse. »Aber den Hauptteil werden wir wohl kaufen müssen.«

»Kein Problem«, sagte Theodosia. »Ich wollte sowieso raus ins Low Country. Dann besorge ich noch ein paar Körbe.«

Vanillegraskörbe gehörten zu den Haupterzeugnissen, die an den provisorischen Ständen entlang des Highway 17 Richtung Norden verkauft wurden. Aus Vanillegrasbüscheln, Kiefernnadeln und Binsen handgefertigt und mit Fasern der für South Carolina typischen Fächerpalmen verschnürt, waren die Körbe schön und praktisch zugleich, und die Frauen im Low Country, der Umgebung Charlestons, waren sehr stolz auf ihr Kunsthandwerk.

»Wie geht es Bethany?«, fragte Theodosia, und die Sorge um Haleys Freundin, deren Mann vor gerade einmal acht Monaten bei einem Autounfall ums Leben gekommen war, machte ihre Züge sanft. In den vergangenen Monaten hatte die schüchterne Bethany ab und zu im Teeladen ausgeholfen, und Theodosia hoffte, dass die junge Frau ihr Gleichgewicht bald wieder fand.

»Mal so, mal so«, sagte Haley gemessen. »Es ist nicht leicht, mit siebenundzwanzig schon Witwe zu sein. Ich glaube, ohne ihr Praktikum wäre Bethany wirklich verloren.«

»Dann ist wenigstens der Aspekt ihres Lebens erfolgreich«, sagte Theodosia.

»Ja, dank Drayton.« Haley warf Drayton Conneley einen dankbaren Blick zu. Er war gerade am Telefon und besprach letzte Einzelheiten der für den Abend geplanten Veranstaltung. »Ich weiß nicht, was Bethany getan hätte, wenn er bei der Heritage Society kein gutes Wort für sie eingelegt hätte. Bethany hat sich für ihren Magister der Kunstgeschichte wirklich abgerackert, aber es ist trotzdem unmöglich, ohne Praktikumszeugnis irgendwo einen Job als Museumsleiterin zu bekommen. Vielleicht jetzt ...« Haleys Stimme bebte, und ihre großen braunen Augen füllten sich mit Tränen.

Theodosia beugte sich zu ihr und tätschelte aufmunternd ihre Hand. »Die Zeit heilt alle Wunden«, sagte sie weich. »Und in Charleston ist die Zeit ein guter alter Freund.«

2

Wie ein weicher, purpurner Umhang hatte sich die Dunkelheit auf die Stadt gesenkt. Fächerpalmen wiegten sich sanft in der Abendbrise. Die Trauertauben, die sich in ausladenden Eichen und Pecannussbäumen zur Ruhe begeben hatten, hatten lange schon ihre flaumigen Köpfe unter die zerbrechlichen Flügel gesteckt.

Doch auf der gesamten Church Street herrschte eine lebhafte und verzauberte Atmosphäre. Auf breiten Veranden flackerten verheißungsvoll Kerzen in Messingständern. Teilnehmer verschiedener Lamplighter-Touren drängten sich in Trauben auf den Gehsteigen, verschwanden im schummrigen Schatten und tauchten in goldenen

Lichtfeldern wieder auf, die aus den Torbögen belebter Häuser auf die dunkle Straße hinausfielen, Häuser, die an diesem besonderen Abend all jenen offen standen, die eine Eintrittskarte in der Hand und Ehrfurcht vor der Geschichte in ihren Herzen trugen.

Die Stufen zum Avis Melbourne House waren mit dicken, orangefarbenen Kürbissen geschmückt. Auf der ausladenden Veranda, wo sechs weiße ionische Säulen gebieterisch Wacht hielten, begrüßten junge Frauen in Gewändern aus dem achtzehnten Jahrhundert die Besucher mit Laternen und scheuem Lächeln. Sie trugen das Haar zu glatten Knoten frisiert, und ihr zierlicher Gang wirkte ein wenig gekünstelt, so ungewohnt waren die vielen Lagen Unterröcke und das verwirrende Rascheln von Seide.

Die Ausmaße der Räume im Innern des Hauses waren riesig. Dieses Heim war für ein Leben in großem Stil entworfen worden; von den Decken baumelten vergoldete Lüster, die Wände waren geschmückt mit üppigen Ölgemälden, und in jedem Raum gab es einen Kamin aus italienischem Marmor. Die Farbpalette entsprach den Pastelltönen französischen Stils: Lachs, Perlweiß, Blassblau.

Andere kostümierte Führer, ebenfalls Mitglieder der Heritage Society, geleiteten die Besucher durch den Salon, das Speisezimmer, die Bibliothek. Dabei erzählten sie über Architektur, Antiquitäten und die Schönen Künste.

Durch den langen Korridor im Zentrum des Hauses, die Schritte verschluckt von plüschigen Aubussonteppichen, gelangten die Gäste hinaus in den Garten im Innenhof.

Viele Teilnehmer der Führung waren mittlerweile hier versammelt und saßen an Tischen, die sich um einen dreistöckigen Brunnen scharten. Inmitten von üppigem Blattwerk war das Geräusch von rieselndem Wasser angenehm entspannend.

Theodosia tauchte aus der Seitentüre von ihrem Kommandoposten in der Dienstbotenkammer auf. Während der letzten Stunde hatten sie und Drayton alle Hände voll zu tun gehabt. Er hatte die Zubereitung fünf verschiedener Teesorten überwacht, während sie silberne Teekannen zu Haley hinausbrachte, die sie servierte, und dann nach drinnen eilte, um Nachschub zu holen. Irgendwann waren sie so im Stress gewesen, dass Theodosia Haley gebeten hatte, Bethany anzurufen und um Unterstützung zu bitten.

Als Theodosia jetzt ihren Blick über die Gäste im Garten schweifen ließ, sah es endlich so aus, als könne sie eine kleine Verschnaufpause einlegen. Haley und Bethany bewegten sich mit routinierter Präzision zwischen den etwa zwanzig Tischen, schenkten Tee ein und boten eine zweite Portion Blaubeermuffins an. Sie trugen lange weiße Schürzen über schwarzen Blusen und weiten Hosen und sahen aus wie französische Kellner. Die Tische waren mit festlichem weißen Leinen gedeckt, und in der Mitte saß ein Gesteck aus purpurnen Blumen in Nestern aus Grün.

»Theodosia, Darling!«

Theodosia drehte sich um und sah Samantha Rabathan, diesjährige Vorsitzende der Church Street-Führung über den gepflasterten Hof auf sich zukommen. Sie trug acht Zentimeter hohe Absätze und ein strahlendes Lächeln im Gesicht. Ganz ihrer Rolle als Teil der Schickeria und Modespezialistin verpflichtet, war Samantha bezaubernd gekleidet. Sie trug einen mit Volants besetzten cremefarbenen Seidenrock und einen apricotfarbenen Kaschmirpullover, der vorne großzügig ausgeschnitten war, um ihre passende Pfirsichhaut und die üppige Ausstattung zur Geltung zu bringen.

Theodosia schob sich eine widerspenstige Strähne ihrer kastanienbraunen Haare hinters Ohr und stellte die große Teekanne auf einen der behelfsmäßigen Serviertische. Sogar in ihrer mitternachtblauen maßgeschneiderten Hose und dem weißen Spitzentop, einer Aufmachung, die von mehreren der anwesenden Herren mit bewundernden Blicken quittiert worden war, kam sie sich neben Samanthas buntem Gefieder auf einmal vor wie ein grauer Spatz.

»Wir haben volles Haus, Samantha.« Theodosia deutete mit einer Geste über die zufriedene Gästeschar, die sich im Hof an Tee und Gebäck labte. »Deine Tour ist ein riesiger Erfolg.«

»Ja wirklich, nicht wahr?«, stimmte Samantha ihr kichernd zu. »Ich habe mich gerade ein bisschen mit meinem Mobiltelefon umgehört und erfahren, dass bei der Tradd-Street-Führung gerade mal halb so viele Leute mitgemacht haben.« Sie stieß Theodosia mit dem Ellbogen an und senkte ihre Stimme zu einem verschwörerischen Raunen: »Wusstest du, dass wir neunzig Karten mehr verkauft haben als im letzten Jahr? Das ist ein neuer Church-Street-Rekord!«

Im letzten Jahr war Delaine Dish Vorsitzende der Church-Street-Führungen gewesen. Aus irgendeinem Grund, den Theodosia nicht kannte, bestand zwischen Samantha und Delaine eine unterschwellige, gehässige Rivalität, deren Ursachen zu ergründen sie ebenso wenig Lust verspürte, wie zwischen deren Fronten zu geraten.

»Ach ja«, säuselte Samantha und fächelte sich mit einem Programmheft frische Luft zu, »was für eine laue Nacht.«

Und weg war sie, schwebte über den Hof davon, während die Absätze ihrer makellosen, cremefarbenen Schuhe gefährlich nahe dran waren, zwischen die Fugen der Steine zu geraten und ihr Mobiltelefon aufs Neue gellte.

»Ich weiß wirklich nicht, wieso ihr so warm ist«, flüsterte Drayton Theodosia ins Ohr. »Sie ist nicht gerade warm eingepackt.«

»Sei nett, Drayton«, sagte Theodosia. »Samantha hat sich wirklich viel Mühe mit dem Kartenverkauf und der Organisation der Freiwilligen gegeben.«

»Du kannst es dir leisten, Großmut an den Tag zu legen«, sagte er naserümpfend. »Zu dir ist Samantha schon immer nett gewesen. Ich glaube, insgeheim ist sie neidisch auf deine Vergangenheit in der Werbebranche. Sie weiß, dass du den Eskimos den sprichwörtlichen Kühlschrank verkauft hast. Aber ganz und gar unverfälscht und neutral betrachtet ist dies das Ergebnis *vereinter* Bemühungen. Um das hier auf die Beine zu stellen, haben sich viele Menschen große Mühe gegeben!«

»Einverstanden«, sagte Theodosia. »Und jetzt sag mir, was unsere ziemlich unwissenschaftliche Erhebung ergeben hat.«

Drayton strahlte. »Drei zu eins für die Lamplighter-Mischung! Ich schätze, wir haben nicht mal mehr eine halbe Kanne übrig.«

»Wirklich?« Theodosias Wangen fingen an zu brennen und ihre sonst ruhige, melodische Stimme war vor Aufregung ganz rau.

»Das Volk hat gesprochen, Madam. Dieser Tee ist ein Bombenerfolg!«

»Also füllen wir mehr davon ab und setzen ihn mit auf die Website«, sagte sie.

»Nein. Wir machen eine eigene Kampagne!« Drayton bedachte Theodosia mit einem untypischen Grinsen, nahm die silberne Teekanne, die sie vorher abgesetzt hatte, und machte sich auf den Weg ins Haus. »Da drinnen wartet Arbeit. Zum Glück ist ein Ende in Sicht.« Er hielt inne. »Kommst du?«

»Nur eine Minute, Drayton.«

Theodosia stand halb verborgen unter einem eleganten, mit Wein bewachsenen Bogen und schwelgte sich im Glanz des Erfolgs. Es war der erste Tee, den sie selbst gemischt hatte. Sicher, die Mischung basierte auf zwei vorzüglich milden Tees von der American Tea Plantation. Und sie hatte von Draytons unschätzbarer Erfahrung profitiert. Aber trotzdem ...

»Verzeihung.«

Theodosia wirbelte herum und stand zwei winzigen Frauen gegenüber. Beide waren kaum einen Meter fünfzig groß, ziemlich fortgeschrittenen Alters und in identische grüne Kostüme gekleidet. *Zwillinge*, dachte sie, dann sah sie näher hin. *Nein, nur gleich gekleidet. Wahrscheinlich Schwestern.*

»Mavis Beaumont.« Eine der Damen in Grün streckte ihr grazil die behandschuhte Hand entgegen.

»Theodosia Browning«, sagte Theodosia und ergriff die winzige Hand. Sie blinzelte. Die beiden anzusehen war als sähe man doppelt.

»Sie sind doch die Frau mit dem wunderbaren Hund, nicht wahr?«, sagte Mavis.

Theodosia nickte. Das passierte regelmäßig. »Sie meinen Earl Grey.«

»Das ist er!« Mavis Beaumont wandte sich an ihre Schwester: »Miss Browning hat diesen wundervoll dressierten Hund, der kranke Leute besucht. Ich hatte Gelegenheit, ihn kennen zu lernen, als Missy sich das Bein gebrochen hat.«

Die Schwester nickte lächelnd.

»Earl Grey ist ein Therapiehund«, erklärte Theodosia, falls die beiden nicht verstanden haben sollten, dass Earl Grey Teil eines ganz konkreten Programms war.

Jeden Montagabend besuchten Theodosia und Earl Grey das O'Doud-Seniorenheim und stellten sich für die Streicheltiertherapie zur Verfügung. Earl Grey trug seine blaue Nylonweste mit der Stickerei, die ihn als ausgebildeten Therapiehund auswies, und dann streiften die beiden durch die großen Aufenthaltsräume, blieben stehen, um mit den betagten, aber durchaus redefreudigen Bewohnern zu plaudern und besuchten jene, die bettlägrig waren, in ihren Zimmern.

Earl Grey war schnell einer der Lieblinge der Bewohner geworden, von denen viele nur ab und zu Besuch von ihren Familien bekamen. Und erst letzten Monat hatte Earl Grey sich mit einer Frau angefreundet, die einen schweren Schlaganfall erlitten hatte, in Folge dessen ihre gesamte rechte Seite gelähmt war. In der Aufgregung, Earl Grey zu streicheln, hatte die Frau den rechten Arm zum ersten Mal seit Monaten bewegt und eine Streichelbewegung auf dem Rücken des Tiers zu Stande gebracht. Aufgrund dieses Durchbruchs hatte die Frau eine Physiotherapie begonnen und den rechten Arm schließlich teilweise wieder nutzen können.

Mavis Beaumont packte Theodosia am Arm. »Ein schönes Fest, meine Liebe.«

Die Schwester, welche offensichtlich nicht sprach, zumindest nicht an diesem Abend, nickte lächelnd.

»Gute Nacht«, rief Theodosia ihnen nach.

»Was war das denn?«, fragte Haley, die mit einem großen Tablett auf der Schulter vorbeikam.

»Verehrerinnen von Earl Grey.«

»Der Junge muss 'nen PR-Agenten haben«, witzelte Haley.

»Ach ja, danke, dass du Bethany hergeholt hast«, sagte Theodosia, »ich hoffe nur, wir haben ihr keinen Strich durch ihr Abendprogramm gemacht.«

»Machst du Witze?«, fragte Haley. »Das arme Ding saß mutterseelenallein zu Hause, in ›Die Geschichte der Kunst‹ von Gombrich vertieft. Nicht, dass irgendwas verkehrt daran wäre, es sich mit einem Buch über Kunstgeschichte gemütlich zu machen, aber ganz unter uns, es war ein wunderbarer Vorwand, sie endlich mal aus dem Haus zu locken und unters Volk zu bringen. Glaub mir, das ist für sie das Beste.«

Von ihrem Posten am anderen Ende des Gartens sah Bethany zu ihnen herüber. Die Mienen der beiden Frauen sagten ihr, dass sie über sie sprachen. Sie lächelte schwach, weil sie wusste, dass sie nur ihr Bestes wollten, und sie war dankbar für Freunde, die so um ihr Wohl besorgt waren.

Mit ihrem feinen, ovalen Gesicht, dem blassen Teint, den langen dunklen Haaren und den tiefbraunen Augen war Bethany eine echte Schönheit. Doch ihre Körpersprache spiegelte die tiefe Traurigkeit wider, die ihr Inneres beherrschte. Wo die meisten jungen Frauen ihres Alters sich mit unbekümmerter Grazie bewegten, war Bethany still und gefasst. Wo Freude und Heiterkeit ihr Gesicht erhellen sollten, war nur Melancholie.

Bethany nahm ein Tablett und ging zum nächsten leeren Tisch hinüber. Sie räumte ab, achtete gewissenhaft auf die empfindlichen Porzellantassen und Kännchen und ging ernst zum nächsten Tisch. Die Kerzen auf den Tischen, die noch vor einer Stunde so hell gestrahlt hatten, begannen zu flackern. Die Besucher der Lamplighter-Tour leerten ihre Tassen, schlenderten langsam zurück ins Haus und verabschiedeten sich. Der Abend neigte sich dem Ende zu.

Bethany warf einen Blick über den Innenhof zu jener Stelle, wo noch vor ein paar Minuten Theodosia und Haley gestanden hatten. Sie waren nirgends mehr zu sehen. Sie mussten wohl in den Anrichteraum verschwunden sein, um mit dem Aufräumen anzufangen, dachte sie.

Bethany ging kreuz und quer über den gepflasterten Hof, nahm hier eine Tasse mit und dort einen Teller. Als sie in ihrer Arbeit innehielt und sich umblickte, waren nur noch zwei Tische besetzt.

Korrigiere, nur noch einer, sagte sie sich, als die vier an dem Tisch neben dem Brunnen sich ebenfalls erhoben und langsam davonschlenderten, plaudernd, den dunklen Garten bewunderten und auf die dichten Büschel Greisenbart deuteten, die von den Bäumen hingen.

Bethany warf einen Blick auf die andere Seite des Hofes. Vor dem Hintergrund der großen dichten Hecke, die den Garten zu einer Seite hin begrenzte, konnte sie gerade eben die Umrisse eines Mannes erkennen, der ganz ruhig und allein dasaß.

Bethany stemmte sich das Tablett gegen die Hüfte und ging zu ihm hinüber, in der Absicht, ihn zu fragen, ob sie ihm noch nachschenken oder den Tisch abräumen dürfe.

Doch als sie näher kam, überzog Gänsehaut ihre Arme, und ein Schauder rann ihr über den Rücken. Plötzlich war es kühl geworden. Eine steife Brise wirbelte das Herbstlaub unter ihren Füßen auf, knickte ein letztes tapferes Büschel Kamelien um und jagte Blütenblätter durch die Luft. Die Kerze auf dem Tisch neben ihr erlosch, und diejenige auf dem Tisch des Mannes begann wild zu flackern.

Bethany war etwas mehr als einen Meter von dem Mann entfernt, als in ihrem Kopf eine Alarmglocke ertönte. Sicher spielten ihre Augen ihr einen Streich! Doch als sie in die Dunkelheit starrte, flammte das unstete Kerzenlicht zischend auf und beleuchtete das Gesicht des Mannes.

Bethanys schriller Schrei durchschnitt die Ruhe, die über dem Innenhof lag. Das Silbertablett fiel auf die Pflastersteine. Teetassen zerschellten in tausend Stücke, und eine halb volle Kanne Tee zerbrach beim Aufprall.

Theodosia hörte Bethanys Schrei bis in den Anrichteraum. Sie stieß die Tür auf, rannte hinaus und bahnte sich einen Weg durch die verlassenen Tische. »Bethany!«, rief sie mit dringlicher Stimme und Angst in der Brust.

Bethanys Gesicht war starr vor Entsetzen, sie konnte nur stumm von dem Tisch zurückweichen und auf den Mann deuten.

Unter dem Salvengeklapper ihrer Absätze rannte Theodosia zu ihm. Sie sah sofort, dass der Mann in seinem Stuhl zusammengesunken war, das Kinn schwer auf der Brust. Eine Hand baumelte in Höhe der Knie, die andere ruhte auf dem Tisch, die Teetasse noch immer umfasst. Während Theodosia die merkwürdige Szene blitzschnell aufnahm, kam ihr flüchtig in den Sinn, dass die zerbrechliche Tasse mit den goldenen Weinreben in der riesigen Hand des Mannes wirkte, als sei sie geschrumpft.

»Theodosia, was tust du ...« Von der anderen Seite erklang scharf Samanthas Stimme und erstarb.

Ein weiterer gedrosselter Schrei entwich Bethanys Mund. Diesmal deutete sie auf Samantha, die ohnmächtig zusammengebrochen war.

Haley und Drayton waren Theodosia dicht auf den Fersen gefolgt. Doch jetzt beugten sie sich über Samantha.

Theodosias Gedanken überschlugen sich. »Haley, telefoniere mit dem Notruf. Bethany, hör auf zu weinen.«

»Ihr geht's gut, nur eine Ohnmacht«, rief Drayton und manövrierte Samantha vorsichtig in eine Sitzposition.

»Bethany, besorg Samantha einen Schluck Wasser«, befahl Theodosia. »Jetzt sofort. Und hör bitte auf zu weinen.«

Sie wandte sich wieder dem regungslosen Mann zu. Sanft legte sie Zeige- und Mittelfinger an seinen Hals. Kein Pulsschlag. Auch kein Atem.

Theodosia holte tief Luft. Das war nicht gut. Das war überhaupt nicht gut.

Während ihrer Zeit am College hatte einer ihrer Professoren, der etwas unkonventionelle Hammish Poore, einmal mit seinem kompletten Biologiekurs eine Exkursion in das Leichenschauhaus von Charleston County unternommen. Sie hatten gleich zwei Autopsien aus nächster Nähe beigewohnt. Obwohl diese scheußliche Erfahrung bereits mehr als ein paar Jahre zurücklag, war Theodosia noch immer genügend vertraut mit den traurigen körperlichen Anzeichen dafür, dass alles Leben gewichen war.

Der arme Mann konnte einen plötzlichen Herzinfarkt bekommen haben, überlegte sie. Oder einen Hirnschlag. Auch ein Erstickungstod lag im Bereich des Möglichen. Aber wenn etwas seine Atemwege blockiert hätte, dann hätte ihn jemand husten gehört.

Oder etwa nicht?

Theodosia merkte, dass hinter ihrem Rücken besorgt gemurmelt wurde, dass Drayton langsam den Kopf schüttelte und in würdevollem Ton von Hughes Barron sprach.
Das hier ist Hughes Barron?
Theodosia richtete ihre Aufmerksamkeit auf die Hand, die die Teetasse hielt. Im zitternden Schein der Kerze sah sie, dass die Fingernägel des Mannes angefangen hatten, sich blau zu verfärben: *Was außer Tee war noch in dieser Tasse?*

3

Rot und blau flackernde Lichter durchbrachen plötzlich den Zauber der Nacht. Drei Polizeifahrzeuge kamen die Straße heruntergerast und blieben mit quietschenden Reifen stehen. Vorderreifen polterten die Bordsteinkanten hinauf, und eine Gruppe schnatternder Schaulustiger stob auseinander. Das schrille *Tatü-Tata* eines heranbrausenden Notarztwagens ertönte.

Klang und Licht, dachte Theodosia. Wie viel Aufregung auf einmal herrschte, wie viel kinetische Energie auf einmal freigesetzt wurde! Doch als sie in dem dunklen Garten unter der Eiche stand und die zusammengesunkene Leiche von Hughes Barron betrachtete, wusste sie, dass kein noch so großer Wirbel, veranstaltet von Polizei oder Sanitätern, auch nur einen Hauch würde ändern können. Hughes Barron war nicht mehr zu helfen. Er war jetzt in den Händen des Herrn.

Aber natürlich stürmten sie alle dennoch in den Innenhof: vier Polizeibeamte des Bezirksreviers auf der Broad Street, alle mit polierten Stiefeln und glänzenden Knöpfen; ein Team Rettungssanitäter vom Charleston Memorial Hospital, die ihre scheppernde Metalltrage über den gepflasterten Hof rollten; und sechs Feuerwehrmänner, die anscheinend nur gekommen waren, damit es noch ein bisschen aufregender wurde.

Die beiden Sanitäter kontrollierten sofort Hughes Barrons Puls und Atmung und legten ihm eine Sauerstoffmaske an. Einer kniete sich nieder und hielt ein Stethoskop an Barrons Brust. Als klar war, dass der Mann keinen Puls mehr hatte, steigerte sich der Wirbel ins Bodenlose.

Zwei Beamte belegten augenblicklich Drayton, Haley, Bethany und Samantha mit Beschlag und begannen eine Befragung. Die beiden anderen Beamten machten sich daran, gelbes Polizeiband kreuz und quer durch den Garten zu spannen.

Ein großer, athletischer Polizist mit einer beeindruckenden Auswahl an Sternen und Streifen auf seiner Uniform und einem Namensschild, das ihn als Grady auswies, wandte sich an Theodosia.

»Haben Sie ihn gefunden?« Grady hatte das Gesicht einer Bulldogge und eine heldenhafte Ausrüstung an seinem Gürtel: Pistole, Taschenlampe, Funkgerät, Handschellen, Knüppel. Theodosia fand, er sah aus wie ein lebendes Schweizer Messer.

Aus irgendeinem Grund – ob wegen der ungewohnten Situation oder wegen des Schocks, auf einen Toten zu stoßen – reizte Theodosia der Vergleich mit dem Schweizer Messer zum Lachen, und sie hatte Mühe, die Fassung zu wahren.

»Nein«, sagte sie endlich. »Bethany Shepherd, eine der

jungen Damen, die für mich arbeiten, hat gemerkt, dass etwas nicht stimmt.« Sie deutete zu Bethany hinüber, die auf der anderen Seite des Hofs mit den anderen Polizisten sprach. »Sie hat uns alarmiert. Ich habe dem Mann lediglich den Puls gefühlt.«

Grady hatte einen Spiralblock hervorgezogen und machte sich kritzelnd Notizen. »Wie hat sie Sie alarmiert?«

»Sie hat geschrien«, sagte Theodosia.

Als Kommentar auf ihre Antwort zog er einen Mundwinkel nach unten. Offensichtlich erachtete er sie als nicht eben hilfreich.

»Und atmete der Mann da noch?«, drängte Grady sie.

»Nein, leider. Weshalb wir den Notruf alarmiert haben.«

Noch mehr Gekritzel auf dem Block.

»Und Sie heißen …?«

»Theodosia Browning. Ich bin die Eigentümerin des Indigo Tea Shop auf der Church Street.«

»Also wissen Sie nicht, was geschehen ist, Theodosia?«

»Nur, dass er gestorben ist«, entgegnete sie. Ihr Blick wanderte hinüber zu dem schwarzgelben Band, das inzwischen wie ein Spinnennetz durch den Garten gespannt war. *Police Line.* Die Worte leuchteten ihr schrill entgegen, Schwarz auf Gelb. *Betreten verboten.* Anscheinend wahllos war das Plastikband um Myrtebüsche und Kirschlorbeer gewunden worden, mitten durch den sprühenden Springbrunnen und die Beete mit den Blumen, die eigens aus den Charlestoner Gewächshäusern geliefert und für diesen besonderen Abend eingepflanzt worden waren. Jetzt waren Blüten und Pflanzen zertrampelt.

Grady warf ihr einen misstrauischen Blick zu. »Sie wissen nicht, was geschehen ist, aber Sie wissen, dass er tot ist?«

»Ich hatte den Eindruck, dass er zyanotisch ist. Seine Fingernägel haben eine merkwürdig blaue Tönung, wenn man genauer hinsieht.«

»Hören Sie …«, fing Grady an.

»Sie wirken mitgenommen«, fiel Theodosia ihm ins Wort. »Kann ich Ihnen vielleicht eine Tasse Tee anbieten?« Sie sah sich um. »Möchte irgendjemand eine Tasse Tee?«

Diese kleine Geste schien dem Moment die Spannung zu nehmen.

Grady erinnerte sich mit einem Mal seiner Manieren und legte die Finger an seine Mütze. »Vielen Dank, Ma'am. Vielleicht später. Könnten Sie bitte dort drüben warten, bei den anderen?« Er deutete quer durch den Hof. »Ich muss mit den Sanitätern sprechen.«

Theodosia spähte hinüber. Auf der anderen Seite des Gartens stand ein runder, schmiedeeiserner Tisch, noch immer festlich geschmückt mit der purpurroten Dekoration. In der Dunkelheit konnte sie gerade eben erkennen, dass Drayton und Haley dort saßen. Sie wirkten ziemlich niedergeschlagen. Samantha saß ausgestreckt in einem Korbstuhl, nippte an einem Glas Wasser und fächelte sich mit einem Programmheft Luft zu. Nur Bethany stand im hellen Lichtschein, der aus dem Haus herausfiel. Sie stand neben dem Eingang zum Anrichteraum, in ein Gespräch mit zwei Polizisten vertieft.

»Sicher«, sagte Theodosia. Sie trat einen Schritt zurück und wollte gerade zu den anderen gehen, als einer der Rettungssanitäter, ein junger Mann mit zotteligen blonden Haaren, die Teetasse in die Hand nahm und argwöhnisch daran roch.

»Stellen Sie das wieder hin.« Wie das raue Fauchen einer großen Katze war die Stimme aus der Dunkelheit gekommen.

Erschrocken stellte der Sanitäter die Tasse klappernd zurück auf das Tellerchen. Zum Glück fiel sie nicht um.

Grady schwang auf dem Absatz herum. »Wer sind Sie?«, verlangte er zu wissen.

Der Mann mit dem Katzenfauchen kam mit dem Bauch zuerst aus der Dunkelheit. Der Bauch wogte wie ein Windsack aus den Aufschlägen seines Tweedjacketts hervor. Buschige Augenbrauen krönten die leicht vorstehenden Augen, und um die Mundwinkel hing ein Walrossschnauzer. Obwohl die Haltung des Mannes ein gewisses Auftreten und sogar Anmut vermittelte, steckte der Kopf doch eigenartig gedrängt zwischen den Schultern.

»Tidwell«, sagte der Mann.

»Zeigen Sie mir Ihren Ausweis?« Grady rührte sich keinen Millimeter.

Tidwell zog eine abgegriffene Lederhülle hervor und hielt sie zwischen zwei Fingern.

Grady schlug die Kartenhülle auf und überflog den Ausweis. »*Detective* Tidwell. Also gut.« Gradys Stimme war weich und voller Beschwichtigung. »Sieht so aus, als hätten die Jungs aus der Zentrale schon die Finger auf der Sache. Wie kann ich Ihnen helfen, Detective?«

»Gehen Sie mir netterweise einfach aus dem Weg.«

»Sicher«, sagte Grady fröhlich. »Kein Problem. Und wenn Sie doch Hilfe brauchen, pfeifen Sie einfach.«

»Worauf Sie sich verlassen können«, sagte Tidwell. Er strich sich mit dem Handrücken übers Doppelkinn, eine Geste, die er noch oft wiederholen würde. Als Grady außer Hörweite war, murmelte er leise »Arschloch«. Dann wandte er seine ganze Aufmerksamkeit Hughes Barron zu, der immer noch so gut er konnte an dem Tisch saß und immer noch die Sauerstoffmaske trug, die ihm einer der Sanitäter angelegt hatte.

»Bitte entschuldigen Sie«, sagte Theodosia. Tidwell hatte sie nicht kommen hören.

Lauernd drehte er sich um. »Wer sind Sie?«

»Theodosia Browning«. Sie streckte ihm die Hand entgegen.

»Browning, Browning ...« Tidwell kniff die Augen zusammen und ignorierte ihre Hand. »Ich kannte mal einen Macalester Browning. Anwaltstyp. Ziemlich anständig für 'nen Anwalt. Wohnte auf einer der Plantagen draußen auf der Rutledge Road.«

»Mein Vater«, sagte Theodosia.

»Hm«, grunzte Tidwell und wandte seine Aufmerksamkeit wieder Hughes Barron zu. Er hob die Tasse hoch, hielt seine Nase daran und schnüffelte. Dann schwenkte er den Inhalt wie ein Weinverkoster.

Oder ein Teeverkoster, dachte Theodosia.

Tidwell fasste in seine ausgebeulte Jackentasche und zog ein Mobiltelefon heraus. Seine Wurstfinger schienen Schwierigkeiten damit zu haben, die richtigen Tasten zu treffen. Nach einigen Versuchen und mehr als nur einigen Kraftausdrücken hatte er Erfolg.

»Pete, ich brauche Brandon Hart.« Er wartete. »Ja.« Ungeduldig saugte Tidwell an seinem Schnauzbart. »Brandon?«, bellte er in das Telefon. »Ich bin's, Burt. Ich brauche deine besten Leute. Dieser Dünne ist gut. Und der Glatzköpfige mit der Tätowierung. Ja, heute Nacht. Jetzt. Pete wird dich ins Bild setzen.« Er schaltete sein Telefon aus.

»Sie sind Burt Tidwell«, sagte Theodosia.

Tidwell wandte seinen kugelrunden Kopf um, überrascht, sie immer noch vorzufinden. »Sind Sie immer noch da?«, knurrte er.

»Sie sind derjenige, der damals den Crow-River-Mörder gefasst hat.«

So etwas wie Stolz zuckte über Tidwells Gesicht, doch dann gewann seine schroffe Art wieder die Oberhand. »Und was wissen Sie wohl darüber?«

»Nur das, was in der Zeitung stand«, sagte Theodosia.

4

Sonnenlicht schien durch die Fenster des Indigo Tea Shops. Es war halb neun, und die täglichen Aufgaben, die normalerweise anstanden, waren zum Großteil hastig oder gar nicht erledigt worden. Ein paar Kunden waren bereits gekommen und wieder gegangen, die meisten von ihnen Ladenbesitzer aus der Church Street, die sich ein Frühstück abholten oder versuchten, ein paar Einzelheiten über die seltsamen Geschehnisse des Vorabends aufzuschnappen.

Jetzt saßen Theodosia, Drayton und Haley an einem der Tische, vor sich eine Kanne Tee, und gingen die beunruhigenden Ereignisse noch einmal durch.

»Nicht zu glauben, wie lange die Polizei sich mit Bethany befasst hat«, sagte Haley. »Die Ärmste war sowieso schon den Tränen nahe. Als dann noch dieser schreckliche, unhöfliche Mann kam, ist sie natürlich wirklich in Tränen ausgebrochen.«

»Meinst du Tidwell?«

»Hieß er so?«, fragte Haley. »Er hatte kein Recht, die

Leute so herumzukommandieren. Was können wir denn dafür, wenn jemand tot umfällt? Ich meine, natürlich ist es furchtbar traurig, wenn irgendwer plötzlich stirbt, schlimm für die Familie. Aber verdammt noch mal, *wir* hatten doch nichts damit zu tun!«

»Wenn ihr mich fragt«, sagte Drayton, »dann ist dieser Tidwell einfach nur übereifrig. Nicht nur, dass er alle Leute drangsaliert hat, er hat sogar ein paar von den Besuchern über vierzig Minuten lang festgehalten. Dabei waren das alles Leute, die sich noch auf der Vordertreppe unterhalten hatten und überhaupt nicht in der Nähe von Hughes Barron gewesen sind! Er hat Samantha verhört, und sie hat wirklich den größten Teil des Abends kreischend *im* Haus verbracht.«

»Vielleicht, weil sie in Ohnmacht gefallen ist«, vermutete Haley. »Sie hat ziemlich mitgenommen gewirkt.«

»Kurzzeitig mitgenommen«, sagte Drayton, »weil sie Angst hatte, eine Tragödie könne ein schlechtes Licht auf ihre Lamplighter-Tour werfen.« Seine Stimme klang abschätzig.

»Also, ich kann mir nicht vorstellen, dass Samantha so gefühllos ist«, sagte Theodosia.

»Aber sie war wirklich besorgt deswegen«, gab Haley zu bedenken. »Immer und immer wieder hat sie gesagt: ›Warum musste das nur während der Lamplighter-Tour passieren? Was werden nur die Leute denken?‹«

Theodosia senkte den Blick in ihre Tasse Assam-Tee. Der Abend war in der Tat sehr seltsam gewesen. Der einzig glückliche Umstand war die Tatsache, dass Tidwell seinen Verdacht über eine unbekannte Substanz in Hughes Barrons Tee nicht öffentlich verkündet hatte. Polizeifotografen waren gekommen, und alle Anwesenden waren verhört worden, aber – so weit sie wusste – war ansonsten nichts weiter geschehen.

Die Tatsache, dass Hughes Barrons Tee womöglich irgendein Gift beigemischt worden war, und die Tatsache, dass gerade Burt Tidwell aufgekreuzt war, hatten Theodosias Neugier geweckt. Und deshalb hatte sie ihre Nase ein wenig in die gestrigen Ermittlungen gesteckt. Sie war als letzte so genannte Zivilperson gegangen und erst gegen 23.00 Uhr in ihre kleine Wohnung über dem Teeladen zurückgekehrt.

Und auch in der vertrauten Umgebung ihres Wohnzimmers mit der Samtcouch, dem Kelim auf dem Boden, den gemütlichen Chintzvorhängen und den Drucken an der Wand war sie unruhig gewesen und hatte sich mit Fragen gequält. Was sie dazu veranlasst hatte, mit Earl Grey noch einen späten Spaziergang zu unternehmen.

Als sie durch die dunklen Gassen der Altstadt geschlendert war, hatten ihre Schritte sie unbewusst zurück zum Avis Melbourne House gelenkt, wo sie Zeugin einer weiteren Ankunft wurde: ein glänzend schwarzer Kleinbus mit getönten Scheiben. Die Gerichtsmediziner. Im Schatten verborgen hatte sie Tidwells barsche Stimme meckern und zetern gehört.

Ein seltsamer Mensch, hatte sie gedacht. *So paradox. Vornehme Manieren, die sich blitzschnell zu Vorwurf und Bösartigkeit verkehrten.*

Als sie wieder zu Hause war, hatte sich Theodosia eine Tasse Kamillentee aufgebrüht, ideal für strapazierte Nerven oder unruhigen Schlaf. Dann hatte sie sich an den Computer gesetzt, um ein bisschen im Internet zu recherchieren.

Auf der Seite des *Charleston Post and Courier* fand sie,

wonach sie gesucht hatte. Diese altehrwürdige Tageszeitung hatte ihr Archiv (nicht das ganze, nur Reportagen bis zurück zum Jahr 1996) auf ihre Website gestellt. Bequemerweise stand sogar eine Suchfunktion zur Verfügung.

Binnen dreißig Sekunden hatte Theodosia drei Artikel gefunden, die Burt Tidwell erwähnten. Sie erfuhr, dass er elf Jahre lang beim FBI und zehn Jahre als Detective im Morddezernat in Raleigh, North Carolina, beschäftigt gewesen war.

Während seiner Zeit in Raleigh gehörte Tidwell zu jenen Ermittlern, die für die Festnahme des berüchtigten Crow River-Mörders verantwortlich waren.

Theodosia rief sich die schrecklichen Ereignisse ins Gedächtnis: vier Frauen, brutal ermordet, ihre Leichen versenkt im Sumpf des Crow-River-Wildreservats.

Auch als alles Blei verschossen war und alle Fährten ins Nichts geführt hatten, war Tidwell am Ball geblieben, hatte sich in alten Akten vergraben und jeden noch so kleinen Schnipsel Information zusammengeklaubt.

In den Interviews im *Charleston Post and Courier* war die Rede von Tidwells »unheimlicher Besessenheit« und seiner »außergewöhnlichen Begabung«, ein Täterprofil zu erstellen.

Und schließlich hatte Tidwell den Crow-River-Mörder überführt. Seine Hartnäckigkeit hatte sich gelohnt.

»Oh, oh!«, sagte Drayton leise.

Theodosia hob den Kopf und erblickte Burt Tidwells massiges Gesicht in der Eingangstür. Er legte die Hand auf den unteren Teil der Doppeltüre und drückte sie auf.

»Guten Morgen!«, dröhnte er. Er wirkte vergnügt, himmelweit entfernt von dem widerborstigen, barschen Gehabe des Vorabends.

»Haben Sie geöffnet?«

»Kommen Sie rein, Mr. Tidwell«, sagte Theodosia. »Setzen Sie sich zu uns, und trinken Sie eine Tasse Tee.« Sie blieb sitzen, doch Drayton und Haley sprangen von ihren Stühlen auf, als wären es Schleudersitze.

Burt Tidwell blieb in Theodosias kleinem Laden stehen und sah sich um. Seine vorstehenden Augen erfassten die über einhundert Gefäße mit Tee, die Ahornvitrine mit der beeindruckenden Sammlung antiker Teekannen, die pastellfarbenen, mit Seide eingefassten T-Shirts, die Theodosia selbst entworfen hatte: die schwungvolle Zeichnung einer Teetasse, ein Schnörkel aufsteigender Dampf und das Wort *Tea Shirt*.

»Süß«, murmelte Tidwell und machte es sich auf einem Stuhl bequem.

»Wir haben Assam und Sencha«, verkündete Drayton merkwürdig formell.

»Assam, bitte«, sagte Tidwell. Er sah Theodosia mit leuchtenden Augen an. »Könnten wir uns allein unterhalten?«

Theodosia wusste, dass Haley bereits in die niederen Regionen der Hinterzimmer geflüchtet war, und sie nahm an, dass Drayton ihr bald folgen würde.

»Natürlich«, sagte Drayton. »Ich muss sowieso noch ein paar Besorgungen machen.«

Tidwell wartete, bis sie allein waren. Dann trank er einen Schluck Tee, lächelte und setzte die Tasse ab. »Köstlich.«

»Danke.«

»Miss Browning«, fing er an, »wissen Sie, dass es sich bei unserem glücklosen Opfer von letzter Nacht um Hughes Barron handelt, den Immobilienhändler?«

»Das habe ich gehört.«

»Er war nicht gerade sehr beliebt«, sagte Tidwell lächelnd.

»Das wusste ich nicht.«

»Miss Browning, es tut mir sehr Leid, der Überbringer solch schlechter Nachrichten zu sein, aber Mr. Barrons Tod war kein Unfall.« Er hielt inne und betrachtete aufmerksam Theodosias Gesicht. »Wir haben es hier mit einem gewaltsamen Tod zu tun. Während wir uns unterhalten, wird eine Probe des Tees, den Hughes Barron gestern Abend getrunken hat, an das staatliche Labor für Toxikologie gesandt.«

Theodosias Herz machte einen Sprung, doch sie zwang sich, ruhig zu bleiben. *Lass dich von diesem Mann nicht überrumpeln oder einschüchtern*, sagte sie sich. *Du hast nichts mit dem Tod von Hughes Barron zu tun*. Ganz sicher würde sich schnell alles als ein großes Missverständnis herausstellen.

Gleichzeitig fiel ihr ein, dass sie beinahe zwölf Jahre in der Werbung gearbeitet hatte, wo grundsätzlich alles in Panik erledigt wurde. Alles war brandeilig und immer waren Millionen von Dollar involviert. Ob sie Ruhe bewahren konnte? Aber ja!

»Vielleicht sollten Sie mir erklären, worauf Sie hinauswollen«, sagte sie nur. *Ruhig Blut*, dachte sie. *Finde raus, was dieser Mann zu sagen hat.*

Burt Tidwell hob die Hand. »Es besteht Grund zu der Annahme, dass, was auch immer in Hughes Barrons Teetasse war, Ursache ernstlicher Gesundheitsschäden war. Mit anderen Worten, das Getränk war tödlich.«

Theodosia sah ihn belustigt an. »Sie sind doch wohl kaum der Meinung, dass mein Tee ihn umgebracht hat!«

»Soweit ich weiß, haben Sie gestern Abend eine Reihe von Teesorten ausgeschenkt.«

»Natürlich«, erwiderte Theodosia leichthin. »Darjeeling, Jasmin, unsere spezielle Lamplighter-Mischung. Ihnen ist sicher klar, dass jeder, der im Garten vorbeigekommen ist – und wir sprechen von ungefähr zweihundert Leuten – unseren Tee probiert hat. Es ist sonst niemand gestorben.«

Sie trank einen Schluck Tee, befeuchtete dabei leicht ihre Lippen und bedachte Tidwell mit einem warmen, gleichzeitig ein wenig nachsichtigen Lächeln. »Offen gesagt, Mr. Tidwell, ich an Ihrer Stelle würde mir eher Gedanken darüber machen, mit *wem* Hughes Barron gestern Abend im Garten saß, als darüber, welchen *Tee* er getrunken hat.«

»Eins zu null für Sie, Miss Browning.« Tidwell lehnte sich zurück, strich sich mit dem Handrücken über das zitternde Kinn und blies zum Überraschungsangriff: »Wie lange arbeitet Bethany Shepherd schon für Sie?«

Also daher weht der Wind, dachte Theodosia. »Seit ein paar Monaten, aber eigentlich nur zur Aushilfe«, antwortete sie. »Aber Sie wollen doch sicher nicht damit sagen, dass Sie das Mädchen verdächtigen?«

»Ich habe gehört, dass sie letzte Woche während einer Sitzung der Heritage Society eine Unterhaltung mit Hughes Barron hatte.«

»Bethany hat gerade ein Praktikum in der Heritage Society angetreten, und ich nehme an, dass sie dort einiges an Zeit verbringt.«

»Eine ziemlich misstönende Unterhaltung«, sagte Tidwell. Dabei sah er Theodosia durchdringend an.

»Eine Meinungsverschiedenheit macht sie noch nicht

zur Mörderin«, sagte Theodosia leichthin. »Es bedeutet lediglich, dass sie eine junge Frau mit Grips ist.«

»Sie ist im Augenblick bei uns auf dem Revier.«

»Tatsächlich?«

»Gibt ihre Aussage zu Protokoll. Reine Routine.«

»Ich nehme an, ihr Anwalt ist bei ihr?«

»Glauben Sie denn, dass sie einen braucht?« Tidwell zog eine Augenbraue hoch.

»Darum geht es nicht.«

»Ach ja? Und worum geht es dann, wenn ich fragen darf?«

»Sie *hat das Recht* dazu«, erwiderte Theodosia.

5

»Gift!«, rief Haley.

»Pscht!« Drayton legte einen Finger auf die Lippen. »Die Gäste«, bedeutete er mit übertriebener Mimik, denn ein paar Stammgäste hatten sich bereits umgedreht und sahen neugierig zu den Dreien hinüber, die eng beieinander hinter dem Tresen standen.

»Tidwell glaubt, jemand hat Hughes Barron *vergiftet?*«, fragte Haley leise, die Augen so groß wie Untertassen.

»Das ist im Moment seine Theorie«, sagte Theodosia. »Er hat den Inhalt von Hughes Barrons Teetasse bereits ins staatliche Labor für Toxikologie geschickt.«

»Was für ein Blödsinn!«, erklärte Drayton. »Wir haben nicht das Geringste mit dem Ableben dieses Mannes zu tun. Bist du sicher, dass diese Sanitäter sein Herz auch genau untersucht haben? So ein korpulenter Kerl kann leicht einen Herzfehler haben.«

»Ich bin mir sicher, dass eine Autopsie stattfinden wird, um alle Fragen abzuklären«, sagte Theodosia.

»Stellt sich nur die Frage«, sagte Drayton, »was wir in der Zwischenzeit anfangen.«

Schadensbegrenzung, dachte Theodosia. *Genau das war die Aufgabe unserer PR-Abteilung, als ich noch in der Agentur war. Sie haben der Sache einen positiven Dreh verliehen, ehe sich irgendwas Negatives festsetzen konnte.*

»Du sprichst einen wichtigen Punkt an«, sagte Theodosia. »So ungeheuerlich die Vorstellung auch ist, unser Tee hätte den Mann umgebracht, so sehr ist der Tod von Hughes Barron auch Nährboden für die wildesten Gerüchte.«

»Gerüchte, die einen Verdacht auf uns alle werfen könnten«, fügte Haley hinzu.

»Eigentlich«, sagte Theodosia, während sie die besorgten Blicke ihrer beiden lieben Angestellten und Freunde erwiderte, »mache ich mir momentan mehr Gedanken um Bethany. Sie ist bei Tidwell auf dem Revier.«

Haley stiegen Tränen in die Augen, und sie biss sich auf die Lippen, um nicht loszuweinen. »Wer ist denn eigentlich dieser Hughes Barron? Ich habe noch nie von ihm gehört!«

»Nun«, sagte Drayton, und seine dunkeln Augen schossen nach rechts und links, »ich kann euch sagen, dass er heute auf der Church Street in absolut aller Munde ist.« Mit dem Rücken zu den Gästen beugte sich Drayton über den kleinen Tresen und sah Theodosia und Haley an.

»Ich habe vorhin mit Fern Barrow vom Cottage Inn gesprochen. Sie hatte von dem Vorfall gestern Abend gehört und schien so einiges über unseren Mr. Hughes Barron zu wissen.«

»Wirklich?«, fragte Theodosia interessiert.

»Er ist offensichtlich in Goose Creek geboren und aufgewachsen, gleich nördlich von hier, aber er hat den größten Teil seines Lebens in Kalifornien verbracht. In Santa Monica. Fern sagte, Hughes Barron hätte da ein hübsches Vermögen als Immobilienhändler gemacht. Hauptsächlich mit dem Bau von Apartmenthäusern und Einkaufszentren.« Drayton rollte die Augen, als würde er über das organisierte Verbrechen sprechen.

Theodosia rief sich ihr Gespräch mit Delaine gestern Nachmittag ins Gedächtnis. *Gott weiß, welche Bausünden ein Immobilienhändler von Barrons Ruf zu begehen im Stande ist*, hatte sie gesagt.

»Jedenfalls«, fuhr Drayton fort, »ist Hughes Barron vor ungefähr zwei Jahren zurück in unsere Gegend gezogen. Er hat sich ein Haus am Strand auf der Isle of Palms gekauft. Weißt du, Theo, in der Nähe von Wild Dunes.«

Theodosia nickte.

»Seit er zurück ist, hat er sich mit seinem neuesten heißen Projekt beschäftigt. Dem Entwurf und Bau von ein paar wirklich scheußlichen Time-Share-Anlagen«, erzählte Drayton. »Draußen auf Johns Island.«

Johns Island war eine verschlafene landwirtschaftliche Kommune, die hauptsächlich wegen ihres großen Vogelreservats bekannt war.

»Damit hat er sich doch kaum Freunde gemacht, oder?«, sagte Theodosia.

»Machst du Witze? Sie hätten ihn beinahe dafür *gelyncht*!«, sagte Drayton. »Noch ehe die Bagger eine einzige Schaufel Erde bewegen konnten, hagelte es Blockaden und Proteste. Die Gegner des Projektes ließen während der gesamten Bauphase nicht locker. Aber natürlich wurde die Wohnanlage trotzdem gebaut. Sie konnten es nicht verhindern.« Drayton seufzte. »Hughes Barron muss einflussreiche Verbindungen gehabt haben, um dieses Bauvorhaben durchzusetzen. Auf Regierungsebene, versteht sich.«

»Ich erinnere mich, dass ich schon mal von der Sache gehört habe«, sagte Theodosia. »Du hast Recht. Es gab damals nicht nur massiven Widerstand von Umweltverbänden, sondern auch von der örtlichen historischen Gesellschaft.«

»Aber sie konnten nichts tun.« Drayton seufzte noch einmal.

»Entschuldigung«, rief eine Frau von einem der Tische herüber, »könnten wir noch ein bisschen Tee bekommen?«

»Natürlich, Madam.« Mit raschelndem Rock und einem herzlichen Lächeln huschte Haley durch die Teestube. Sie füllte die Teekanne auf und stellte ein frisches Kännchen Milch und, sehr zum Entzücken der drei Damen am Tisch, einen Teller mit Nuss-Karamell-Keksen dazu. Als Aufmerksamkeit des Hauses, natürlich.

»Drayton.« Theodosia schob die Kassenlade zu. Ihr machte etwas zu schaffen, und sie wollte unbedingt die ganze Geschichte hören.

Drayton hatte unter dem Tresen einen kleinen Tritthocker hervorgezogen. Er war hinaufgestiegen und jetzt dabei, Tiegel mit Honig von DuBose Bees, der örtlichen Imkerei, einzuräumen. Mitten in der Bewegung hielt er inne und sah zu Theodosia hinunter. »Was bekümmert dich?«, fragte er.

»Hat Bethany während einer Sitzung der Heritage Society wirklich mit Hughes Barron gestritten?«

Drayton machte den Mund auf, als wolle er etwas sagen, doch dann schien er es sich anders zu überlegen. Aus so luftiger Höhe zu antworten hieße, Ärger zu verbreiten, den sie im Augenblick nicht brauchen konnten. Drayton hob die Hand und stieg vom Hocker hinunter.

»Lass mich da mal was klarstellen«, sagte er.

Theodosia ließ kurz den Blick durch die Teestube schweifen. Ihre Gäste schienen allesamt versorgt und zufrieden, und sie nickte.

»Ich weiß nicht, inwiefern du in die ganze Sache eingeweiht bist«, sagte Drayton, »aber Hughes Barron ist kürzlich zum neuen Vorstandsmitglied der Heritage Society gewählt worden.«

»Ach was!«

»Ich kenne keine genauen Einzelheiten darüber, wer ihn unterstützt hat oder mit welcher Mehrheit er schließlich gewählt wurde, weil ich, wie du weißt, oben in Boston war, als die ganze Sache über die Bühne lief.«

Theodosia nickte. Drayton war bei Chatham Brothers, einem Teegroßhandel, gewesen, um Vorräte einzukaufen.

»Wie dem auch sei, es genügt zu sagen, dass Hughes Barron nur mit einer hauchdünnen Mehrheit gewählt wurde, und dass Timothy Neville, unser Vorsitzender, *äußerst* ungehalten darüber war. Also«, fuhr Drayton fort, »letzte Woche, vergangenen Mittwoch Abend, um genau zu sein, fand unsere letzte Vorstandssitzung statt. Weil ich Hughes Barron vorher noch nie begegnet war, sagte ich mir, es sei nur fair, mich mit einem Urteil über ihn zurückzuhalten. Ich war weder mit seinem Hintergrund vertraut noch mit den Gründen, die ihn dazu bewogen hatten, der Heritage Society beizutreten. Nach dem, was ich wusste, hätten sie vollkommen uneigennützig sein können. Deshalb blieb ich unvoreingenommen. Bis zu dem Augenblick, als Hughes Barron das Wort ergriff und auf seinen ganz persönlichen Propagandazug bezüglich Neuentwicklungen in der Altstadt aufsprang.« Drayton wirkte plötzlich bekümmert. »Und dann nahm die Sache ihren Lauf.«

»Welche Sache?«, fragte Theodosia.

»So unangenehm es ist, wir haben uns mit Hughes Barron verkracht«, gestand er.

»Wer?«, fragte Theodosia. »Ihr alle?« Sie wusste, dass jegliche Art von Neuentwicklung in der Altstadt zu Draytons Lieblingsärgernissen gehörten. Er selbst residierte in einem hundertsechzig Jahre alten Haus, das einst einem Wundarzt aus dem Bürgerkrieg gehört hatte.

»Timothy Neville, Joshua Brady und ich. Samantha und Bethany haben auch ihren Senf dazugegeben. Aber Timothy war besonders aufgeregt. Er hatte einen sehr hässlichen Zwist mit Hughes Barron.« Drayton senkte die Stimme. »Du weißt ja, wie zänkisch und kritisch Timothy sein kann.«

In der Tat war Theodosia mit Timothy Nevilles aufbrausendem Temperament wohl vertraut. Der mürrische, achtzigjährige Vorsitzende der Heritage Society stand in dem Ruf, starrköpfig und ungestüm zu sein. Sie war einmal Zeugin davon geworden, wie er einen Kellner im Peninsula Grill lauthals beschimpft hatte, weil der eine Flasche Champagner unvorsichtig geöffnet und versehentlich ein paar Tropfen des kostbaren Getränks verschüttet hatte.

»Also ist Timothy Neville auf Hughes Barron losgegangen?«, fragte Theodosia.

»Ich würde es eher als Beleidigung bezeichnen.« Drayton sah sich aufmerksam um und senkte seine Stimme um eine Oktave. »Timothy beschimpfte Hughes Barron als Neandertaler und üblen Spekulanten. Wegen dieser Wohnanlage.«

»Scheußlich!«, sagte Theodosia.

Drayton sah sie traurig an. »Da stimme ich dir zu. Ein Gentleman sollte sich nie dazu herablassen, Schimpfwörter zu gebrauchen.«

»Ich meinte die Wohnanlage«, gab Theodosia zurück.

6

Theodosia starrte auf die Konzepttafeln, die an der Wand ihres Büros lehnten. Jessica Todd, Chefin der Todd & Lambeau Design Group, hatte noch drei weitere Entwürfe mitgebracht. Jetzt gab es bereits sechs verschiedene Website-Vorschläge, unter denen sie wählen musste.

Während ihr Blick langsam von einem Entwurf zum nächsten wanderte, sagte sie sich, dass jeder einzelne aufregend und machbar war. Jeder einzelne ... *ene, mene, miste* ... war bestens geeignet, ihren Teehandel in der Cyberspace einzuführen.

Normalerweise hätte sich Theodosia bis über beide Ohren in das Projekt vertieft, hätte alle Aspekte abgewogen und dann eine letzte Entscheidung gefällt, um die Mühle endlich in Gang zu setzen. Aber heute hatte sie das Gefühl, als hätte sie nur Watte im Hirn.

Es war einfach zu viel passiert, sagte sie sich. Passierte immer noch. Es fühlte sich an wie ein beschleunigender Güterzug. Noch war er nicht außer Kontrolle geraten, aber er kam unausweichlich näher gerattert.

Bethany hatte vor einer halben Stunde im Laden angerufen, und Haley hatte, das Kabel zum Zerreißen gespannt, um in der Küche ungestört zu sein, flüsternd mit ihr telefoniert. Als Haley auflegte, hatte Theodosia eine Packung Taschentücher genommen und genau zugehört, während Haley ihr Bethanys traurige Geschichte berichtete.

»Sie ist für heute auf dem Polizeirevier fertig«, hatte Haley erzählt. »Aber einer von den Kommissaren, ich weiß nicht, ob es dieser Tidwell war oder nicht, hat ihr geraten, sich einen Anwalt zu nehmen.«

Haley hatte geschnieft, sich vernehmlich die Nase geputzt und verzagt gefragt: »Kennst du irgendwelche Anwälte?«

Theodosia hatte genickt. Natürlich. Die ehemalige Kanzlei ihres Vaters existierte noch immer. Leyland Hartwell, der Seniorpartner, war schon immer ein Freund der Familie gewesen und besaß in Charleston einen ausgezeichneten Ruf.

Jessica Todd tippte ungeduldig mit einem manikürten Finger auf das Gehäuse ihres superschlanken Laptops. Selbst hyperaktiv und superschlank, in ein elegantes auberginefarbenes Kostüm gekleidet, saß sie Theodosia an ihrem Tisch gegenüber. Sie wollte möglichst heute eine Entscheidung bekommen. Als Chefin von Todd & Lambeau hatte Jessica sich als einer der führenden Gurus für Internet-Marketing in Charleston hervorgetan. Und heute saß sie sprichwörtlich auf heißen Kohlen, begierig darauf, endlich ihre Ideen zu verwirklichen, den Auftritt und die Marketing-Strategien für die neue Website des Indigo Tea Shop.

»Möchten Sie eine Tasse Tee, Jessica?«, fragte Theodosia, um Zeit zu gewinnen. Es fiel ihr schwer, eine Entscheidung zu treffen.

»Jetzt fragen Sie mich schon zum vierten Mal«, antwortete Jessica ein wenig ungehalten. Sie schüttelte den Kopf und kämmte mit langen Fingernägeln durch den kurzen glatten Schopf dunkler Haare. »Noch mal nein, danke.«

»Entschuldigung«, murmelte Theodosia.

Jessica nahm eine Tafel zur Hand, auf der Teekannen und Teeblätter vor einem unscharfen Hintergrund montiert waren, der grüne, terrassierte Hügel zeigte, eine der alten chinesischen Teeplantagen.

»Wenn wir uns noch einmal kurz diesem Konzept zuwenden könnten«, drängte Jessica. »Sie werden mir sicher zustimmen, dass es alle Kriterien erfüllt, die wir festgelegt haben. Dynamische Grafiken, eine intuitive Benutzerschnittstelle. Werfen Sie einen Blick auf die Hauptnavigationsfelder. Online-Katalog, Teetipps, Rund um den Tee und Kontakt. Hier, ich zeige Ihnen auf dem Laptop, wie es funktioniert.«

»Jessica ...«, hob Theodosia an und verstummte. Sie konnte sich unmöglich auf diese Sache konzentrieren, solange sie sich um Bethany und die Ereignisse der vergangenen Nacht Sorgen machte. Sie hatte zu viel Erfahrung, um wichtige Geschäftsentscheidungen zu treffen, wenn sie in Gedanken woanders war.

»Es tut mir Leid«, sagte sie und stand auf. »Ich fürchte, wir müssen es auf ein andermal verschieben.«

»W-was?«, stotterte Jessica.

»Ihre Entwürfe sind alle wunderbar. Spektakulär sogar. Aber ich muss sie mir ein paar Tage ansehen. Und außerdem ist es nur recht und billig, Drayton und Haley nach ihrer Meinung zu fragen, damit wir uns einig sind.«

»Dann fragen wir sie jetzt.«

»Jessica, bitte!«

»Schon gut, schon gut.« Jessica Todd ließ ihr Laptop zuschnappen und hob ihre Aktentasche vom Boden auf. »Rufen Sie mich an, Theodosia. Aber warten Sie nicht zu lange damit. Wir sind im Rennen für einen Neuauftrag, ein neuer Online-Broker. Und wenn wir ihn kriegen, dann werden wir alle rund um die Uhr arbeiten, an sieben Tagen die Woche.«

»Ich habe verstanden, Jessica.«

Während sie Jessica zur Tür begleitete, dachte Theodosia an ihre eigene Zeit in der Werbebranche zurück. *Ich war genauso*, gestand sie sich ein. *Nervös, am Durchdrehen. Nächtelang und jedes Wochenende geackert, immer unter Druck. Wie hatte Jessica das genannt? Rund um die Uhr und sieben Tage die Woche. Genau.*

Mit einem Seufzer der Erleichterung und dem Gefühl unendlicher Dankbarkeit für die heile kleine Welt in ihrem Teeladen ging sie in die Küche. Haley war gerade dabei, ein frisches Blech Zitronenschnitten mit Puderzucker zu bestäuben.

»Ich kümmere mich heute um die Lieferungen«, sagte Theodosia.

»Du? Wieso das denn?«

»Kann nicht stillsitzen, will nicht stillsitzen.«

»Das Gefühl kenne ich«, sagte Haley. Sie bückte sich und holte unter der hölzernen Arbeitsplatte einen Weidenkorb hervor.

»Okay, du hast Glück gehabt, heute ist es die harmlose Runde. Nur zwei Bestellungen. Sechs Dosen Jasmin und English Breakfast-Tee für das Featherbed House und ein paar Dosen von Draytons spezieller Fächerpalmmischung für Reverend Jonathan in St. Philip.«

Theodosia schritt zügig in Richtung Featherbed House.

Die Sonne schien warm, und vom Cooper River wehte eine leichte, salzige Brise herüber. Weiße Quellwolken jagten über den Himmel. Doch Theodosia nahm keine Notiz von dem strahlenden Tag, so sehr war sie mit den jüngsten Ereignissen beschäftigt.

Weshalb um alles in der Welt setzen sie der armen Bethany nur so zu?, überlegte sie. Es musste der Polizei doch klar sein, dass sie nur eine junge Frau war, die gegen niemanden Böses im Schilde führte. Und schon gar nicht gegen einen Mann wie Hughes Barron. Burt Tidwell war kein Idiot. Gerade ihm sollte das eigentlich klar sein.

Theodosia seufzte. Arme Bethany. Das einzige, was sie in letzter Zeit im Schilde führte, war, ihr Leben wieder in den Griff zu kriegen. Und es hatte den Anschein gemacht, als hätte sie damit endlich einigermaßen Erfolg.

Erst letzte Woche hatte Theodosia zufällig gehört, wie Bethany Drayton begeistert über ihr Praktikum bei der Heritage Society erzählte. Dass sie sechs andere Bewerber ausgestochen hatte. Wie sehr sie von den vielen Freiwilligen beeindruckt war, die unzählig viel Zeit und Geld investierten. Von der Gala, die die Heritage Society neulich veranstaltet hatte, auf der 300.000 Dollar zusammengekommen waren, von denen man die alte Chapman-Mühle kaufen konnte. Sie hatte lange leer gestanden und war zum Abriss freigegeben worden, doch nun würde die alte Mühle im historischen Viertel weiter bestehen.

Als Theodosia in der Murray Street um die Ecke bog, blies ihr der Wind vom Charlestoner Hafen ins Gesicht. Ihr kastanienbraunes Haar wehte wie eine Fahne hinter ihr her, ihre Wangen bekamen einen rosigen Schimmer, und endlich lächelte sie.

Battery, dieser lang gezogene, teils bebaute Landstrich

am Zusammenfluss von Ashley und Cooper River, wo sie sich mit dem Atlanik vereinigten, gehörte zu Theodosias Lieblingsorten. Einst unter dem Namen Oyster Point bekannt, weil es hier früher nur einen sumpfigen Strand mit Austernbänken gegeben hatte, war Battery irgendwann Militärstützpunkt und schließlich jene elegante Wohngegend mit Häusern am Hafen und Grünflächen geworden, die es heute war. Mit dem Park, White Point Gardens, dem viktorianischen Konzertpavillon und der stolzen Anzahl von sechsundzwanzig Kanonen und Denkmälern hatte die Gegend im Herzen jedes wahren Charlestoners einen ganz besonderen Platz.

Das Featherbed House thronte ganz oben in Battery und bot einen Blick über den Hafen bis hinüber nach Fort Sumter. Es gehörte zu den besten Frühstückspensionen der Halbinsel und bot seinen Gästen elegant möblierte Zimmer mit Himmelbetten, Wandtäfelungen aus Zypressenholz und mehr als dreieinhalb Meter hohe Stuckdecken. Und – natürlich – Berge von Federbetten, wie der Name es verhieß. Vom zweiten Stock aus überspannte eine Brücke den Garten und brachte die begeisterten Besucher vom Haupthaus zu einem luftigen Speisesaal im renovierten Heuboden des Kutscherhauses.

In der gemütlichen Empfangshalle, die voll gestopft war mit allen Arten von getöpferten, gehäkelten und gestickten Gänsen, machte Theodosia Halt, um sich mit den Besitzern Angie und Mark Congdon zu unterhalten. Sie waren verheiratet und hatten früher beide als Makler an der Warenbörse in Chicago gearbeitet. Irgendwann hatten sie dann die Stadt der Winde verlassen und an einem Ort mit moderaterem Klima und gemächlicherem Tempo Zuflucht gesucht.

Veränderungen und neue Wertigkeiten, sinnierte Theodosia, während sie die Straße hinuntereilte und den Weg zu St. Philip einschlug. *Davon gibt's in letzter Zeit echt viel.*

Die Episkopalkirche St. Philip hatte der Church Street ihren Namen gegeben. Es handelte sich um ein neoklassizistisches Bauwerk, das bereits seit beinahe zweihundert Jahren die Gläubigen anlockte. Wenn am Sonntagmorgen in dem schmalen, schönen Kirchturm die Glocken erklangen, wusste jeder in der Altstadt, dass Reverend Jonathans Gottesdienst gleich beginnen würde.

Theodosia trat durch ein schmiedeeisernes Tor in den Kirchhof.

»Guten Morgen!«, ertönte eine Stimme.

Theodosia hielt inne und sah sich um. Schließlich entdeckte sie Reverend Jonathan, einen kleinen, drahtigen Mann mit kurzem silbergrauem Haar, auf Händen und Knien unter einer Eiche.

»Der letzte Sturm hat diesem Baum nicht gut getan«, sagte er und zog ein Drahtseil fest um einen Holzpflock. »Ich dachte, wenn ich ihn stütze, hat er vielleicht eine Chance, seine großen Brüder aufzuholen.«

Die »großen Brüder«, auf die Reverend Jonathan sich bezog, waren zwei riesige immergrüne Eichen, die zu beiden Seiten des Pfarrhauses wuchsen.

»Sie haben hier wahre Wunder gewirkt«, sagte Theodosia. Unter dem wachsamen Blick von Reverend Jonathan hatten sich Garten und alter Friedhof von einem getrimmten Rasen mit ein paar Büschen und Gedenktafeln in eine versteckte Oase verwandelt, eine prächtige Fülle von Blumen, blühenden Büschen, Trittsteinen und dekorativen Statuen.

Reverend Jonathan streckte sich und sah sich stolz um.

»Ich liebe es, mir die Hände schmutzig zu machen. Aber ich muss gestehen, es gibt immer etwas zu tun. Das nächste Großprojekt ist die Sanierung des Tonnengewölbes unserer geliebten Kirche.«

Obwohl die Gemeinde, der er diente, über 1500 Mitglieder zählte, er dutzenden Komitees angehörte und ständig auf Spendenjagd war, war Reverend Jonathan ein unermüdlicher Arbeiter. Irgendwie schien er zwischendurch immer Zeit zu finden, sich um den Garten oder die Instandhaltung der Kirche zu kümmern.

»Das ist das Problem mit allen altehrwürdigen Gemäuern.« Er grinste. »Immerzu kitten, kitten, kitten.«

»Mhm«, sagte Theodosia und gab ihm seine Teedosen. »Das Gefühl kenne ich.«

Auf dem Rückweg zum Indigo Tea Shop wanderten Theodosias Gedanken wieder zum Tod von Hughes Barron. Auch wenn es sie traurig stimmte, dass ein Mensch gestorben war, ärgerte es sie, dass die Ermittler das Naheliegende offensichtlich übersahen. Hätte nicht derjenige, der mit Hughes Barron an jenem abgelegenen Tisch gesessen hatte, die perfekte Gelegenheit gehabt, dem Mann Gift in den Tee zu tun?

Aus einer Eingebung heraus machte Theodosia einen Sprint hinüber in die Meeting Street zu Samantha Rabathan. Samantha war die Organisatorin der gestrigen Veranstaltung gewesen, überlegte sie. Vielleicht hatte Sam ja eine Anwesenheitsliste. Damit könnte man einen Anfang machen.

Wie der Zufall es wollte, war Samantha gerade auf der riesigen Veranda und beschäftigte sich mit der bombastischen Fülle an Pflanzen, die in zahllosen Kübeln und Beeten gediehen. Samanthas einzige Leidenschaft seit ihrer

Scheidung vor zehn Jahren schien die Gartenarbeit. Wenn Reverend Jonathan der Schutzheilige der Bäume und Büsche war, so war Samantha der Schutzengel der Blumen.

Samantha bepflanzte ihre Blumenkästen je nach Saison, und so enthielten sie mal Zwiebelblumen, Maßliebchen, Glyzinien oder Bonsais. Ihre Spaliere, gewöhnlich unter üppig wuchernden, rosaroten Kletterrosen verborgen, waren sagenhaft. In ihrem Garten blühten Rosen und Jasmin, um einen kleinen glitzernden Teich wuchsen Begonien und Eisenkraut, und an einer alten Ziegelmauer rankte sich wilder Wein empor. Dieser Garten war ein absolutes Muss auf dem alljährlichen Rundgang des Gartenvereins. Und mit ihren eleganten Blumenarrangements heimste Samantha auf der Blumenschau von Charleston regelmäßig blaue und purpurne Bänder ein.

»Samantha!« Theodosia winkte von der Straße zu ihr hinauf.

»Hallo«, antwortete Samantha.

Heute trug sie ihr Gärtnergewand, registrierte Theodosia: grüner Overall, grüne Handschuhe, grüner Baumwollschlapphut, passend zu ihrem grünen Daumen.

Die meisten Leute in der Nachbarschaft hielten Samantha selbst für eine Art Treibhausgewächs. Eine zarte tropische Pflanze mit feinem blondem Haar und Alabasterhaut, die die Sonne scheute. Gute Freunde wussten, dass sie lediglich versuchte, die Wirkung ihres Gesichtsliftings zu verlängern.

»Wie geht es dir?«, fragte Theodosia. Sie beschirmte ihre Augen mit der Hand und sah zu der Veranda mit den Spalieren voller Efeu und Wein und den mit Kreppmyrte und Altheen überquellenden Fensterkübeln hinauf.

Samantha lächelte dünkelhaft und fächelte sich mit

grün behandschuhter Hand Luft zu. »Gut, wirklich gut. War nur ein bisschen viel Aufregung gestern Abend. Ich kann kaum glauben, dass ich wegen diesem armen Mann umgekippt bin. Schrecklich peinlich! Na ja, wenigstens beweist es, dass ich eine wahre Südstaaten-Lady bin. Einfach ohnmächtig geworden. Ganz à la *Vom Winde verweht*«, fügte sie übertrieben gedehnt hinzu.

»Samantha ...«, fing Theodosia an.

Aber Samantha war nicht zu stoppen: »Drayton war ein wahrer Gentleman, als er mir zu Hilfe eilte. Ich darf nicht vergessen, mich bei ihm zu bedanken.« Sie richtete ihre Gartenschere auf einen Kübel mit üppigem Bleiwurz, schnippte entschieden und legte ein Bündel leuchtend blauer Blüten in ihren Weidenkorb. »Ah, ich weiß. Ich werde einen ganz besonderen Strauß zusammenstellen. Drayton ist ein Mann mit Schliff und Kultur. Er wird diese Geste zu schätzen wissen.«

»Das glaube ich ganz bestimmt, Samantha«, sagte Theodosia.

»Theodosia.« Samantha blickte von der Veranda zu ihr hinunter. »Die Sonne steht fast senkrecht. Du musst aufpassen!«

Theodosia ignorierte die Warnung. »Theodosia, besteht die Möglichkeit, die Namen all jener in Erfahrung zu bringen, die Karten für die gestrige Lamplighter-Tour gekauft haben?«

Samantha dachte einen Augenblick über die Frage nach. »Du meinst, ob wir die Namen der Gäste notiert haben?«

»Habt ihr eine Liste?«, fragte Theodosia hoffnungsvoll.

Samantha schüttelte den Kopf. »Nein. Wir haben einfach die Karten verkauft und das Geld eingesammelt. Es hat sich noch nie jemand die Mühe gemacht, festzuhalten, wer was oder wie viel gekauft hat. Unser größtes Augenmerk liegt normalerweise darauf, die Tradd-Street-Tour auszustechen. Du weißt ja, dass sie fürchterlich viele Freiwillige haben, die überall durch die Straßen stapfen. Dieses Jahr haben sie sogar in den Frühstückspensionen Plakate aufgehängt!«

Theodosia strich sich mit einer Hand die Haare zurück. Genau das hatte sie befürchtet. Keinerlei Listen, nur Freiwillige, die Karten verkauften, wo immer sie konnten.

»Aber weißt du«, fuhr Samantha fort und wagte sich vor in den Sonnenschein. »Wenn wir in Verbindung mit der Lamplighter-Tour eine Verlosung oder eine Tombola angeboten hätten, hätten wir einen zusätzlichen Anreiz zum Kauf einer Karte gehabt! Und dann hätten wir natürlich Namen, Adressen und Telefonnummern.« Sie zog entzückt die Nase kraus. »Eine Verlosung! Ist das nicht eine wunderbare Idee? Ich kann es kaum erwarten, den Vorschlag für die nächste Lamplighter-Tour zu machen!«

Samantha schnippte noch ein paar Stängel Bleiwurz ab, dann lächelte sie Theodosia strahlend an. »Theodosia, hättest du nicht Lust, einen deiner Geschenkkörbe zu stiften?«

7

Die Cane-Ridge-Plantage war 1835 am Horlbeck Creek erbaut worden. Darauf stand ein Haus im gotischen Stil, reichlich versehen mit aufschwingenden Spitzen und Giebeln, mit einem steilen Schindeldach und einer breiten Veranda, die sich über drei Seiten erstreckte. Hoch über einem stillen Teich und Sumpfland gelegen, war Cane Ridge seinerzeit eine blühende Reisplantage gewesen, mit vielen Morgen flacher, weiter Felder, die sich bis an den Rand der Pinienwälder erstreckten.

Macalester Browning, Theodosias Vater, und ihre Tante Libby waren auf Cane Ridge aufgewachsen, und Theodosia hatte dort unzählige Sommer verbracht. Immer, wenn sie Herzschmerz hatte oder sich über etwas klar werden musste, kehrte sie nach Cane Ridge zurück.

»Der Zedernseidenschwanz ist schon da, aber der Sumpfzaunkönig lässt noch auf sich warten.« Theodosias Tante Libby Revelle stand, einen schwarzen Kaschmirschal um die dünnen, aber kräftigen Schultern gelegt, auf der Veranda und sah hinaus auf das ferne Sumpfland.

Die winzige, elegante Libby Revelle mit ihrem silbernen Haar war eine leidenschaftliche Vogelbeobachterin. Mit ihrem Fernglas und der Hilfe von Petersons *Bildband zur Vogelkunde* konnte sie mit der gleichen Begeisterung, mit der Flugzeugnarren vorüberfliegende Flugzeuge identifizierten, Schnabelformen, Schwanzmuster und Spannweiten bestimmen.

Theodosia hatte gar nicht vorgehabt, bei Tante Libby Mittag zu essen. Sie war nur deswegen hinaus ins Low Country gefahren, weil sie die Charleston-Teeplantage besuchen wollte. Die Besitzer Mack Fleming und Bill Hall waren gute Freunde, und Theodosia konnte es kaum erwarten, den Tee aus der letzten Ernte der Saison unter die Lupe zu nehmen.

Doch als sie in ihrem Jeep Cherokee über den Maybank Highway gefahren war, hatte Theodosia plötzlich Sehnsucht nach der alten Plantage bekommen, den Wunsch verspürt, an einen Ort zurückzukehren, an dem sie sich zeit ihres Lebens nicht nur willkommen, sondern immer auch wunderbar zu Hause gefühlt hatte. Und deshalb hatte sie ihren roten Jeep an der Abzweigung zur Rutledge Road auf die holprige Schotterstraße gelenkt, die nach Cane Ridge und zu Tante Libby führte.

Während sie vorwärts ruckelte, hatte Theodosia gespürt, wie sich eine gewisse Ruhe auf sie senkte. Alte Eichen, Hartriegel und riesige Azaleenhecken säumten Trost spendend die Straße. Durch den dichten Vorhang aus Bäumen und Büschen waren in der Ferne weinbewachsene Buckel zu sehen und die Überreste alter Reisfelder. Als sie über eine gebrechliche Brücke rumpelte, rief das schwarze Wasser darunter Erinnerungen an Jugendliche in flachen Kähnen hervor.

Dankbar für den Allradantrieb schaltete Theodosia auf dem letzten Abschnitt noch einen Gang hinunter. Sie hatte den Jeep erst letztes Jahr gekauft, entgegen Draytons Rat, und war noch immer restlos begeistert.

Drayton, stets auf das Image bedacht, hatte zu bedenken gegeben, ein Jeep sei »nicht gerade damenhaft«.

Theodosia hatte mit dem Argument gekontert, dass ein Geländewagen praktisch sei. »Perfekt geeignet zum Transport von Kisten und Geschenkkörben«, hatte sie ihm erklärt. »Und wenn ich in den Wald will, um wilden Löwenzahn oder Himbeeren für die aromatisierten Tees zu pflücken, ist er auch ideal. Ich kann damit über Waldwege und sogar durch Flussbetten fahren, ohne Angst zu haben, dass ich stecken bleibe.«

Drayton hatte sich höchst dramatisch die Stirn gerieben und geseufzt. »Und musste es unbedingt Rot sein?«

Haley dagegen war sofort auf den Beifahrersitz gehüpft und hatte darum gebettelt, »Allrad fahren« zu gehen.

»Hilfst du mir bitte, das Buffet zu richten?«, fragte Tante Libby. »Wir haben unsere Suppe und belegten Brote gegessen, jetzt sind unsere gefiederten Freunde an der Reihe.«

»Bleib du hier und genieße die Sonne. Ich bringe das Futter hinunter«, sagte Theodosia, froh, sich nützlich zu machen.

Tante Libby versorgte ihre geflügelten Besucher mit einer Mischung aus Distel-, Mais- und Leinsamen. Im Laufe des kommenden Winters würde Libby mindestens siebenhundert Pfund Samen verfüttern.

Theodosia trug zwei randvoll mit Libbys Samenmischung gefüllte Eimer zu einem umgestürzten Baumstamm am Rande des Sumpfes, einem viereinhalb Meter langen knorrigen Eichenstamm, übersät mit Einbuchtungen und Spalten, die als natürliche Vogelkrippen wie geschaffen waren.

Libbys Herz füllte sich mit Stolz, als sie diese schöne, talentiere Frau beobachtete. Ihre Nichte. Sie liebte Theodosia wie eine Tochter. Als Theodosias Mutter starb, war das Mädchen erst acht gewesen, und Libby hatte sich mit Freuden bereit erklärt, Ersatz zu bieten, wo immer es möglich war. Begeistert hatte sie Theodosias zahlreiche Musikaufführungen und Schultheaterstücke besucht, ihre Kleidung fürs Ferienlager mit Etiketten versehen und ihr beigebracht, wie man auf zwei Fingern pfeift.

Und als Theodosia damals mit zwanzig auch noch ihren Vater verlor, war Libby ihre ganze Familie gewesen. Während des Schuljahres wohnte Theodosia zwar im Studentenheim, aber in den Ferien hatte Libby ihr immer Tür und Tor geöffnet, ihre Freunde zu Festen eingeladen und war ihre Ratgeberin gewesen, als Theodosia ihren Abschluss in der Tasche hatte und sich auf Arbeitssuche begab.

Und als Theodosia den Entschluss fasste, der Werbebranche den Rücken zu kehren und ihr unternehmerisches Geschick mit dem Kauf des Teeladens auf die Probe zu stellen, hatte Libby zu hundert Prozent hinter ihr gestanden.

»Ich war eigentlich auf dem Weg zu Mack und Bill«, sagte Theodosia, als sie die paar Stufen zur Veranda wieder heraufkam. Klappernd stellte sie die Eimer auf die Holzbohlen.

»Das sagtest du schon.« Libby saß in einem Korbstuhl und blickte hinaus auf den blauen Teich und das sich im Wind wiegende goldene Gras unter der dunstigen Sonne.

Theodosias Blick war auf den Baumstamm gerichtet, den sie gerade mit Vogelfutter gefüllt hatte. Aus einem Büschel verdörrtem Unkraut stahl sich ein Streifenhörnchen hervor, schnappte sich eine Pfote voll am Boden liegender Samen und setzte sich auf die Hinterpfoten, um zu fressen.

»Bei uns in der Stadt hat es gestern Abend ziemlichen Ärger gegeben«, sagte Theodosia.

»Das habe ich schon gehört«, antwortete Tante Libby.

Theodosia fuhr herum. »Was?« Dieser durchtriebene Fuchs hatte während des ganzen Mittagessens neben ihr gesessen, sie zappeln lassen und keinen Ton gesagt! Theodosia lächelte schief. Ja, genau das war Libby Revelles Art, das war die Tante Libby, die sie so gut kannte und liebte. Niemals bedrängen, anderen Leuten Zeit lassen.

»Was hast du gehört?«, fragte Theodosia. »Und von wem?«

»Ach, Bill Wexler hat vorbeigeschaut, und wir hatten einen netten kleinen Plausch.«

Bill Wexler fuhr seit beinahe fünfundzwanzig Jahren die Post im Low Country aus. Außerdem schien er einen direkten Draht zu allem zu haben, was in Charleston, im Low Country und bis hin nach West Ashley vor sich ging.

»Wenn es schon bis hierher vorgedrungen ist, dann wird es bis heute Nachmittag die ganze Stadt wissen«, sagte Theodosia.

Libby nickte: »Wahrscheinlich.«

Theodosia blinzelte bestürzt in die Sonne.

»Da kannst du nichts machen, Liebes«, sagte Libby. »Du hast in dem Drama, das sich gestern Abend abgespielt hat, doch nur eine Nebenrolle gespielt. Wenn die Leute so dumm sind zu glauben, dass du darin verwickelt bist, dann ist das deren Problem.«

»Du hast Recht.« Theodosia machte es sich in dem Stuhl neben Libby bequem, entschlossen, den Nachmittag über hier zu bleiben.

»Du machst dir doch keine Sorgen um dich, oder?«, fragte Libby.

»Eigentlich nicht.«

Libby streckte die Hand aus und strich Theodosia sanft übers Haar. »Du bist mein Kätzchen, das warst du schon immer. Landest immer auf den Pfoten und hast neun Leben.«

»Ach, Libby!« Theodosia nahm die Hand ihrer Tante und drückte sie zärtlich. Plötzlich wurde sie sich der dünnen, pergamentartigen Haut bewusst, der zerbrechlichen alten Knochen. Und der Tatsache, dass Tante Libby sterblich war.

8

Teekessel summten und pfiffen, Teetassen klirrten gegen Untertassen, und Drayton schwirrte geschäftig durch den Laden. Vier Tische waren besetzt, die Kunden warteten ungeduldig auf ihren Frühstückstee und Leckereien. Einer der kleinen gelben Busse würde sie später abholen und sie weiterkutschieren auf ihrer Vormittagsrunde durch die Altstadt von Charleston, zum Wochenmarkt oder zu den Antiquitätenhändlern auf der King Street.

»Wo ist Haley?«, rief Theodosia von hinten, als Drayton gerade dabei war, einen letzten Löffel irischen Frühstückstee in eine viktorianische Teekanne zu geben.

»Ist noch nicht da«, sagte er und arrangierte Teekannen, Milchkännchen, Zuckerschalen und kleine Teller mit Zitronenschnitten auf einem Silbertablett, das er geschickt schulterte.

»Das sieht ihr aber gar nicht ähnlich«, sagte Theodosia und streckte den Kopf in den Verkaufsraum. Sie machte sich Sorgen, denn Haley war eigentlich sehr pünktlich und tauchte meist schon gegen sieben Uhr im Indigo Tea Shop auf. Dann heizte sie den Backofen ein und holte den Teig heraus, den sie am Vortag geknetet und kühl gestellt hatte. Auf diese Weise gab es immer frisch gebackene Milchbrötchen, Croissants und Waffeln, ohne dass Haley um vier Uhr morgens aufstehen musste.

Während Drayton Tee einschenkte, holte Theodosia eine Lage Hörnchen aus der Tiefkühltruhe und schob sie schnell in den Backofen.

»Es macht nichts, dass sie tiefgefroren waren«, murmelte Drayton. »Die Dinger sind so wunderbar schwer, ich glaube nicht, dass irgendjemand einen Unterschied bemerkt.«

Und Drayton hatte Recht. Ofenwarm, mit reichlich Devonshire Cream und Erdbeermarmelade serviert, ernteten die Hörnchen überschwängliche »Ohs« und »Ahs«.

»Ist dir nichts aufgefallen?«, fragte Theodosia. Sie stand hinter dem Tresen und ließ den Blick über die versammelten Gäste schweifen.

Drayton sah von der Kasse auf. »Was meinst du?«

»Ich sehe keinen einzigen Stammgast«, sagte Theodosia.

Drayton sah sie durchdringend an. »Du hast Recht.« Seine Augen blickten forschend in ihre. »Du glaubst doch nicht, dass ...«

»Ich bin mir sicher, sie kommen später«, sagte sie.

»Ganz bestimmt.«

Vierzig Minuten später waren die morgendlichen Gäste gegangen, die Tische waren abgeräumt, der Boden gewischt und die Teekannen vorbereitet für den nächsten Schub.

»Jetzt, wo ich eine kurze Verschnaufpause habe, kann ich endlich bei Haley anrufen«, sagte Theodosia. »Langsam mache ich mir ernsthaft Sorgen.«

Da ertönte das fröhliche Bimmeln der Türglocke. »Na also«, sagte Theodosia. »Neue Gäste.« Mit einem warmen Lächeln drehte sie sich zur Tür, doch an Stelle eines Schwungs Gäste kam Haley hereingestürmt.

»Haley!«, sagte Theodosia. »Was ist denn los?« Haleys ansonsten so gelassene Miene war verstört, ihr Pfirsichteint fleckig. Sie ließ die Schultern hängen, ihre Augen waren verquollen, sie hatte ganz offensichtlich geweint. Sehr sogar.

»Sie haben sie gefeuert!«, schluchzte sie.

Theodosia stürzte durch den Raum auf sie zu und nahm sie in den Arm. »Komm her, meine Liebe. Setz dich erst mal hin.« Sie führte Haley zum nächsten Tisch und drückte sie auf einen Stuhl. »Drayton«, rief sie. »Wir brauchen einen Schluck Tee. Starken Tee.«

Tränen liefen Haley über das Gesicht, und sie sah Theodosia traurig an. »Sie haben Bethany rausgeschmissen. Aus der Heritage Society.«

»O nein! Bist du sicher?«, fragte Theodosia.

»Ja. Sie haben sie vorhin angerufen und gesagt, sie bräuchte nicht wieder zu kommen.«

»Wer hat sie angerufen?«

»Mr. Neville«, sagte Haley.

»Timothy?«

»Ja, Timothy Neville«, schluchzte Haley.

»Was ist passiert?« Drayton stellte eine Kanne Tee und drei Tassen auf den Tisch.

»Timothy Neville hat Bethany rausgeworfen«, erklärte Theodosia.

Bestürzt setzte Drayton sich zu ihnen. »O nein!«

»Darf er das tun, Drayton?«, wollte Theodosia wissen.

Drayton nickte langsam, als hätte er noch immer nicht ganz begriffen, was Haley gesagt hatte. »Ich glaube schon. Er ist der Vorsitzende. Und als solcher hat Timothy Neville unglaublich viel Macht. Wenn er jemanden in leitender Position feuern wollte, dann müsste er wohl eine offizielle Vorstandssitzung einberufen. Zumindest, um die Form zu wahren. Aber in so einem Fall ... Ja, ich fürchte, Timothy Neville hat die Macht, nach Gutdünken Leute einzustellen und rauszuschmeißen.«

»Weil sie nicht wichtig genug ist«, sagte Haley und schniefte.

»Das habe ich nicht gesagt«, erwiderte Drayton.

»Ihr kapiert alle nicht«, rief Haley, »dass dieses Praktikum für Bethany das Trittbrett für eine bessere Stelle war. Kein gutes Museum wird einen einstellen, wenn man nicht irgendein Praktikum aus dem Ärmel ziehen kann. Und jetzt ist Bethanys Glaubwürdigkeit völlig ruiniert!« Sie schlug die Hände vors Gesicht und schluchzte.

Drayton tätschelte sanft ihren Arm. »Na, na, vielleicht ist ja noch nicht alles zu spät.« Er warf Thedosia einen niedergeschlagenen Blick zu. *Kannst du denn nichts unternehmen?*, schien er zu fragen.

Theodosia antwortete mit einem Hochziehen der Augenbrauen. *Was soll ich denn tun?*

»Kannst du nicht wenigstens mit ihm sprechen?«, fragte Drayton schließlich laut.

Haleys tränenüberströmtes Gesicht erhellte sich. »Könntest du das tun? Bitte! Du bist so gut in solchen Dingen. Du bist mutig, und du kennst einen Haufen wichtiger Leute. Bitte, du musst ihr einfach helfen!«

Die bittenden Blicke von Drayton und Haley sprachen Bände. Theodosia lehnte sich zurück und trank einen Schluck Tee. Über die Jahre hatte sie vielleicht ein- oder zweimal mit Timothy Neville gesprochen. Er war immer steif und förmlich gewesen. Sie erinnerte sich, dass er neulich ebenfalls auf der Lamplighter-Tour gewesen war. Er hatte an einem der Tische gesessen, beinahe, als würde er Hof halten, über die Bronzeglocken referiert, die im Turm von St. Michael hingen, und darüber, wie britische Soldaten sie einst konfisziert hatten.

»Natürlich werde ich mit ihm sprechen«, sagte sie mit gespielter Munterkeit, obwohl sie im Innersten dachte: *O Himmel!*

9

Entrüstung macht viele Frauen aggressiv und schrill. Theodosias Entrüstung hingegen steigerte lediglich ihre entschlossene, ruhige Art. Sie ging die Church Street hinunter, vorbei am Buchladen Noble Dragon, der Bouquet Garni-Geschenkboutique und an Cotton Duck. Ihre Gedanken wirbelten durcheinander, doch ihr Entschluss stand fest. Bethanys Rauswurf war unerhört. Das Mädchen hatte eindeutig nichts mit der Sache um Hughes Barron zu tun. Die Reaktion der Heritage Society und ganz besonders von Timothy Neville war völlig überzogen. Theodosia hatte zwar keinen blassen Schimmer von Arbeitsrecht, aber sie wusste, was es hieß, Arbeitgeber zu sein. Bethany hatte für ihr Praktikum ein Gehalt bekommen, und das bedeutete, sie war eine reguläre Angestellte. Und vielleicht war damit der Rauswurf illegal. Insbesondere, weil es höchst zweifelhaft war, dass die Heritage Society Bethany böswillige Absichten oder Unfähigkeit nachweisen konnte.

In ihrem Eifer merkte Theodosia gar nicht, dass sie am Avis Melbourne House vorbeiging. Als ihr klar wurde, wo sie sich befand, verlangsamte Theodosia ihren Schritt und blieb schließlich stehen. Sie stand vor einer riesigen Magnolienhecke und blickte hinüber zu dem wunderschönen alten Haus. Tagsüber wirkte es noch prächtiger als nachts. Vornehme ionische Säulen bestimmten die elegante Fassade des vorwiegend im Südstaatenstil gebauten, ganz auf Symmetrie und Anmut angelegten Anwesens.

Und doch war dies der Ort, an dem ein Mord geschehen war, rief Theodosia sich ins Gedächtnis. Genau hier war Hughes Barron – durfte sie es wagen? – vergiftet worden.

Theodosia drehte sich um und ging langsam den breiten Fußweg zur Vordertür hinauf. Die Lampen und Kürbislaternen waren verschwunden. Jetzt erstrahlte das Haus weiß im Sonnenlicht.

Dieses Haus war wirklich wie eine Hochzeitstorte, dachte Theodosia. Die Säulen, die Brüstung im ersten Stock und die Ornamente am Dach sahen aus wie Verzierungen aus Zuckerguss.

Vor den Stufen zur Haustür blieb sie stehen, wandte sich dem gepflasterten Pfad zu, der zu einem schmiedeeisernen Tor führte und ging um die Ecke des Hauses. Augenblicklich war sie von Schatten umgeben. Seit sie damals, nachdem sie den Teeladen gekauft hatte, einen Botanikkurs besucht hatte, schenkte Theodosia den Pflanzen in ihrer Umgebung genaue Aufmerksamkeit. Ihr fiel auf, dass große Mimosenbäume das Haus vor der heißen Südstaatensonne beschützten und der Pfad von dichten Wollmispelbüschen und Oleander gesäumt wurde.

Ihre Schritte hallten dumpf wider, und sie fragte sich, ob jemand zu Hause war. Wahrscheinlich nicht. Die Odettes, das Ehepaar, dem dieses wunderbare Haus gehörte, betrieben ein Reisebüro. Wahrscheinlich waren sie entweder im Büro oder auf irgendeiner Reise. Wenn sie jetzt darüber nachdachte, hatte sie die Odettes nicht mal am Abend der Lamplighter-Tour gesehen. Freiwillige der Heritage Society hatten die Veranstaltung beaufsichtigt, ihr geholfen, im Anrichteraum ihr Quartier aufzuschlagen, und die Besucher durch die Zimmer und Salons im Erdgeschoss geleitet.

Als Theodosia um die nächste Ecke bog, lag der Garten vor ihr. Sie war erstaunt, wie verlassen er jetzt wirkte. Vor zwei Tagen noch war dies ein üppiger, verschwenderischer Ort gewesen, dunkel und luxuriös, mit süß duftenden Weinranken und blinkenden Laternen, erfüllt mit Gelächter und Geplauder aufgeregter Besucher. Dann hatten die barschen und drängenden Stimmen verschiedener Polizisten und Rettungshelfer von den Pflastersteinen und Mauern widergehallt. Jetzt aber war der Garten beinahe unnatürlich still. Tische und Stühle waren noch immer da, der Springbrunnen plätscherte, aber die Stimmung war düster. *Wie auf einem Friedhof*, dachte Theodosia mit einem Schaudern.

Hör auf damit, schalt sie sich, *halte deine Fantasie im Zaum.*

Sie ging hinüber zum Brunnen, beugte sich hinunter und senkte eine Hand in das kühle Wasser. Wasserpflanzen mit fleischigen Blättern trieben auf der Oberfläche, und darunter glitzerten Kupfermünzen. *Jemand hat Münzen hineingeworfen. Kinder vielleicht. Und sich dabei etwas gewünscht. Oder Besucher der Lamplighter-Tour.* Sie richtete sich auf und sah sich um. Der Garten war wirklich wunderschön, mit seinem üppigen Grün und den schmiedeeisernen Akzenten. Komisch, dass er eben noch so unheimlich gewirkt hatte.

Theodosia ging hinüber zu dem abseits gelegenen Tisch – demjenigen, an dem man Hughes Barron über seiner Teetasse zusammengesackt gefunden hatte. Sie setzte sich auf seinen Stuhl und sah sich um.

Der Tisch stand in der Nähe einer riesigen Hecke, die den Garten nach außen hin begrenzte. Hätte jemand durch diese Hecke schlüpfen können? Theodosia streckte die Hand aus und befühlte die Blätter. Sie waren hart, dunkelgrün und sehr dicht. Aber unten am Boden gab es bestimmt eine Stelle, wo man durchkriechen konnte.

Sie legte den Kopf in den Nacken und sah hinauf in die

immergrüne Eiche. Der riesige alte Baum streckte seine Äste über den halben Garten aus. Von den oberen Zweigen hing der Greisenbart wie Spitzengardinen herab. Hätte jemand heimlich in einer Astgabel dieses altehrwürdigen Baumes sitzen und Hughes Barron etwas in den Tee schütten können? Ja, dachte sie, möglich war es. Alles war möglich.

10

Timothy Neville liebte die Heritage Society mit jeder Faser seines Herzens. Er besaß eine beinahe religiöse Leidenschaft für die Kunstgegenstände und Gebäude, deren Erhalt die Gesellschaft sich zur Aufgabe gemacht hatte. Was die Rekonstruktion der alten Schriftstücke der Gesellschaft anbelangte, erwies er sich als ungeheuer geschickt und erledigte einen Großteil der minuziösen Konservierungsarbeit persönlich. Und er war unermüdlich damit beschäftigt, neue Mitglieder zu rekrutieren.

Doch das größte Vergnügen bereitete Timothy Neville die politische Arbeit in der Heritage Society. Weil die Politik ihm im Blut lag.

Seine Vorfahren, die von den Hugenotten abstammten, die im Frankreich des sechzehnten Jahrhunderts vor religiöser Verfolgung geflohen waren, waren leidenschaftliche, temperamentvolle Einwanderer gewesen, die sich in North und South Carolina niedergelassen hatten. Jene kühnen Pioniere hatten sich die Neue Welt zu Eigen gemacht und ihren Teil zum Aufbau von Charles Town beigetragen. Als unabhängige, selbstbewusste Sippe hatten sie die Herrschaft der Englischen Krone bekämpft, den Bürgerkrieg überstanden und dem wirtschaftlichen Niedergang von Reis und Indigo getrotzt. Heute wurden sie als Gründungsväter der Aristokratie von Charleston angesehen.

»Miss Browning.« Timothy Neville nickte leicht mit dem Kopf und verzog die Lippen zu einem Grinsen, das zwei Reihen kleiner, scharfer Zähne entblößte. »Wollen wohl Fürbitte für die junge Dame leisten?«

Theodosia stand im Türrahmen von Timothy Nevilles Büro in der Heritage Society und blinzelte in das schummrige Zimmer, erstaunt über das Durcheinander von Kunstgegenständen und Schriftstücken, von denen der Mann umgeben war. Sie war überrascht. Woher um alles in der Welt wusste Timothy Neville, dass sie mit ihm über Bethany sprechen wollte? Sie war sicher, dass Bethany nicht erwähnt hatte, dass sie beide befreundet waren. Und Bethany war nie offiziell bei ihr angestellt gewesen. Haley war heute Morgen bestimmt viel zu aufgeregt und bestürzt gewesen, um irgendwelche Anrufe zu machen.

Timothy Neville ignorierte sie ostentativ und wandte seine Aufmerksamkeit wieder dem Schriftstück aus der Zeit des Bürgerkrieges zu, an dem er gerade arbeitete. Es war furchtbar verblasst und das alte Leinenpapier stark beschädigt. *Eine faszinierende Herausforderung*, dachte er.

Anstatt ihm gleich zu antworten, nutzte Theodosia die Gelegenheit, Timothy Neville einer näheren Betrachtung zu unterziehen. Als sie ihn in dem gedämpften Licht sitzen sah, den Kopf gebeugt, stellte Theodosia erstaunt fest, dass er ein überaus ungewöhnlich aussehender Mann war. Er besaß eine hohe, runde Stirn, dunkle Haut, die straff über die breiten Wangenknochen gespannt war, eine knochige Nase und einen schmalen, kantigen Unterkiefer. *Nanu, er sieht ein bisschen wie ein Affe aus*, dachte Theodosia. *Timothy Neville ist ein kleines Affenmännchen.*

Als hätte er ihre Gedanken gelesen, drehte er den Kopf und sah sie mit dunklen, stechenden Augen an. Er war klein und drahtig und stets ausgesucht gut gekleidet. Heute trug er eine graue Wollhose mit Bügelfalten, ein gestärktes weißes Hemd und ein taubengraues Jackett.

Entschlossen erwiderte Theodosia seinen Blick. Timothy Neville war Vorsitzender der Heritage Society, seit sie von der Existenz dieser Gesellschaft wusste. Sie schätzte, dass er mindestens fünfundsiebzig Jahre alt war, obwohl ihn mancher sogar auf achtzig schätzte. Sie wusste, dass Timothy Neville neben seiner Arbeit in der Heritage Society die zweite Geige im Charlestoner Sinfonieorchester spielte und in einem atemberaubenden Herrenhaus in der Archdale Street wohnte. Er war in bester Position, ermahnte sie sich. Sie musste äußerst behutsam vorgehen.

Zu guter Letzt beschloss er, seine Frage selbst zu beantworten. »Natürlich sind Sie deswegen hier«, sagte er mit einem verschmitzten Grinsen. Und dann, als könne er Gedanken lesen, fügte er hinzu: »Drayton hat letzte Woche erwähnt, dass das Mädchen bei einer Ihrer Angestellten wohnt. In dem kleinen Häuschen gegenüber Ihres Geschäftes, glaube ich.«

»Ja, das stimmt«, antwortete Theodosia. Vielleicht war es doch leichter, als sie ursprünglich befürchtet hatte. Neville war freundlich, wenn auch ein klein wenig überheblich. Und Drayton war immerhin Mitglied im Vorstand der Gesellschaft. Sie war selbst einmal gebeten worden, beizutreten. Vielleicht ließ sich das Missverständnis ja ohne große Schwierigkeiten ausräumen. Vielleicht hatte die Heritage Society nur in Panik reagiert und einen Fehler begangen.

»Ich kann nichts daran ändern«, sagte Timothy und beugte sich wieder über das Schriftstück.

»Wie bitte?«, sagte Theodosia. Die Raumtemperatur schien mit einem Schlag um ein paar Grad gesunken zu sein. »Soweit ich weiß, war Bethany … ist sie lediglich Praktikantin bei der Heritage Society. Und ich befürchte, man hat sie aus falschen Gründen entlassen. Um Himmels willen, sie war lediglich Hughes Barrons *Kellnerin!* Das Mädchen hatte nichts zu tun mit dem verfrühten Tod dieses Mannes.«

»Ich gebe keinen Pfifferling auf das Mädchen oder den Tod dieses Mannes!« Timothy Nevilles dunkle Augen blitzten hart wie ein Obsidian, und an seiner Schläfe pochte eine Ader. »Aber was das Verfrühte anbelangt, so würde ich sagen, es war *gerade* rechtzeitig. Ausgesprochen vorteilhaft, um genau zu sein!« Sein raues Kichern klang wie das Warnsignal einer Klapperschlange. »Ganz wie der Mann selbst.«

Plötzlich sprang Timothy auf und trat auf Theodosia zu. Dass er fast zwölf Zentimeter kleiner war als sie glich er mit seiner glühenden Leidenschaftlichkeit aus.

»Hughes Barron war ein jämmerlicher Schurke, der nicht das geringste Gefühl für die Bewahrung historischer Werte hatte!«, schrie er. Sein dunkles Gesicht färbte sich violett. »Dieser Kerl dachte, er könnte einfach so in unsere Stadt kommen – in *unsere* Stadt, verdammt noch mal – und sämtliche Prinzipien und Ideale, die wir schätzen, mit Füßen treten!«

»Hören Sie, Mr. Neville, Timothy …«, versuchte Theodosia ihn zu unterbrechen.

Er zeigte mit dem Finger auf sie und fuhr mit seiner Tirade fort. »Dieser Unmensch hatte auch Pläne für *Ihren* Karpfenteich, meine Liebe! Aber ja!«

Timothy Neville ruckte ein paar Mal heftig mit dem Kopf vor und zurück, und Theodosia spürte leichte Gischt in ihrem Gesicht. Sie machte einen Schritt zurück.

»Das Eigentum an Ihrem Häuserblock!«, schrie er. »Denken Sie, Sie wären gefeit? Falsch gedacht!«

Fasziniert starrte Theodosia das kleine Männchen an, das eindeutig, beinahe beängstigend, die Kontrolle über sich verloren hatte. Sie fragte sich, ob ein derartig neurotischer, aufbrausender Mensch, der angesichts historischer Gebäude so an die Decke ging, vielleicht auch einen Mord begehen könnte.

11

Wundervolle Düfte drangen aus der Küche, ein sicheres Zeichen dafür, dass Haley ihre Fassung wieder gewonnen hatte und zu ihrer üblichen Routine zurückgekehrt war.

»Ich bin's«, rief Theodosia, als sie die Hintertür zuzog und in ihr Büro ging.

Wie eine kleine Schildkröte reckte Haley den Kopf zur Tür herein. »Erfolg gehabt?« Ihr Gesicht glühte von der Hitze in der Küche, und ihre Stimmung schien sich erheblich gebessert zu haben. Theodosia fand, dass sie um zweihundert Prozent besser aussah als noch vor ein paar Stunden.

»Könnte man so sagen.«

Drayton tauchte auf. »Du hast also mit Timothy gesprochen«, sagte er neugierig.

»Ja.«

»Konntest du dich mit ihm einigen?«, fragte er.

Theodosia hatte den Anblick von Timothy Nevilles zornigem Wutausbruch noch lebhaft vor Augen. »Eigentlich nicht, nein«, antwortete sie.

»Dann hat Bethany ihren Job also nicht zurück?«, fragte Haley.

»Nein«, sagte Theodosia. »Noch nicht.«

Haleys Lächeln versiegte.

»Das verstehe ich nicht«, sagte Drayton. »Du hast doch gesagt, du hättest Erfolg gehabt.«

»Hatte ich auch, gewissermaßen. Timothy war so freundlich, mir sein wahres Gesicht zu offenbaren.«

Drayton und Haley starrten sich an. Sie hatten keine Ahnung, was Theodosia damit sagen wollte. Und Theodosia, die sah, wie enttäuscht sie waren, hatte nicht die Absicht, ihnen eine genaue Beschreibung von Timothy Nevilles überaus abscheulichem Benehmen zu liefern.

»Drayton, Haley«, sagte sie. »Ich muss dringend telefonieren. Vertraut mir. Es ist noch nicht vorbei. Wir haben gerade erst ein bisschen an der Oberfläche gekratzt.«

»Also, was hat sie damit sagen wollen?«, fragte Haley, als sie und Drayton kopfschüttelnd in die Teestube gingen.

Theodosia suchte in ihrem schweren Adressroller, bis sie die Nummer gefunden hatte, die sie suchte. *Schritt eins*, dachte sie. *Hoffe nur, dass er da ist.*

»Leyland Hartwell, bitte. Sagen Sie ihm, Theodosia Browning ist am Apparat.«

Während Theodosia darauf wartete, dass Leyland Hartwell abnahm, ließ sie den Blick über die blasslila Wände ihres kleinen Büros schweifen. Neben gerahmten Tee-Etiketten und Opernprogrammen hatte Theodosia zahllose

Familienfotos aufgehängt. Ihr Blick blieb an einem davon hängen. Ein großes Schwarzweißfoto ihres Vaters auf seinem Segelboot. Er sah sonnengebräunt aus, zerzaust und entspannt. Er war Mitglied im Charlestoner Jachtclub gewesen und hatte einmal mit einer Mannschaft von vier Seglern an der 771 Meilen weiten Charleston-Bermuda-Regatta teilgenommen. Er war sehr erfahren gewesen, und sie hatte es geliebt, mit ihm segeln zu gehen. Mit der Pinne zu hantieren, den Spinnaker zu setzen und die erfrischende Gischt im Gesicht zu spüren, wenn sie hart am Wind segelten.

»Theodosia!«, schallte Leyland Hartwells Stimme in ihr Ohr. »Was für eine nette Überraschung. Hast du immer noch diesen kunterbunten Hund?«

»Du meinst den Dalbrador«, sagte sie.

»Genau den. Haha. Sehr komisch. Was kann ich für dich tun, meine Liebe?«

»Ich brauche ein paar Informationen, Leyland. Deine Kanzlei wickelt doch immer noch viele Geschäfte auf dem Immobiliensektor ab, richtig?«

»Allerdings. Hypotheken, Grundbesitzprüfungen, Urkunden, Zwangsvollstreckungen und Widerrufe, Bebauungspläne, Pachtverträge. Ganz egal was, wir haben überall die Finger mit drin.«

»Ich versuche, Informationen über einen Immobilienhändler namens Hughes Barron zu bekommen. Kennst du ihn?«

»Habe von ihm gehört«, antwortete Leyland. Dann, nach einer kurzen Pause, sagte er: »Wir sprechen doch über den Kerl, der vor kurzem gestorben ist, oder?«

»Richtig«, sagte Theodosia. *Und stell mir bitte keine Fragen mehr*, betete sie stumm.

»Gibt 'nen Haufen Gerüchte um diesen Typen«, sagte Leyland. »Ich war gestern Nachmittag am Coosaw Creek und habe eine Runde mit Tommy Beaumont gespielt. Er erzählte mir, Barron sei an einem Herzinfarkt gestorben. Und später an der Bar hat mir ein Typ erzählt, es gäbe das Gerücht, dass Barron vergiftet worden sei. Arsen oder so was.«

»Eigentlich wollte ich etwas über seine Geschäfte wissen«, sagte Theodosia.

Sie hörte das Papierrascheln, und dann sprach Leyland Hartwell weiter. »Ach, Geschäfte. Verstanden. Ist es eilig?«

»Ich fürchte schon.«

»Kein Problem. Ich setze einen meiner Leute daran und mach ein bisschen Dampf. Wir finden raus, was wir können. Sag mal, hast du diesen Zitronen-Minz-Tee mit der frischen Zitronenmelisse noch im Programm?«

»Aber natürlich!«

»Mrs. Hartwell liebt dieses Zeug als Eistee. Wunderbar erfrischend!«

Theodosia lächelte. Leyland Hartwell war seiner Frau treu ergeben und sprach von ihr immer als Mrs. Hartwell. »Gut. Ich werde ihr welchen rüberschicken.«

»Wie lieb von dir. Einer meiner Partner wird sich bald bei dir melden. Wenn alles gut geht, gleich morgen früh.«

12

Klack, klack, klack. Mit langen, gemächlichen Schritten, hocherhobenen Hauptes und mit gespitzten Ohren lief Earl Grey über den blauen Vinylläufer, der im Korridor des O'Doud-Seniorenheimes verlegt war. In seiner blauen Nylonweste mit dem Emblem, das ihn als Therapiehund auswies, war er aufs Feinste ausstaffiert.

»Hallo, Earl.« Suzette, eine der Nachtschwestern, die schon seit gut fünfzehn Jahren hier arbeitete, begrüßte den Hund mit einem herzlichen Lächeln. Als Nachsatz fügte Suzette auch noch einen Gruß an Theodosia hinzu: »Hallo, Ma'am.«

Offiziell waren Earl Grey und Theodosia beide im Dienst, aber Theodosia hatte sich schon lange daran gewöhnt, die zweite Geige zu spielen. Sobald sie einen Fuß durch die Tür gesetzt hatten, gehörte die Show Earl Grey. Und jeder Einzelne, von der Oberschwester bis zum Hausmeister, begrüßte Earl Grey zuerst. Es war, als wäre er zu einem Besuch hergefahren und hätte Theodosia nur erlaubt mitzukommen.

Theodosia hatte nichts dagegen. Im Grunde war genau das die Idee, die hinter der Arbeit mit einem Therapiehund steckte – ihre eigene Rolle herunterzuspielen. Der Hund sollte als Erstes auf die Bewohner zugehen, auf den Fluren, im Aufenthaltsraum oder auch in den Zimmern der Bewohner. Sie sollten selbst bestimmen, inwiefern sie sich darauf einließen.

Manche Leute, die bettlägrig oder krank waren, lächelten Earl Grey nur an. Er hatte eine beruhigende Wirkung auf sie, oder es gelang ihm, sie allein mit seiner Gegenwart aufzuheitern. Manchmal hatte Theodosia das Gefühl, sie erinnerten sich an einen geliebten Hund, der ihnen einst ein Haustier gewesen war. Mit seinem typischen Hundegespür schien Earl Grey genau zu wissen, wann ein Bewohner den richtigen Grad an Vertrautheit erlangt hatte. Wenn er glaubte, dass die Zeit gekommen war, legte er die

Schnauze auf die Bettkante und gab dem Kranken einen zärtlichen Kuss.

Ein älterer Mann, der blind und an den Rollstuhl gefesselt und somit stark eingeschränkt war, liebte es, für Earl Grey einen Tennisball zu werfen. Dann sprang und tobte Earl Grey den Gang hinunter und malte dem Mann ein Bild zum Hören, ehe er ihm den Ball zurückbrachte und den Kopf hingebungsvoll in seinen Schoß schmiegte.

Dann war da das Quartett von recht lebhaften Damen, die es nie versäumten, Earl Grey mit einem Teller Leckereien zu verwöhnen. Entweder beschwatzten sie Verwandte, ihnen Hundekekse mitzubringen, oder sie buken eigens »Leberküchlein« für ihn, einen seltsamen Mischmasch aus Rinderleber und Weizenmehl. Theodosia fand, dass die Leberküchlein zwar aussahen wie Leberpastete, aber wie Sägemehl schmeckten. Für Earl Grey hingegen waren sie eine Delikatesse.

Es war für Theodosia eine ausgesprochen dankbare Aufgabe, und manchmal, wenn sie abends nach Hause fuhr, füllten sich ihre Augen mit Tränen, wenn sie an eine bestimmte Begebenheit dachte, die ihr Herz gerührt hatte. Dann musste sie an den Straßenrand fahren, ihr Taschentuch suchen und Earl Grey zum wiederholten Male sagen, was für ein wundervoller Bursche er war.

13

Leyland Hartwell hatte nicht zu viel versprochen. Am nächsten Morgen klingelte in aller Frühe das Telefon.

»Miss Browning?«

»Ja?«, antwortete Theodosia.

»Hier spricht Jory Davis. Ich arbeite für Ligget, Hume & Hartwell. Leyland Hartwell hat mich gebeten, Sie wegen der Informationen anzurufen, die wir für Sie gesammelt haben. Außerdem hat er mich gebeten, Ihnen zu sagen, dass er gerne persönlich angerufen hätte. Doch er musste in eine kurzfristig anberaumte Besprechung.« Es folgte eine kurze Pause. »Miss Browning?«

»Ja, Mr. Davis. Bitte fahren Sie fort.«

»Jedenfalls kann ich Ihnen die Informationen geben.«

»Es ist sehr nett von Ihnen, dass Sie sich dieser Angelegenheit angenommen haben.«

»Ist mir ein Vergnügen.« Jory Davis räusperte sich. »Hughes Barron, der *verstorbene* Hughes Barron, war ein Immobilienspekulant der übelsten Sorte. Ich gebe jedoch zu bedenken, dass dies meine ganz persönliche Meinung ist.«

Theodosia hatte sich wie ein Einsiedlerkrebs in ihr Büro eingenistet und darüber gebrütet, was sie in Sachen Bethany unternehmen würde und was in Sachen Geschäft. Und nun kam dieser freundliche Mann mit der warmen, tiefen Stimme und entlockte ihr ein Lächeln. Sie hatte den Namen Jory Davis schon ein paar Mal im Wirtschaftsteil der Zeitung und in der Hausmitteilung des Charlestoner Jachtclubs gelesen, war ihm aber persönlich noch nie begegnet. Ihre Neugierde war geweckt.

Jory Davis fuhr fort, als hielte er vor Gericht sein Schlussplädoyer. »Barrons Leistungen in Kalifornien beinhalten die Zahlungsverweigerung gegenüber Vertragspartnern, Hypothekenrückstände und betrügerische Machenschaften im Zusammenhang mit Niedrigzinskrediten für ein Seniorenheim, das nie gebaut wurde. Offensichtlich gibt es in Kalifornien mehr als nur ein paar Leute und Regierungsstellen, die Hughes Barron auf den Fersen sind ... waren.«

Theodosias silberner Füller flog über das Papier, während sie sich eilig Notizen machte.

»Wir haben uns außerdem in verschiedenen Stadt- und Bezirksregistern kundig gemacht und herausgefunden, dass Hughes Barron einen stillen Teilhaber hat, einen Mr. Lleveret Dante. Was wenig erstaunlich ist, dieser Mr. Dante steht derzeit im Staate Kentucky wegen Hypothekenschwindels unter Anklage und hat Hughes Barron anscheinend hier in Charleston als Strohmann gedient. Das Unternehmen firmiert unter dem Namen Goose Creek Holdings, in Anspielung auf die Gegend nördlich von hier, in der Mr. Barron aufgewachsen ist. Die Büroräume von Goose Creek Holdings befinden sich in der Harper Street 415. Bitte unterbrechen Sie mich, wenn diese Dinge nicht neu für Sie sind, Miss Browning«, sagte Jory Davis ziemlich atemlos.

Theodosia war beeindruckt. Anscheinend hatte Jory Davis sich ganz und gar in die Recherche gestürzt.

»Das ist ungeheuer aufschlussreich«, sagte Theodosia. »Und äußerst unterhaltsam«, fügte sie hinzu.

»Gut«, sagte Jory Davis. »Jetzt, da ich weiß, dass ich ein dankbares Publikum habe, werde ich fortfahren. Das erste Immobilienprojekt von Goose Creek war ein Time-Share-Apartmenthaus auf Johns Island, bekannt als Edgewater Estates. Es existiert noch immer ein schwebendes Verfahren gegen Edgewater Estates, angestrengt von der Umweltorganisation Shorebird, aber die Anwälte von Goose Creek spielen auf Zeit. Shorebird hatte bereits einmal Erfolg vor Gericht und konnte einen Baustopp erwirken, doch dann wurde die Entscheidung von einem höheren Gericht wieder aufgehoben. Außerdem befindet sich im Besitz von Goose Creek Holdings unerschlossenes Land in West Ashley und in Berkeley County. Aber es ist nur Brachland, bis jetzt stehen dort weder Apartments noch Einkaufszentren.« Theodosia vernahm das Rascheln von Papier. »Das ist so im Groben ein Überblick über Hughes Barron, die Kurzfassung gewissermaßen. Ich habe noch ein Bündel Unterlagen mit etwas tiefer gehenden Informationen. Über die Verfahren und über die Apartments und Grundbesitzanteile. Sie wollen sicher einen Blick darauf werfen.«

»Mr. Davis«, sagte Theodosia. »Ihre Recherche war mir eine riesengroße Hilfe. Ich weiß gar nicht, wie ich Ihnen danken soll.«

»Bitte, nennen Sie mich Jory. Miss Browning, wenn ich es richtig verstanden habe, war Ihr Vater früher Seniorpartner in unserer Kanzlei.«

»Ja. Er hat die Kanzlei Mitte der Siebziger zusammen mit Leyland aufgebaut.«

»Dann gehören Sie ja zur Familie, oder nicht?«

Theodosia musste lächeln. »Das haben Sie aber nett gesagt.«

»Miss Browning, wie ich schon sagte, ich bin noch im Besitz einiger Hintergrundinformationen, die ich Ihnen nicht vorenthalten möchte. Ich kann die Unterlagen in die Post geben. Oder könnten wir vielleicht bei Gelegenheit eine Tasse Kaffee trinken gehen?«

»Ich habe eine Teestube.«

Das ließ Jory Davis sich nicht zweimal sagen. »Eine Tasse Tee. Noch besser.«

Theodosia kicherte. Dieser Heißsporn war ihr sympathisch. Er hatte so eigenartig formell begonnen und war dann vorgeprescht, zwar war er nicht direkt über sie hergefallen, aber verflixt nahe daran.

»Der Indigo Tea Shop«, sagte Theodosia. »In der Church Street. Sie können jederzeit vorbeischauen.«

14

Johns Island liegt südwestlich von Charleston und ist ein großer, bumerangförmiger Flecken Erde. Es handelt sich nur insofern um eine Insel, als das Land zu allen Seiten von Wasser umgeben ist: vom Stono River, vom Intracoastal Waterway, vom Kiawah River und vom Bohicket Creek. Viele Jahre lang war Johns Island ein verschlafenes, hinterwäldlerisches Stück Provinz gewesen. Einzelne Bauernhöfe sprenkelten die Landschaft, und ein paar nette kleine Dörfer dienten als Schlafstätten für die Leute, die nach Charleston pendelten.

Doch einige Jahre zuvor hatte eine allmähliche Veränderung stattgefunden. Die Grundstückspreise in Charleston stiegen, die Wirtschaft florierte und der Großraum von Charleston platzte aus allen Nähten.

Grundstücksspekulanten nahmen das noch immer erschwingliche hügelige Farmland auf Johns Island ins Visier und begannen, sich Grundstücke unter den Nagel zu reißen. Mit einem Mal sahen langjährige Inselbewohner ihre ländliche Idylle und den gemächlichen Gang der Dinge bedroht. Die Lage war angespannt.

Und da trat Hughes Barron auf den Plan, dachte Theodosia, während sie ihren Jeep Cherokee durch den schwachen Vormittagsverkehr auf dem Maybank Highway manövrierte. Jory Davis' Anruf am Morgen hatte ihre Neugier geweckt und ihr keine Ruhe mehr gelassen. Also war sie in den Wagen gesprungen, hatte das Verdeck zurückgerollt und genoss jetzt die Fahrt an der frischen Luft.

Sie wusste, dass Hughes Barron zu den ersten Investoren gehört hatte, die sich über das Land dort draußen hergemacht hatten. Es war zwar nicht direkt am Meer, doch der Atlantik floss zwischen dem Kiawah und den James Inseln herein, und dadurch waren ein paar wunderbare Gezeitenflüsse und Sumpflandschaften entstanden.

Theodosia verließ die Autobahn, folgte etwa acht Kilometer lang der Rivertree Road und bog dann nach rechts in die Old Camp Road ein. Die Wegbeschreibung hatte sie bekommen, als sie das Verkaufsbüro von Hughes Barrons Edgewater Estates angerufen hatte. Doch bis jetzt sah sie nichts weiter als ländliche Idylle und Ackerlandschaft. Gerade, als sie dachte, sie hätte sich verfahren, und nach einer Möglichkeit zu wenden suchte, tauchte aus einem wogenden gelben Tabakfeld eine riesengroße farbenprächtige Anzeigentafel auf.

Edgewater Estates, verkündete das Schild in leuchtendem Rosa und Grün. *Time-Share-Apartments. Sichern Sie sich ein Stück Geschichte. Großzügige Zwei-, Drei- und Vierzimmerwohnungen. Erschlossen von Goose Creek Holdings.*

Theodosia fragte sich, was für ein Stück Geschichte man sich mit dem Erwerb eines Anteils an einem Apartment der Edgewater Estates wohl sichern sollte. Auf was hatte sich dieser habgierige Investor Hughes Barron da bloß berufen?

Die archäologischen Überreste der Cusabo-Indianer, die vor vierhundert Jahren hier gelebt hatten?

Die kaum noch sichtbaren Ruinen eines Forts aus dem Bürgerkrieg? Der Verfall des aus Kalksand und gemahlenen Austernmuscheln erbauten Forts hatte bereits vor der letzten Jahrhundertwende seinen Lauf genommen.

Oder meinte er die neunhundert Morgen Land, die als Meeresbiotop galten?

Egal, sagte sie sich. Sie war schließlich nicht hergekommen, um Goose Creek Holdings einer Verbraucherschutzprüfung zu unterziehen. Sie war hier, weil sie, angestachelt durch die Informationen von Jory Davis, vor Neugierde brannte. Nach allem, was sie über Hughes Barron gehört hatte, wusste sie, dass dieser Mann nicht auf Nummer Eins der Beliebtheitsskala rangiert hatte. So jemand musste sich Feinde gemacht haben. Unzählige Feinde. Wenn es um Grundbesitz ging oder um Immobiliengeschäfte im Wert von Millionen von Dollar, dann wurden die Leute sehr, sehr ernst. Und manchmal sehr, sehr ekelhaft.

Theodosia fuhr die Auffahrt zu Edgewater Estates hinauf, einen Weg aus weißen Kieselsteinen, der sich um einen prunkvollen Springbrunnen wand. Ihr war die Anlage auf Anhieb unsympathisch. Das Gebäude stand nicht nur in krassem Widerspruch zu Johns Island, es erinnerte auch verdächtig an eine Seniorenwohnanlage im Süden Floridas.

Die Edgewater Estates Timeshare-Apartmentanlage war riesig, ausufernd und protzig. Der Haupteingang wurde von steinernen Putten und Möwen flankiert, und das Gebäude selbst war in einer Farbe gestrichen, die man nur als Tropischgrün bezeichnen konnte. Weiße Fensterläden und falsche Balustraden vervollständigten das grelle Erscheinungsbild.

Es ist genau wie ein geschmackloser Anzug, dachte Theodosia, als sie in die Parklücke fuhr, die mit »Besucherparkplatz« gekennzeichnet war. *Übertriebene Lässigkeit, kombiniert mit schlechtem Design. War schon immer eine fatale Verbindung.*

Hughes Barron, oder eher sein Architekt, hatte sich hie und da bei der Charlestoner Architektur bedient. Unglücklicherweise waren alle klassischen und schönen Elemente bei der Umsetzung übertrieben und marktschreierisch geraten.

Ach du liebe Güte, dachte Theodosia, *bloß gut, dass ich niemals Verkaufsprospekte für dieses Projekt entwerfen musste! Ich hatte weiß Gott genug Pleiteaufträge in der Agentur. Fürchterliches Kinderspielzeug, das erzieherisch wertvoll sein sollte, es aber nicht war. Ein Einkaufszentrum. Fertigsuppen, die nie sämig wurden und einen kreidigen Nachgeschmack hatten. Aber nie, niemals etwas so Schreckliches!*

»Guten Morgen. Willkommen bei Edgewater Estates.« Eine forsche junge Frau, nicht älter als sechsundzwanzig, in einem leuchtend gelben Kostüm, lächelte Theodosia über einen weißen Marmortresen hinweg an. »Dies ist leider unser ganzes Verkaufsbüro.« Das Mädchen breitete mit theatralischer Geste die Arme aus. »Wir sind bereits zu sechzig Prozent verkauft, deshalb ist in dem ursprünglichen Büro jetzt der Freizeitraum untergebracht. Aber Sie haben *so* ein Glück! Wir haben auch ein paar Wiederverkäufe, die gerade erst frei geworden sind, und ein paar davon haben sogar Meerblick.« Das junge Mädchen hielt kurz inne, taxierte Theodosia schnell und fragte dann: »Sie sind doch auf der Suche nach einem Timeshare-Apartment, oder?«

»Und wie«, sagte Theodosia bestimmt. »Und ich habe über Edgewater Estates nur das Allerbeste gehört.«

Das Mädchen strahlte. »Wir halten uns für das beste Timeshare-Projekt auf Johns Island.«

Theodosia wollte ihr sagen, dass sie momentan das *einzige* Projekt dieser Art waren. Und dass sie, wenn die Inselbewohner aufwachten und ihre Lektion gelernt hatten, wahrscheinlich auch das einzige bleiben würden. Aber sie hielt sich zurück. Es war besser, ruhig zu bleiben und so viele Informationen wie möglich zu sammeln. Man konnte nie wissen, was für interessante Dinge so ein Gespräch zu enthüllen vermochte.

Die Maklerin streckte die Hand aus. »Ich bin Melissa Chapman, Mitarbeiterin des Verkaufs.«

Theodosia schüttelte die Hand und lächelte das Mädchen fest an. »Theodosia Browning, potenzielle Käuferin.« Sie fuhr mit den Fingern über die viel zu großen Hochglanzprospekte, die auf dem Tresen zwischen ihnen aufgefächert lagen. »Sind das Ihre Verkaufsbroschüren?«

»Oh ja, bitte bedienen Sie sich.« Melissa drückte Theodosia einen der protzigen Prospekte in den Arm. »Es gibt vier verschiedene Grundrisse. Haben Sie schon etwas Bestimmtes im Sinn?«

»Wahrscheinlich eine Dreizimmerwohnung«, sagte Theodosia.

»Unser gefragtestes Modell«, schwärmte das Mädchen. »Und zu welcher Jahreszeit? Der Sommer ist natürlich sehr beliebt, deswegen sind die Preise da auch am höchsten. Wir haben da nur noch wenige Zeitabschnitte frei. Ende August, glaube ich. Aber vielen Menschen ist gar nicht bewusst, dass es hier draußen gerade jetzt, im Oktober, November, geradezu ideal ist. Und der Preis liegt gute siebzig Prozent unter dem für die Hochsaison.« Melissa riss mit gespieltem Staunen die Augen auf. »Interessiert?«

»Sehr«, sagte Theodosia. »Könnte ich mir ein paar von den Wohnungen einmal ansehen?«

»Ich hole meine Schlüssel.« Melissa lächelte.

15

»Hässlich, hässlich, hässlich«, sang Theodosia vor sich hin, während sie Gas gab und den Jeep über eine schmale Holzbrücke jagte. Hinter ihr klapperten lose Bohlen, und als sie den Lehmweg auf der anderen Seite erreichte, spritzten Steine auf. Erstens hatten sämtliche Wohnungen so typisch neu gerochen. Was es auch war, Farbe, Teppich, Kleber, Rigips, jede Einheit, die sie sich angesehen hatte, hatte ihr Nasenjucken verursacht. Dann waren die Apartments stickig und eng gewesen. Und das konnte nicht allein an der Größe liegen. Ihre Wohnung über dem Teeladen war auch klein, aber sie war *gemütlich* klein. Nicht *beengend* klein. Und die Wohnung mit den drei Zimmern, auf die Melissa so stolz gewesen war, hatte in Wirklichkeit gar keine zwei Schlafzimmer. Das so genannte zweite Schlafzimmer war ein Alkoven am einen Ende des Wohnzimmers, abgetrennt durch eine billige Falttür aus Plastik, die quer durch den Raum ging!

Theodosia, die in Häusern mit solidem Fundament aus Stein und schweren Holzkonstruktionen aufgewachsen war, die Kriege und zahllose Wirbelstürme überlebt hatten, war diesen neuen Schweinchen-Dick-Bauten gegenüber äußerst misstrauisch. Was würde geschehen, wenn sich über dem Atlantik ein Septembersturm zusammenbraute und mit seinen Orkanböen über den Edgewater

Estates hereinbrach? Abheben würden sie, in bester *Zauberer von Oz*-Manier. Und wahrscheinlich würden es die Einzelteile nicht bis Kansas schaffen.

Sie knirschte mit den Zähnen und zog eine Grimasse. *Schäbig. Richtig schäbig!* Dieser Besuch hatte ihr nun wirklich einen Einblick verschafft, welcher Sorte Immobilienhändler Hughes Barron angehörte. Genau der gleichen Sorte wie sein Partner Lleveret Dante. Der übelsten nämlich, genau wie Jory Davis gesagt hatte.

Als sie an einem kleinen Strandcafé namens *Krabbenhütte* vorbeifuhr, überkam Theodosia auf einmal eine alte Erinnerung. Sie dachte daran, wie sie und ihr Vater irgendwann einmal die vielen Wasserwege in dieser Gegend erkundet hatten, wie sie ihr Boot auf eine Sanddüne gezogen, an einem Picknicktisch gesessen und gekochte Krabben mit Pommes frites gegessen hatten. Die Erinnerung war so lebhaft, dass ihr die Tränen kamen.

Sie fuhr langsamer, betrachtete blinzelnd die Umgebung und trat auf die Bremse.

Knapp einen halben Kilometer hinter der *Krabbenhütte* stand ein kleines, weißgetünchtes Haus mit einem blauweißen Schild, auf dem ein langbeiniger Vogel prangte. Darunter stand Shorebird Umweltorganisation.

Shorebird Umweltorganisation.

Theodosia durchforstete ihr Gedächtnis. War das nicht die Organisation, die Edgewater Estates verklagt hatte? Natürlich! Jory Davis hatte ihr berichtet, die Umweltschützer hätten vor Gericht verloren. Und Drayton hatte erzählt, Shorebird hätte Anwohner rekrutiert und die Bauarbeiten blockiert. Wahrscheinlich war ihre Wut noch immer nicht verraucht. Was ein Glück für Theodosia wäre. Damit könnte sie noch eine Quelle anzapfen.

Tanner Joseph sah von seinem Imac-Computer und dem neuen Klimasimulationsprogramm auf, das er sich gerade beizubringen versuchte, und starrte die Frau an, die soeben durch seine Tür gekommen war. Sehr hübsch, war sein erster Eindruck. Vielleicht ein paar Jahre älter als er, aber wirklich hübsch. Wunderschöne Haare und eine unglaubliche Ausstrahlung. Alter Geldadel vielleicht?

Tanner Joseph war in einer Stahlhüttenstadt in Pennsylvania aufgewachsen und hatte ein schmerzhaftes, tief verwurzeltes Bewusstsein für Klassenunterschiede. Obwohl er die Universität von Minnesota als diplomierter Ökologe absolviert hatte, fühlte er sich als Außenseiter.

»Guten Tag«, sagte er.

Theodosia nahm das kleine Büro in Augenschein. Drei Schreibtische, einer besetzt. Aber alle mit den neuesten Computern ausgestattet und mit Bergen von Papier übersät. Ein Klapptisch an der Wand schien zur Aufbewahrung für Broschüren, Literatur und Plakate der Shorebird Umweltorganisation zu dienen. An den Wänden hingen erstaunlich gute Zeichnungen von Gräsern, Vögeln und anderen hier beheimateten Tieren, in fantasievollem Stil gezeichnet, fast wie moderne chinesische Pinselstriche.

Theodosias erster Eindruck war, dass die Organisation zwar wirtschaftlich gesund, aber unterbesetzt war. Wahrscheinlich gab es nur einen Geschäftsführer, zwei Assistenten und, hoffentlich, eine treue Schar Ehrenamtlicher.

Sie trat an den Schreibtisch, an dem der junge Mann saß, der sie begrüßt hatte, und sah zu ihm hinunter. Er sah gut aus. Blond, braun gebrannt, weiße Strahlezähne. Haley hätte ihn als »Sahneschnittchen« bezeichnet.

»Ich interessiere mich für die Shorebird Umweltorganisation«, sagte sie.

Tanner Joseph erhob sich hastig. Es geschah nicht jeden Tag, dass eine Frau mit Klasse an seine Tür klopfte. Und Frauen mit Klasse hatten nicht selten Zugriff auf Mittel, die einer kleinen, nicht profitorientierten, ständig kämpfenden Organisation wie der seinen in den Sattel helfen konnten.

»Tanner Joseph.« Er streckte die Hand aus. »Geschäftsführender Direktor.«

»Theodosia Browning.« Sie schüttelte ihm die Hand. »Nett, Sie kennen zu lernen.«

»Vielleicht darf ich Ihnen erst mal unsere Broschüre geben.« Tanner Joseph reichte ihr eine kleine, dreimal gefaltete Broschüre, die auf Umweltpapier gedruckt war.

Theodosia schlug sie auf und begann zu lesen. Die Broschüre war gut geschrieben und wunderschön illustriert. Derselbe Künstler, der die Zeichnungen an den Wänden gemacht hatte, war auch hier am Werk gewesen. Kurze Untertitel und hervorgehobene Texte informierten über vier verschiedene Projekte, mit denen Shorebird derzeit beschäftigt war. Die Informationen waren interessant, knapp und leicht verdaulich.

»Hören Sie«, sagte Tanner Joseph. Das Weiß seiner Augen kontrastierte stark mit seiner tiefen Sonnenbräune. Er fummelte an seinem grauen T-Shirt herum, das mit dem Aufruf *Rettet die Seeschildkröten* bedruckt war. »Ich wollte gerade einen Happen essen gehen. In der *Krabbenhütte*, ein kleines Stück die Straße hinunter. Wenn Sie Lust auf eine Limonade oder so hätten, und es Ihnen nichts ausmacht, mir beim Essen zuzusehen, dann könnte ich Ihnen dort ein bisschen was erzählen.«

»Wunderbar«, sagte Theodosia.

16

Wie sich herausstellte, war die *Krabbenhütte* wirklich der Imbiss gewesen, in dem sie und ihr Vater damals gegessen hatten, eine altmodische kleine Bude am Straßenrand, wo man erst die handgeschriebene Karte an der Seitenwand studierte und dann an das Fenster ging, um zu bestellen. Gegessen wurde ausschließlich im Freien, an sonnengebleichten Holztischen mit verblassten blauen Sonnenschirmen. Aus sentimentalen Gründen und weil es beinahe Mittag war, bestellte Theodosia sich schließlich Krabbenkuchen mit Krautsalat. Sie setzten sich auf wackelige Holzbänke, genossen die Sonne, die salzige Brise und das überraschend gute Essen.

Während des Mittagessens erzählte Tanner voller Engagement von der Mission der Shorebird Umweltorganisation, die sich der Bewahrung sowohl der Küstenlandschaft und der natürlichen Sümpfe als auch der Nistplätze und maritimen Schutzgebiete verschrieben hatte. Außerdem informierte er sie über seine Qualifikation, seinen Abschluss in Ökologie und seine Diplomarbeit über die wechselseitige Dynamik innerhalb von Ökosystemen.

»Was fängt man denn eigentlich mit einem Diplom als Ökologe an?«, fragte Theodosia neugierig. »Ich meine, welche Möglichkeiten hat man damit?«

Tanner Joseph zuckte die Achseln. »Heutzutage kann man ganz verschiedene Wege einschlagen. Im Forstdienst, bei der Behörde für Umweltschutz oder im Amt für natürliche Rohstoffe. Oder man geht zu einer von buchstäblich Tausenden privater Organisationen wie zum Beispiel zum Bund Naturschutz oder zur Vereinigung Wildnis.

Oder ...«, er breitete die Arme aus und grinste, »man arbeitet für eine kleine, ständig ums Überleben kämpfende gemeinnützige Organisation. Versucht, das Interesse der Öffentlichkeit zu wecken, schreibt Broschüren, illustriert sie ...«

»Die Zeichnungen sind von Ihnen?«, fiel Theodosia ihm ins Wort.

»Eine meiner zahllosen Begabungen.« Tanner Joseph lächelte. »Und Pflichten. Neben dem Verfassen von zig Beihilfegesuchen an diverse Stiftungen, in der Hoffnung, hier tausend Dollar und dort zweitausend zu ergattern. Vorausgesetzt, ich habe das Glück, bei einem verständnisvollen Stiftungsvorsitzenden die richtige Saite zum Klingen zu bringen.«

»Hört sich ziemlich anstrengend an«, sagte Theodosia.

»Ist es auch.« Tanner Joseph schob sich ein Pommesfrites-Stäbchen in den Mund. »Aber ich würde um nichts in der Welt tauschen. Nach der Schule habe ich ein Jahr am Amazonas verbracht und dort die Wechselwirkung von Landmasse und Atmosphäre untersucht. Es war extrem beeindruckend, welchen nachhaltigen Einfluss der Bau einer einzigen Lehmstraße durch ein Dschungelgebiet auf das Ökosystem hat. Ich konnte all diese Auswirkungen unmittelbar beobachten. Deswegen weiß ich heute, wie unglaublich wichtig es für eine Gemeinde ist, Wachstum zu planen und zu kontrollieren. Es ist in Ordnung, groß zu denken, aber es ist generell viel vernünftiger, kleine Schritte zu machen.«

»Was ist denn mit der vor kurzem ausgebauten Straße hier draußen? Sie verkürzt die Fahrtzeit von Charleston nach Johns Island erheblich.«

»Natürlich. Trotzdem war der Ausbau wahrscheinlich

ein Fehler«, sagte Tanner Joseph. »Obwohl beim Bau niemand so weit gedacht hat. Aber überlegen Sie mal. Hier draußen gibt es hunderte Morgen von Salzwassersümpfen und beinahe ein Dutzend Wildarten, die auf der gelben Liste stehen, der Liste der bedrohten Arten.«

»Und Edgewater Estates?«, fragte Theodosia.

Tanner Joseph verzog das Gesicht, legte sein Krabbenbrötchen auf den Teller und blickte Theodosia fest in die Augen. »Da haben Sie einen wunden Punkt getroffen. Wir waren vom ersten Augenblick an gegen das Projekt. Einfach alles daran war Betrug. Die Investoren haben den zweiundachtzigjährigen Bauern belogen, der ihnen sein Land verkauft hat. Und die Winkeladvokaten von Goose Creek Holdings setzten den Stadtrat unter Druck, um kurzfristige Änderungen der Bebauungspläne zu erwirken. Wir vermuten, dass sie zwei Stadträte geschmiert hatten.«

»Sie haben sich gut geschlagen«, sagte Theodosia. »Was ich gehört habe, hat Ihnen die Sache viel Presse eingebracht.«

Tanner Joseph schnaubte wütend. »Nicht gut genug. Wir haben verloren, und die verdammte Anlage ist gebaut worden. Mitten auf fünfundzwanzig Morgen bester Nistplätze des Schmuckreihers.« Er schüttelte angewidert den Kopf. »Und was die ganze Sache noch schlimmer macht, das Ding ist eine absolute Scheußlichkeit.« Er sah Theodosia eindringlich an. »Haben Sie es gesehen?«

Theodosia nickte.

Tanner Joseph nahm sein Brötchen wieder vom Teller und hielt es in Händen wie eine Opfergabe. »Glauben Sie an Karma, Miss Browning?«

Theodosia strich sich eine Haarsträhne aus dem Gesicht und lächelte. »Es gibt Dinge, bei denen sich der Kreis auf irgendeine Art zu schließen scheint.«

»Tja«, sagte er mit eisigem Blick. »Es hat sich herausgestellt, dass Edgewater Estates für einen der Investoren in der Tat sehr schlechtes Karma produziert hat. Der so genannte Geldgeber, Hughes Barron, ist vor drei Tagen gestorben.« Der Satz hing zwischen ihnen in der Luft, als Tanner Joseph die Augen zu Schlitzen verengte und bitter lächelte. »Es scheint, als sei am Ende die kosmische Gerechtigkeit am Werk gewesen.«

17

Als Theodosia in den Teeladen zurückkehrte, saß Delaine Dish an einem ruhigen Tisch in der Ecke. Die Eigentümerin von Cotton Duck war im Indigo Tea Shop aufgetaucht und hatte Haley und Drayton unmissverständlich zu verstehen gegeben, dass sie einfach mit Theodosia sprechen *müsse*. Mit der Information, Theodosia käme bald zurück, saß Delaine gedankenversunken da, trank eine Tasse Tee und winkte ab, wann immer Haley mit einem Muffin oder Keksen in ihre Richtung kam.

»Sie ist schon seit fast vierzig Minuten hier«, flüsterte Drayton, als Theodosia an ihm vorbeiging. »Hat nicht gesagt, was sie wollte, nur, dass sie unbedingt mit dir sprechen muss.«

»Delaine.« Theodosia setzte sich ihr gegenüber auf einen Stuhl. »Was ist denn los?«

Delaine Dishs herzförmiges Gesicht wirkte ernst und gefasst. Das rabenschwarze Haar, das normalerweise fast bis zur Taille reichte, war zu einem losen Zopf geflochten, was ihrem Gesicht noch mehr Ausdruck verlieh. Ihre veilchenblauen Liz-Taylor-Augen blitzten.

»Weißt du, was man sich auf der Straße erzählt?«, fing sie an.

Nein, dachte Theodosia, *aber ich wette, du weißt es.* »Was denn, Delaine?«, fragte sie.

»Die Gerüchte überschlagen sich, sie überschlagen sich wirklich, über das, was am Abend der Lamplighter-Tour passiert ist.«

»Mir ist klar, dass geredet wird, Delaine. Aber ich bin sicher, dass bestimmte Gehässigkeiten nur von wenigen geteilt werden.«

»Liebe, liebe Theo.« Delaine packte Theodosias Hand. »Im Zweifel immer für den Angeklagten. Immer so gutgläubig. Manchmal denke ich, du solltest zur Heiligsprechung vorgeschlagen werden.«

»Ich bin keine Heilige, Delaine. Glaub mir, wenn jemand mich angreift oder jemanden verletzt, der mir nahe steht, dann schieße ich zurück. Keine Bange.«

Delaines Fingernägel gruben sich noch tiefer in Theodosias Hand. »Habe ich dich nicht gewarnt?«, stieß sie aus. »Habe ich dir nicht gleich gesagt, dass Hughes Barron nur Ärger bedeutet?«

»Wenn ich mich recht erinnere, hast du mir erzählt, dass er ein Angebot für den Peregrine-Bau gemacht hat.«

»Ja. Hughes Barron und sein Partner Lleveret Dante.«

Theodosia sah Delaine an. Offensichtlich machte ihr etwas Kummer. Wenn sie ihr etwas Luft ließ, würde Delaine vielleicht ausspucken, was immer ihr zu schaffen machte.

»Cordette Jordan hat heute Morgen bei mir reingeschaut. Du weißt doch, ihr gehört Griffon, der Antiquitätenladen auf der King Street.«

»Aha«, sagte Theodosia.

»Und natürlich haben wir ein bisschen geplaudert. Hughes Barrons mysteriöser Tod ist natürlich momentan überall *das* Gesprächsthema. Ich meine, wie viele Menschen fallen schon in einem wunderschönen Garten einfach tot um, während sie eine Tasse Tee trinken?«

»Du glaubst doch wohl nicht wirklich, dass er vom Teetrinken gestorben ist, oder?«, fragte Theodosia.

»Nein. Natürlich nicht. Und ich wollte damit keineswegs sagen, dass *dein* Tee schuld war, Theodosia. Es ist nur ... oh, Theo ... Viele Leute sind schrecklich neugierig. Ich meine, die Polizei gibt sich fürchterlich bedeckt. Bis jetzt sind noch immer keinerlei Informationen über die Todesursache veröffentlicht worden. Und dieser Mann war in seinen Geschäften einfach hundsgemein. Wer weiß, was wirklich geschehen ist?«

Delaine zog ein Stofftaschentuch aus der Tasche ihres beigen Kittelkleids und betupfte sich damit die Wangen.

»Worüber hast du denn mit Cordette geplaudert?«, fragte Theodosia in der Hoffnung, die Unterhaltung ein Stück voranzutreiben.

»Ach ja.« Delaine drehte den Kopf und beäugte den Raum. Als sie sich davon überzeugt hatte, dass die wenigen Gäste, die Tee tranken und Kuchen aßen, wahrscheinlich Touristen und völlig unbeteiligt waren, beugte sie sich zu Theodosia hinüber. »Es ist wirklich sehr interessant. Cordette hat mir erzählt, dass Hughes Barron und Lleveret Dante ihr Büro bei ihr im Haus haben. Im Stockwerk über ihrem Antiquitätengeschäft.«

»Wirklich?«, sagte Theodosia.

»Es kommt noch besser. Cordette hat mir auch erzählt, dass sie die beiden letzte Woche bei einem schrecklichen Streit belauscht hat. Als sie zur Toilette gegangen ist. Die Toilette liegt im ersten Stock, und deshalb war Cordette auf der gleichen Etage, auf der die Büroräume sind. Egal, das jedenfalls waren Cordettes Worte: Die beiden Männer hätten einen *garstigen, ausufernden Streit* gehabt.«

Während Delaine sprach, dachte Theodosia nach. King Street war auf gar keinen Fall die Adresse, die Jory Davis im Zusammenhang mit Goose Creek Holdings genannt hatte. Da war sie sich absolut sicher. Also, was hatte Cordette wirklich gehört? Waren die beiden Männer an jenem Tag wirklich dort gewesen, verwickelt in irgendeinen Streit? Oder hatte Delaine hier ein bisschen was aufgeschnappt, dort ein Bruchstück gehört und alles zu einer schönen, gepfefferten Geschichte zusammengefügt, wie es ihre Art war?

»Delaine.« Theodosia löste Delaines kleine, aber kräftige Hand von ihrer. Weil sie so sehr in Hughes Barrons Tod verwickelt war, entschied sie, in Delaines Fall zu Gunsten der Angeklagten zu entscheiden. »Hat Cordette dir gesagt, worüber Hughes Barron und Lleveret Dante sich gestritten haben?«

Delaine betrachtete eindringlich ihren Ring und dachte angestrengt nach. Dabei drehte sie geistesabwesend den großen schimmernden Mondstein, den Theodosia schon so oft bewundert hatte.

»Irgendetwas über Verkaufsrecht oder so ähnlich und dass einer von ihnen etwas rückgängig machen oder zurückziehen wollte«, sagte Delaine. »Oder war es Zurückzahlen?«

Nicht gerade aufschlussreich, dachte Theodosia. Selbst

wenn Cordettes Geschichte von dem lautstarken Streit stimmte, die beiden Männer hatten über alles Mögliche streiten können. Über Geld, Grundstücke, über die Telefonrechnung.

Theodosia tätschelte Delaines Hand. »Es ist lieb von dir, dass du mir helfen willst. Danke.«

Delaine drängte die Tränen zurück. »Du bedeutest mir sehr viel, Theodosia. Ich meine es ernst. Als mein Calvin von mir gegangen ist, warst du die Einzige, die mich wirklich verstanden hat.«

Calvin war Delaines vierzehn Jahre alter gescheckter Kater gewesen. Als er im letzten Frühjahr starb, hatte Theodosia Delaine eine Beileidskarte geschickt. Das Gleiche hätte sie für jeden anderen getan, der traurig oder in emotionalen Nöten war.

Nachdem Delaine gegangen war, machte Theodosia sich eine kleine Kanne Dragon's Well-Tee. Eigentlich ein grüner Tee aus China, entwickelt Dragon's Well eine blassgoldene Färbung und steht in dem Ruf, erfrischend und anregend zu sein. Wegen seiner natürlichen Süße und dem vollmundigen Geschmack wird dieser Tee nur selten mit Milch, Zucker oder Zitrone getrunken.

»Wir müssen die Weihnachtsmischungen besprechen.«

Theodosia blickte auf. Drayton stand vor ihr und blickte sie voller Tatendrang an.

»Natürlich«, sagte sie. »Sofort?«

»Nur, wenn du den Kopf frei hast«, sagte Drayton. »Ich weiß, dass augenblicklich so einiges auf deinen Schultern lastet. Und Haley und ich haben dir noch mehr aufgebürdet mit unserer Bitte, Bethanys Job bei der Heritage Society zu retten!« Drayton verdrehte in stummer Selbstanklage die Augen.

»Drayton, nichts täte ich lieber, als mich auf das zu konzentrieren, was ich wirklich liebe. Und das ist nun mal der Indigo Tea Shop. Und die wundervollen Tees, die du für uns mischst.«

Ein strahlendes Lächeln machte sich auf Draytons Gesicht breit, als er sich neben ihr auf den Stuhl sinken ließ. Er schob die Brille auf die Nasenspitze, schlug ein ledernes Notizbuch auf und zog erwartungsvoll die Augenbrauen hoch.

Theodosia freute sich über diese Zurschaustellung unverhohlener Begeisterung. Drayton war ganz in seinem Element. Tee zu mischen war seine Leidenschaft, und jeden Herbst stellte er drei oder vier ganz spezielle Mischungen anlässlich der bevorstehenden Feiertage her.

»Es ist dir doch klar, dass wir ziemlich spät dran sind?«, sagte Drayton.

»Ich weiß. Irgendwie sind mir wegen der ganzen Vorbereitungen für die Website und unserer Teilnahme an der Lamplighter-Tour ein paar Sachen durchgerutscht. Aber wenn es eilt, dann könnten wir doch die Lamplighter-Mischung neu abfüllen.«

Drayton setzte ein gequältes Gesicht auf. »Uns wird wohl nichts anderes übrig bleiben. Bis jetzt war dieser Tee nicht gerade ein Verkaufsschlager ...« Seine Stimme erstarb. »Ich will es mal so sagen. Selbst als wir einen eigenen Verkaufsständer für den Lamplighter-Tee hatten, hat niemand ihn gekauft. Für die Leute ist er eher eine Kuriosität. Nur eine Dame ist gekommen und hat ein Pfund gekauft.« Drayton machte eine dramatische Pause. »Sie sagte, sie spiele mit dem Gedanken, ihren Mann umzubringen.«

»Gott im Himmel!«, rief Theodosia unglücklich aus.

»Vielleicht hat Delaine doch Recht. Die Gerüchte überschlagen sich wirklich!«

Drayton nickte bekümmert. »Das kann man wohl sagen.«

»Hör zu«, sagte Theodosia. »Wir fangen ganz von vorne an, wie sonst auch. Du hast dir offensichtlich viele Gedanken über die Feiertagsmischungen gemacht, und ich kann es kaum erwarten, sie zu hören.«

Drayton nahm sein Notizbuch zur Hand. »Dieses Jahr«, sagte er, »sollten wir als Basis einen indischen Schwarztee nehmen. Ich empfehle Kahlmuri Estates. Er ist ausgewogen und reich im Geschmack und trotzdem bestens geeignet für den Zusatz von Aromen.«

Ganz oben auf eine Seite in seinem Notizbuch hatte Drayton Kahlmuri Estates-Schwarztee geschrieben.

»Den mag ich auch«, sagte Theodosia.

»Gut«, sagte Drayton erfreut. »Und jetzt kommt der knifflige Teil. Ich habe mir vier verschiedene Weihnachtsmischungen einfallen lassen.«

Theodosia beugte sich über seine Notizen und las seine Ausführungen mit. Für den Augenblick waren alle Gedanken an die schrecklichen Geschehnisse aus ihrem Gedächtnis verbannt.

»Apfel«, sagte Drayton und klopfte auf die Seiten. »Apfelstrudel, Apfelwein und getrocknete Potpourris sind fester Bestandteil der Vorweihnachtszeit, also sollten wir auch unseren Schwarztee damit bereichern. Das Aroma wird einen süßen, frischen Duft entwickeln, und wir haben ein köstliches Getränk für die Weihnachtsfeiern. Etwas anspruchsvoller als heißer Apfelwein und genauso wärmend und geschmacksintensiv.«

»Hast du schon einen Namen dafür?«, fragte Theodosia.

»Das ist doch dein Gebiet, oder?« Drayton grinste. »Oder hast du die Werbe- und Marketingzeiten endgültig hinter dir gelassen?«

»Ich glaube, davon darf man sich nie zu weit entfernen«, sagte Theodosia. »Heute werden doch fast alle Entscheidungen marktbezogen getroffen.«

»Und dazu gehört auch, diese Tees zu benennen und die Etiketten zu entwerfen.« Drayton lächelte listig.

»Du entwirfst die Mischungen, und ich kümmere mich um den Rest.«

»Abgemacht«, sagte Drayton. »Also gut. Die nächste Weihnachtsmischung: Schwarze Johannisbeere. Ich stelle mir ein reiches, fruchtiges Beerenaroma vor. Wunderbar geeignet für nachmittägliche Adventskränzchen, wunderbar harmonisierend mit Gebäck und Süßigkeiten.«

Theodosia lächelte. Der gute Drayton. Er hatte sich ganz und gar in dieses Projekt gestürzt, und – wie bei allem, was er im Bereich Tee, Wein und Kulinaria anpackte – würde er auch damit überwältigenden Erfolg haben.

»Weiter«, sagte Drayton, »will ich eine indische Gewürzmischung machen. Auf der Basis von Kardamom, gemischt mit verschiedenen anderen Gewürzen. Wir wollen einen leicht berauschenden, verführerischen Duft.«

»Klingt himmlisch«, sagte Theodosia.

»Für den letzten Tee habe ich all meine Register gezogen. Eine Preiselbeermischung. Viel Preiselbeere mit einem Hauch getrockneter Orangen und Orangenaroma. Kräftig, säuerlich, perfekt für die kühlen Tage. Sehr gut geeignet für die großen Weihnachtstafeln.«

»Wolltest du die getrockneten Preiselbeeren bei den Belvedere-Farmen im Low Country besorgen?«, fragte Theodosia.

Drayton tippte mit seinem schwarzen Mont-Blanc-Füller auf das Notizbuch. »Das sind die besten.«

Theodosia verzog sich in ihr Büro und brütete den restlichen Nachmittag über Namen für Draytons Teemischungen. Als die Schatten über den Fenstern immer länger geworden waren und Earl Grey sich räkelnd von seiner Decke erhoben hatte, bereit für den spätnachmittäglichen Spaziergang, waren ihr so einige Namen eingefallen.

Sie hatte aus ihrem Erfahrungsschatz in der Werbebranche geschöpft und eine Liste mit Namen erstellt, denen Weihnachtseinkäufer ihrer Meinung nach verfallen konnten. Die Apfelmischung wollte sie *Applejack* nennen, eine augenzwinkernde Anspielung auf den beliebten Apfelschnaps. Bei dem Tee mit Schwarzer Johannisbeere hatte sie über den Namen *Black Magic* nachgedacht, sich aber dann für *Johanniswasser* entschieden, weil es schwungvoller und etwas eleganter klang.

Bei der indischen Gewürzmischung hatte Theodosia sich für die gerade Linie entschieden und ihn schlicht *Indian Spice* genannt. Sie wusste aus Erfahrung, dass ein guter, anschaulicher Name einem zu gekünstelten überlegen war.

Und bei dem Preiselbeer-Orangen-Tee wollte sie es mit *Cooper River Cranberry* versuchen, zu Ehren des Flusses, der das Seine zu den satten, feuchten Preiselbeersümpfen beitrug.

Zufrieden mit ihren Bemühungen wandte Theodosia sich den optischen Elementen zu: Verpackung und Etikett. Weil es sich um Weihnachtstees handelte, entschied sie sich für goldfarbene Teedosen. Sie wirkten sehr festlich und waren über mehrere Hersteller leicht zu beziehen.

Blieben noch die Etiketten. Jede dieser Mischungen erforderte ein farbenfrohes Schildchen.

Ihr erster Gedanke war, Todd & Lambeau anzurufen, die Agentur, die an der Entwicklung ihrer Website arbeitete. Wirklich gute Werbegrafiker, aber irgendwie war ihr Stil ein wenig zu gekonnt. Wäre ein intimerer »Tante Emma«-Stil für diese Feiertagsmischungen nicht besser geeignet?

Theodosia hatte eine Freundin namens Julia, die eine hoch begabte Kalligrafin war. Julia entwarf Plakate für das Charleston Museum und die Sinfoniker, sie machte Hochzeitseinladungen und alle möglichen anderen Dinge. Julias Kalligrafie war vielleicht genau das Richtige für dieses Projekt. Trotzdem brauchte Theodosia noch einen guten Illustrator, der den Charakter der Weihnachtsmischungen zu Papier brachte.

Ihr fielen die Zeichnungen ein, die sie an diesem Morgen im Büro von Shorebird gesehen hatte. Die temperamentvollen, neckischen Zeichnungen von Tanner Joseph hatten einen fast asiatischen Charakter. Ob dieser Stil auf ihren Etiketten funktionieren würde? Der Gedanke ließ sie nicht mehr los.

Die meisten Tee-Etiketten waren, wie Drayton es nannte, »Blättchen und Blümchen«. Sehr üppig und blumig. Tanner Josephs Zeichnungen hingegen besaßen eine gewisse Eleganz. Der leicht asiatische Hauch, der ihnen anhaftete, würde wunderbar passen. Und, wenn sie sich richtig erinnerte, machte Tanner Joseph außerdem wunderschöne Tuschekalligrafien!

Theodosia war von der Vorstellung begeistert, und sie nahm sich vor, Tanner Joseph gleich am nächsten Morgen anzurufen. Sie hoffte, er würde den Auftrag annehmen. Obwohl das Budget des Teeladens für Design nicht eben üppig war, wäre diese Arbeit für Tanner Joseph vielleicht ein willkommenes Zubrot.

Das Licht über ihrem Kopf flackerte.

»Sperrstunde«, rief Haley. Sie stand in der Tür, eine Büchertasche über die Schulter geschlungen. »Du hast ja den ganzen Nachmittag schwer geschuftet. Hast du viel geschafft? Drayton hat gesagt, du wärest mit den Weihnachtstees beschäftigt.«

Theodosia reckte die Arme über den Kopf und gähnte. »Glaube schon. Hast du heute Unterricht?«

»Literatur in der modernen Gesellschaft. Heute Abend beschäftigen wir uns mit Cormac McCarthy.«

Haley blieb in der Tür stehen und sah Theodosia an.

»Was ist?«, fragte Theodosia. Sie wusste, dass hinter den gerunzelten Brauen etwas brütete. Sie winkte Haley zu sich. »Komm.«

Haley trat an Theodosias Schreibtisch. »Es geht um Bethany«, sagte sie und wurde rot vor Verlegenheit. »Ohne den Job, ohne etwas zu tun ist sie ...« Haley ließ den Satz unvollendet und senkte schüchtern den Kopf.

»Und wenn ...«, sagte Theodosia langsam, »und wenn Bethany uns für eine Weile aushelfen würde? Der arme Drayton wird furchtbar viel damit zu tun haben, die Mischung der Weihnachtstees zu beaufsichtigen. Und du wirst noch mehr backen müssen ...« Theodosia sah Haley an, als wäre ihr diese Idee gerade erst in den Sinn gekommen. »Glaubst du, Bethany könnte wieder zu uns kommen und uns im Teeladen ein bisschen zur Hand gehen? Du wirst ihr natürlich noch mal zeigen müssen, wie man Tee aufbrüht. Und die alte Registrierkasse ist furchtbar schwer zu bedienen ...«

Ein breites Lächeln erhellte Haleys Gesicht. »Das ist kein Problem. Sie kann es, da bin ich mir sicher. Aber bist du dir sicher, dass ...«

»Ob ich mir sicher bin, dass wir Hilfe brauchen?« Theodosia warf in gespielter Verzweiflung die Arme hoch. »In drei Wochen ist Erntedank, und dann stehen auch schon Weihnachten und Sylvester vor der Tür!« Sie legte die Hand auf die Brust. »Ich bin immer noch nicht dazu gekommen, mich nach den Vanillegraskörben umzusehen. Und die Website ... Also, dass dieses Projekt in Verzug ist, ist allein meine Schuld. Ich habe immer noch nicht die nötigen Entscheidungen in Sachen Grafik und Aufbau getroffen. Um deine Frage zu beantworten: Ja, Haley, es ist nur eine Frage von Tagen, bis wir in Arbeit ersticken.«

18

Theodosia hob den Deckel von dem Snoopy-Kekstopf und maß für Earl Grey zwei Schöpfkellen Trockenfutter ab. Sie schüttete die Flocken in den metallenen Hundenapf, gab einen Esslöffel Olivenöl für Earl Greys Fell dazu und stellte den Napf neben die Wasserschüssel auf den gelben Vorleger.

Earl Grey reagierte so wie immer. Er sah Theodosia mit seinem ganz besonderen, dankbaren Hundeblick an und stürzte sich dann Hals über Kopf in sein Abendessen.

Theodosia stand aufrecht vor der offenen Kühlschranktür und dachte ihrerseits über das Abendessen nach. Sie hatte um vier Uhr ein großes Weizen-Rosinen-Cookie gegessen und war immer noch satt. Trotzdem, wenn sie jetzt nichts aß, würde sie später Hunger haben.

Forschend steckte sie den Kopf in den Kühlschrank. Es waren noch ein paar Nudeln übrig, etwas kaltes Huhn, frisches Hackfleisch. Nein, davon konnte sie nichts locken. Sie wusste, dass im Tiefkühlfach noch ein paar Lammkoteletts und vielleicht auch noch ein paar Shrimps lagen, die mit Reis schnell gekocht wären.

Nein, dachte sie, das wäre zu aufwendig, und etwas Aufwendiges konnte sie jetzt ganz bestimmt nicht brauchen. Jetzt, wo die Entscheidungen für die Weihnachtstees gefällt waren, kam ihr die Unterhaltung mit Delaine vom frühen Nachmittag wieder in den Sinn. Delaine war eine liebe, freundliche Frau, die, was ihre Boutique anbelangte, ungeheuer guten Geschmack besaß. Andererseits aber war Delaine geradezu versessen auf Klatsch und jede Art von Aufregung und beschränkte sich nicht immer auf die Tatsachen.

Theodosia nahm eine kleine Packung Hüttenkäse aus dem Kühlschrank. Sie gab die Hälfte auf einen Teller, holte sich eine Gabel aus der Schublade und zwei getrocknete Bagels aus einem Glas auf dem Regal.

Sie ging hinüber ins Wohnzimmer, ließ sich auf die Couch sinken und fühlte, wie eine Welle der Entspannung sie überkam. Diese Wohnung trug einen wesentlichen Teil zu ihrem Glück und ihrem Wohlbehagen bei. So klein sie auch war, sie besaß doch alles, was ein anständiges, vornehmes Charlestoner Heim benötigte. Einen offenen Kamin, gewölbte Decken, Erkerfenster, einen winzigen Balkon, Flügeltüren, die in ein kleines, aber elegantes Esszimmer führten, und ein gemütliches Schlafzimmer mit einem überraschend geräumigen Wandschrank für ihre zahllosen Kleider.

Die Einrichtung war ganz nach Theodosias eigener Marke von Charlestoner lässigem Schick. Sie hatte sich dieser Philosophie des lässigen Schicks verschrieben, was bedeutete, dass ein Gegenstand gleichzeitig schön und funktionell sein musste. Praktische Eleganz. Ein Konzept, das sich wunderbar mit den antiken Möbeln und Accessoires vereinen ließ, die sie schon immer geliebt hatte und die in den vielen Antiquitätengeschäften und auf den Flohmärkten der Stadt so leicht zu finden waren. Was englische Möbel, alte Stoffe, antike Leuchter, alte Drucke und Tafelsilber anbelangte, war Charleston die beste Quelle.

Auch Tante Libby hatte ihr beim Einrichten ihrer gemütlichen Bleibe großzügig unter die Arme gegriffen. Sie hatte ihr eine Büchervitrine geschenkt, einen Schaukelstuhl, einen Orientteppich, ein silbernes Teeservice, einen alten Bettüberwurf und einige großartige alte Ölgemälde. Es handelte sich um dunkle, düstere Meeresansichten in mit reichen Schnitzereien verzierten, vergoldeten Rahmen. Jeder, der die Bilder sah, versuchte, sie Theodosia abzuluchsen.

Ehe sie den Indigo Tea Shop gekauft hatte, hatte sie in einem gepflegten, modernen Gebäude gelebt. Jede Menge rechte Winkel, Fensterfronten vom Boden bis zur Decke, schwarze Oberflächen, weiße Wände. Sehr zeitgemäß, sehr eintönig.

Diese Wohnung war unendlich viel besser.

Theodosia aß den Hüttenkäse auf und bot Earl Grey das letzte Stückchen getrockneten Bagel an. Er kaute gedankenverloren daran und sah sie mit seinen intelligenten braunen Augen an.

»Hast du Lust auf einen Ausflug?«, fragte sie ihn.

Earl Grey stellte die Ohren auf und trommelte rhythmisch mit dem Schwanz auf die Holzdielen.

Die King Street, zwischen der Beaufain und der Queen

Street gelegen, wurde oft als Charlestons Antiquitätenmeile bezeichnet. Hier stießen Sammler auf Geschäfte wie das English Patina, das eine wunderbare Auswahl an Möbeln aus dem achtzehnten und neunzehnten Jahrhundert führte, oder Perry's, den Juwelier, und Helen S. Martin, Antike Waffen. Über einen schmalen Fußweg gelangte man zur Hausnummer 190, wo sich Gates of Charleston befand, ein kleines Geschäft für erlesenes Gartenzubehör, wo es schmiedeeiserne Spaliere, Statuen und schrullige Sonnenuhren zu entdecken gab.

Doch Theodosia war auf der Suche nach Hausnummer 208, als sie die hübsche, von Palmen gesäumte Straße entlangfuhr, vorbei an den Häusern mit weißen Türmchen und schwarzen, schmiedeeisernen Geländern. Es war früher Abend und kaum Verkehr, und sie konnte langsam fahren und die Hausnummern über den schmalen, hohen Eingangstüren studieren, während Earl Grey gelassen neben ihr auf dem Beifahrersitz thronte.

King Street 208 war die Adresse von Griffon Antiques, der Antiquitätenladen, wo Cordette Jordan angeblich den Streit zwischen Hughes Barron und seinem Partner Lleveret Dante belauscht hatte. Jory Davis hatte ihr allerdings berichtet, die beiden hätten ihr Büro in der Harper Street 415.

Also, sagte sich Theodosia, *in etwa zwei Minuten werden wir wissen, wer Recht hatte.*

Sie entdeckte das Ladenschild von Griffon, noch ehe sie die Hausnummer sah. Ein großes, verschnörkeltes Holzschild auf das in Schwarz und Gold ein Greif gemalt war, jenes eigentümliche Fabelwesen, das halb Adler und halb Löwe war. Das Schild hing über dem Bürgersteig an einem, wie es schien, dreistöckigen Gebäude. Theodosia nahm den Fuß vom Gas, lenkte den Jeep über die Bordsteinkante und nahm den Laden ins Visier.

Die großen Schaufenster waren vollgestellt mit antiken englischen und französischen Möbeln. In der Glastür hing ein handgeschriebenes Schild: »Tut uns Leid, dass wir Sie verpasst haben. Bitte kommen Sie morgen wieder.«

In der Nähe gab es keine Harper Street. Um ehrlich zu sein, kannte Theodosia die Harper Street überhaupt nicht. Soweit sie wusste, war die Market Street die nächste Querstraße. Ja, das da vorne musste das Straßenschild sein. Theodosia machte sich nicht die Mühe, wieder in den Verkehr einzuscheren, sondern fuhr halb auf dem Bordstein bis zur nächsten Straßenecke. Sie sah zu dem Straßenschild hinauf.

Harper Street, stand darauf zu lesen.

Was?

Sie sah sich kurz um und bog dann langsam rechts ab. Die Harper Street war keine richtige Straße, sondern vielmehr eine schmale Gasse, die zu einem kleinen Garten zu führen schien. Mit ihrem Jeep käme Theodosia vielleicht noch fünf Meter weiter, dann würde sie rückwärts wieder hinausfahren müssen.

Also, das war wirklich interessant! Hier gab es tatsächlich eine Harper Street. Und sie war ihr deswegen kein Begriff, weil es sich nicht um eine Durchgangsstraße handelte. Die Harper Street war eine jener zahllosen kleinen Gassen, die sich durch die Altstadt und das Antiquitätenviertel schlängelten, Gassen, die oft nicht mal Namen hatten. Manche von ihnen waren Privatwege und nicht mal in den offiziellen Stadtplänen verzeichnet. Sie konnten sogar nach Lust und Laune des Eigentümers den Namen wechseln. Diese Straßen waren früher vermutlich schmale

Durchfahrten zu den Kutschhäusern gewesen. Und wenn sie heute irgendwo auftauchten, dann in den Stadtführern, die Geschenkboutiquen und Frühstückspensionen an ihre Kundschaft verteilten.

»Sitz!«, befahl Theodosia Earl Grey und sprang aus dem Wagen. Sie spürte die kleinen runden Pflastersteine durch die weichen Ledersohlen ihrer Todd's, als sie die Gasse hinunter zu einem gewölbten Hauseingang schlenderte, der von zwei steinernen Löwen flankiert war. Sie blieb stehen und sah auf. Über dem Tor hing ein Schild: Hayward Bürogebäude, Harper Street 415. In Theodosia kribbelte es vor Aufregung. Also waren King Street 208 und Harper Street 415 ein und dasselbe! Mochte die Stadtverwaltung sich dessen auch nicht bewusst sein, die Post kannte sich vermutlich, dem verschlungenen Verwaltungssystem zum Trotz, aus. Und das bedeutete, dass die Büroräume von Goose Creek Holdings tatsächlich hier lagen. Und dass Delaines Geschichte aus zweiter Hand vielleicht, aber wirklich nur vielleicht, doch stimmte!

19

Im Telefonbuch gab es zwei Einträge zu dem Namen Jory Davis, aber einer von beiden wohnte drüben in West Ashley. Deshalb vermutete Theodosia, dass der, den sie suchte, derjenige in Halsey sein musste, in der Nähe des Jachthafens. Außerdem klang die Adresse definitiv nach einer Gegend, die zu dem Jory Davis passen würde, mit dem sie heute Morgen gesprochen hatte.

»Hallo?«

Gleiche Stimme, gleicher Jory Davis. Theodosia seufzte erleichtert. »Mr. Davis? Hallo, hier spricht Theodosia Browning. Tut mir Leid, dass ich Sie zu Hause belästige, aber Sie haben mir heute Morgen so sehr geholfen, und ich habe auch nur eine ganz kurze Frage.«

»Uhuh!«, sagte die Stimme. Er klang leicht wirr und kein bisschen wie der ruhige, kompetente, aufgeräumte Anwalt, als der er ihr am Morgen erschienen war.

»Ich weiß, dass ich Sie damit überfalle, aber sagt Ihnen Verkaufsrecht irgendwas?«

Am anderen Ende ertönte lautes Poltern.

»Mr. Davis? Ist alles in Ordnung?«

Einen Augenblick später war Jory Davis wieder am Apparat. »Tut mir Leid. Mir ist das Telefon heruntergefallen. Ich bin in der Küche und versuche, eine Salatsauce zusammenzustöpseln. Ich weiß, dass es ziemlich dämlich klingt, aber ich habe heute Abend meine Junggesellenrunde zu Gast. Wir sind zu viert, alles Anwälte, und treffen uns einmal im Monat zum Abendessen. So 'ne Art Herrenabend. Zwei von den Jungs sind geschieden, und das ist wahrscheinlich die einzige anständige Mahlzeit, die sie für eine Weile kriegen werden. Egal, langer Rede kurzer Sinn, heute Abend bin ich dran, und ich stehe kurz vor einem Nervenzusammenbruch. Ich habe mich bis fast halb sieben im Büro mit einem Schriftsatz herumgequält, und jetzt habe ich mich eben durch das halbe Rezept geackert, um festzustellen, dass ich keinen englischen Senf im Haus habe. Deshalb meine Frage an Sie: Kann ich ganz gewöhnlichen gelben Senf hernehmen? Hot-Dog-Senf?«

»Ich wüsste nicht, was dagegen spricht«, sagte Theodosia und dachte: *Junggesellenrunde. Interessant.*

»Und Schnittlauch. Was den angeht, sieht es auch nicht gerade üppig aus. Schlimm?«

»Vielleicht könnten Sie stattdessen irgendein aromatisiertes Olivenöl nehmen. Könnte Ihrem Salatdressing das gewisse Extra verleihen.«

»Aromatisiertes Olivenöl«, murmelte er. »Ja, hab ich irgendwo. Basilikum, glaube ich. Und los geht's.«

Jetzt war das Geräusch eines Schneebesens zu hören, der gegen die Wände einer Glasschüssel geschlagen wurde.

»Was wollten Sie über Vorkaufsrecht wissen?«, fragte Jory Davis.

Theodosia holte tief Luft.

»Miss Browning? Sind Sie noch dran?«

»Das ist es!«, rief sie aus. »Vorkaufsrecht. Das ist doch eine Art Vereinbarung, oder?«

»Eine Vorkaufsvereinbarung, richtig«, sagte Jory Davis nüchtern.

»Könnten zwei Partner diese Vereinbarung treffen?«

»Sollten sie sogar. Obwohl es viele gibt, die nicht so weit vorausplanen.«

»Und könnte es sein, dass ein Partner die Vereinbarung zu irgendeinem Zeitpunkt *zurückziehen* möchte?«

»Sicher, das kommt vor. Aber ich weiß immer noch nicht, worauf Sie hinauswollen.«

»Habe ich auch nicht gewusst«, sagte Theodosia. »Aber ich glaube, jetzt bin ich trotzdem irgendwie dorthin gelangt. Danke, Mr. Davis! Viel Glück mit dem Abendessen.«

»War's das schon?«, fragte er.

»Oh«, sagte Theodosia, »Sie bringen mir doch trotzdem noch die Unterlagen vorbei, oder?«

20

»Keemun«, sagte Haley und legte ihre Hand auf einen dunklen Glasbehälter voll kleiner schwarzer Teeblätter. »Aus der Provinz Anhui in Zentralchina. Sieh dir die Blätter an. Klein, aber kräftig. Ergibt eine leuchtend rote Flüssigkeit. Leicht süßlich, man braucht keinen Zucker. Verströmt ein köstliches Aroma, das an blühende Orchideen erinnert.«

Bethany nickte. Sie war pünktlich auf die Minute erschienen, aufs Lernen erpicht, zur Arbeit bereit. Jetzt stand sie hinter dem Tresen, die Haare auf dem Kopf zu einem nachlässigen Knoten geschlungen, eine kleine ovale Brille mit Drahtgestell auf der Nasenspitze, von Kopf bis Fuß die eifrige, karrierebewusste junge Frau.

Haley zeigte auf ein anderes Glas. »Das hier ist Dimbulla aus Ceylon. Entwickelt beim Aufbrühen ebenfalls einen leuchtend rötlichen Bernsteinton. Besitzt aber nicht den gleichen Muntermachereffekt wie der andere. Deshalb empfehlen wir diesen Tee eher für den späten Vormittag oder zum Nachmittagsimbiss.«

»Das kleine Teeladen-Einmaleins?« Theodosia kam hereingeweht und lächelte den beiden Mädchen zu. Sie sahen aus wie grazile Schmetterlinge, beinahe identisch gekleidet mit bunten Baumwollpullis und langen, bedruckten Gazeröcken. Wohlwollend stellte sie fest, dass die silbernen Teekessel bereits mit Wasser gefüllt worden waren und schon zu dampfen begannen, dass frische Tischwäsche und Tafelsilber zurechtgelegt worden war und auf allen Tischen frisch gefüllte Zuckerdosen und Milchkännchen glänzten.

Bethany nahm die Brille ab und wandte sich zu Theodosia. Ihre Augen blitzten fröhlich. »Es ist alles so faszinierend. Aber auch kompliziert. Und ich kann immer noch nicht fassen, wie viele verschiedene Sorten Tee es gibt. Assam, Darjeeling, Earl Grey, Sencha, Gunpowder, und das ist erst der Anfang. Es ist erstaunlich. Und dazu kommt, dass der Tee aus buchstäblich jedem Winkel der Erde kommt. China, Ceylon, Indien, Nepal, Japan, sogar aus Afrika!«

»Die Türkei nicht zu vergessen, Indonesien und Russland. Und selbstverständlich unser eigener wunderbarer Tee aus South Carolina, von der Charleston Teeplantage«, fügte Theodosia hinzu. »Der American Classic ist ein kräftiger Schwarztee, der von den Originalteepflanzen abstammt, die nach dem Unabhängigkeitskrieg nach Amerika gebracht wurden.«

»Du hast Recht!«, rief Bethany. »Aber ich glaube, für mich sind trotzdem die chinesischen Tees die Spitzenreiter, wegen ihrer Namen. Wie verschroben und einfallsreich, einen Tee ›Weiße Pfingstrose‹ oder ›Kostbare Augenbraue‹ zu nennen. Oder sogar ›Himmelspforte‹!«

»Die Chinesen hegten schon immer eine ausgeprägte und ausdauernde Leidenschaft für Tee«, mischte sich Drayton ein, der gerade hereingekommen war und das Ende von Bethanys Ausführungen aufgeschnappt hatte. »Guten Morgen, guten Morgen allerseits!« Er verbeugte sich tief vor Haley und Bethany. »Ich will hoffen, unser neuer Lehrling prägt sich all unsere kostbaren offenen Tees ein. Vielleicht sollten wir heute Nachmittag ein kleines Ratespiel veranstalten.«

»Wage es ja nicht!«, erwiderte Bethany grinsend. Sie wandte sich an Theodosia und senkte leicht die Stimme:

»Ich weiß gar nicht, wie ich dir dafür danken soll, dass ich hier sein kann!« Sie furchte die Augenbrauen, und ihre Augen glitzerten auf einmal verdächtig. »Du hast ja keine Ahnung, wie das für mich war!« Bethany schüttelte den Kopf. »Zuerst waren alle in der Heritage Society so nett zu mir. Es schien genau die richtige Stelle zu sein. Dann hat Mr. Neville ...« Es schnürte ihr die Kehle zu, und ein paar Augenblicke lang war sie unfähig weiterzusprechen. »Du hast ja keine Ahnung«, würgte sie schließlich hervor.

»Vielleicht doch«, sagte Theodosia und tätschelte zärtlich ihren Arm. »Und denk an das chinesische Sprichwort: Es gibt keine Welle ohne Wind.«

»Das ist hübsch«, sagte Bethany. Sie warf Theodosia einen Blick zu, der an Heldenverehrung grenzte. »Du hast wohl vor gar nichts Angst, oder? Du behauptest deinen Platz auf dieser Welt mit sehr viel Zuversicht.«

»Ich glaube, manchmal ist es schwer, diesen Platz zu *finden*«, sagte Theodosia, als die Glocke an der Eingangstür fröhlich zu bimmeln anfing. »Also, binde dir eine Schürze um ... Na also.« Sie lächelte Bethany aufmunternd an. »Das weiße Leinen sieht sehr hübsch aus auf dem apricotfarbenen Pulli ... Und jetzt frisch ans Werk. Kümmere dich um unsere ersten Gäste.«

Begeistert eilte Bethany durch die Teestube.

»Es ist schön, Bethany wieder lächeln zu sehen«, sagte Drayton.

»Könntest du bitte ein Auge auf sie werfen?«, sagte Theodosia. »Ihr unauffällig unter die Arme greifen, wenn sie sich verheddert?«

»Mit Vergnügen«, sagte Drayton. »Um zehn kommt eine Gruppe aus dem Christie Inn zur Teeverkostung, aber bis dahin werde ich kiebitzen, dass es eine wahre Freude ist.«

Theodosia verzog sich in ihr Büro, ließ sich auf den Drehstuhl fallen und betrachtete die Katastrophe auf ihrem Schreibtisch.

Während sie auf Achse gewesen war, sich von Timothy Neville hatte herunterputzen lassen, bei Edgewater Estates herumgeschnüffelt hatte und auf der King Street spazieren gefahren war, um Goose Creek Holdings unter die Lupe zu nehmen, hatte das Leben weiter seinen Lauf genommen. Post war gekommen. Nachrichten hatten sich gestapelt. Die Website-Entwürfe, über die sie eine Entscheidung fällen musste, standen da und starrten sie an. Außerdem mussten natürlich Rechnungen bezahlt, Gehaltsschecks geschrieben, Bestellungen in Übersee sortiert werden.

Aber da war noch was, das Vorrang hatte, das sie unbedingt erledigen musste. Was war das doch gleich? Ach, ja! Sie musste Tanner Joseph anrufen.

Nach einer kurzen Begrüßung kam Theodosia ohne Umschweife zur Sache. »Ich habe vielleicht einen interessanten Auftrag für Sie«, sagte Theodosia.

In Tanner Josephs Stimme schwangen Belustigung und Interesse gleichermaßen. »Spannen Sie mich nicht auf die Folter.«

»Ich brauche ein paar Etiketten für kleine Dosen Weihnachtstee, die ich in meinem Geschäft verkaufen möchte. Da sind mir Ihre Zeichnungen in den Sinn gekommen. Sie sind sehr gut.«

Es folgte eine lange Pause. »Finden Sie wirklich?«

»Ja.«

»Und Sie meinen es ernst? Sie rufen nicht nur an, um mich auf den Arm zu nehmen?« Tanner Joseph lachte. »Sie fragen allen Ernstes, ob ich Ihre Tee-Etiketten entwerfen möchte?«

»Ja, aber nur, wenn Sie Zeit haben. Wir sind leider schon etwas spät dran. Ich bräuchte sie ziemlich schnell.«

»Was verstehen Sie unter ziemlich schnell?«

»Zuerst treffen wir uns«, sagte Theodosia. »Ich erkläre Ihnen, was ich will, mache ein paar Vorschläge. Wenn Sie bereit sind, die Illustrationen zu machen, haben Sie ungefähr drei oder vier Arbeitstage Zeit für ein paar Entwürfe. Sie wissen schon, Schwarzweißskizzen. Dann treffen wir uns und sehen sie durch. Wenn mir Ihre Sachen gefallen, machen Sie sich an die Farbillustrationen. Dafür haben Sie dann noch mal ein paar Tage.«

»Ich mach's.« Tanner Joseph stürzte sich geradezu auf das Angebot. »Also, ich bin wirklich sprachlos. Für einen Kerl mit einem Diplom in Ökologie, was ja eher zu den sachlichen Dingen gehört, ist das, als ob ein Traum in Erfüllung geht. Aber ich sollte zu Ihnen kommen, Miss Browning. In Ihren Laden. Um ein Gefühl für die ganze Sache zu bekommen, dafür, was Ihre Kunden erwarten würden.«

»Wie wär's mit heute Nachmittag? Sagen wir gegen drei?«

»Wunderbar«, sagte Tanner Joseph.

Theodosia lehnte sich zurück und betrachtete die Lage. Gut. Eins weniger, blieben noch vierzig offene Enden. Mit Abscheu sah sie auf ihren Schreibtisch. Oder auch fünfzig.

»Entschuldigung.« Es klopfte leise an der Tür. »Ich habe eine Horde geschiedener Anwälte zum Tee geladen und würde gerne wissen, welche Sorte am passendsten wäre.«

Theodosia sah auf. Angenehm überrascht registrierte sie, dass ein attraktiver, hoch gewachsener Mann im Dreiteiler die Tür zu ihrem Büro schmückte. Unwillkürlich schnellte eine ihrer Augenbrauen in die Höhe.

»Ich nehme an, Sie sind der hervorragende Mitarbeiter von Ligget, Hume & Hartwell.«

Jory Davis lächelte schief. »Schuldig.«

»In diesem Fall kann ich Ihnen wärmstens eine chinesische Sorte empfehlen. Sie trägt den Namen *Eiserne Göttin der Barmherzigkeit*.«

Der Mann in der Türe warf den Kopf in den Nacken und ließ ein lautes, herzhaftes und ausgiebiges Lachen erklingen, welches Theodosia ausreichend Zeit gab, ihn genauer unter die Lupe zu nehmen.

Jory Davis war völlig anders, als sie ihn sich vorgestellt hatte. Er war attraktiv, ja, aber auf irgendwie raue, draufgängerische Weise. Eckiges Kinn, braune Locken, stechend blaue Augen, ungefähr Mitte Dreißig. Er war gut über einen Meter achtzig groß, hatte breite Schultern und ein feines Gespinst aus Fältchen in den Augenwinkeln, was darauf schließen ließ, dass er einen Großteil seiner Freizeit im Freien verbrachte. Er wirkte vollkommen unbefangen und trug seinen dreiteiligen Brooks-Brothers-Anzug, als wäre er ihm auf den Leib geschneidert worden. Theodosia registrierte, dass Jory Davis zwar nicht geschniegelt im eigentlichen Sinne, aber definitiv *downtown* war. Sie konnte ihn sich gut in einem dunklen Club vorstellen, wo er in einer ledernen Sitzecke mit anderen Anwälten auf einen gewonnenen Prozess anstieß. Die Vorstellung von Jory Davis mit einem Schneebesen in seiner Küche bereitete ihr schon mehr Schwierigkeiten.

»Bitte kommen Sie rein, Mr. Davis.« Theodosia stand auf und deutete auf den Stuhl gegenüber. »Kann ich Ihnen eine Tasse Tee anbieten?«

»Nennen Sie mich bitte Jory. Und nein danke, ich kann nur einen kurzen Moment bleiben.« Er blieb stehen und kramte in seiner Aktentasche. »Ich muss in fünfzehn Minuten vor Gericht erscheinen, aber ich wollte Ihnen vorher noch schnell die restlichen Informationen zukommen lassen, die wir über Hughes Barron herausgefunden haben.« Er sah sie an. »Ich hoffe, Sie wollen sie noch.«

»Natürlich.«

Er wühlte in der beeindruckenden Fülle an Unterlagen in seiner übergroßen ledernen Aktentasche. Schließlich zog er ein Bündel Papier heraus und ließ es auf ihren Tisch fallen. »Da haben wir's ja.« Sein Lächeln war geradezu blendend, und seine blauen Augen sprühten.

Gefärbte Linsen, fragte sie sich. *Oder sind seine Augen wirklich so blau?*

»Danke«, sagte sie. »Wie ist denn Ihr Salatdressing geworden?«

»Gut. Toll. Dank Ihrer Hilfe.« Er stand da und sah sie einen Augenblick an, dann sagte er: »He, das ist ein lustiges Büro. Haufenweise interessante Blickfänge.« Sehr, sehr behutsam strich er mit der Hand über einen thailändischen Bronzekopf, der auf ihrem Tisch stand, und danach über die kostbare chinesische Teekanne.

»Das mit dem Tee war mein Ernst«, sagte er. »Und diese eiserne Göttin klang sehr interessant. Ich bewundere starke Frauen.« Er drehte sich um und betrachtete die gerahmten Opernprogramme und die Fotografien an der Wand. »He, Sie segeln ja! Ich habe im Jachthafen eine J-24 liegen.« Über die Schulter warf er Theodosia einen Blick zu. »Ich werde sie dieses Jahr für das Lichterfest schmücken. Sie sollten mit uns segeln.«

Jedes Jahr zu Weihnachten startete eine Flotte von ungefähr fünfzig festlich geschmückten Booten draußen an Patriots Point. Von dort aus umsegelte die farbenfrohe

Flottille, vor den Augen tausender Schaulustiger, die Spitze der Halbinsel und fuhr in den Jachthafen von Charleston ein.

»Ich werde es mir überlegen«, sagte Theodosia, die sich seltsam geschmeichelt fühlte. »Ich war vor vier Jahren beim Lichterfest dabei, auf dem Boot von Tom und Evie Woodrow. Es hat viel Spaß gemacht.«

»Also, dann müssen Sie erst recht auf meinem Boot mitsegeln«, sagte Jory Davis. »Verglichen mit meiner J-24 ist Woodrows Boot eine Nussschale.« Er nahm die Aktentasche und streckte die Hand aus. »Ich muss los. Schön, Sie kennen gelernt zu haben!«

»Ganz meinerseits«, rief Theodosia ihm hinterher.

»Wer war *das* denn?«, fragte Haley. Sie stand mit erwartungsvollem Gesicht in der Tür.

»Ein befreundeter Anwalt.«

»Das weiß ich. Das hat er mir gesagt, als ich ihn zu dir geführt habe. Ich meine, wer ist er für dich?«

»Haley, wolltest du irgendetwas?«

»Ach ja, richtig. Entschuldige. Ein Anruf für dich.«

»Aber nicht schon wieder Delaine, oder?«

»Nein. Burt Tidwell«, flüsterte Haley und legte einen Finger auf die Lippen. Da Bethany vorne im Laden arbeitete, wollte Haley das Telefonat offensichtlich geheim halten. »Auf Leitung zwei. Soll ich die Tür zumachen?«, fragte sie.

Theodosia nickte. Sie griff nach dem Hörer und nahm sich fest vor, sich von Burt Tidwell nicht die gute Laune verderben zu lassen.

»Mr. Tidwell«, sagte sie munter.

»Miss Browning«, erwiderte er barsch.

»Und? Kommen Sie mit Ihren Ermittlungen voran?« Sie

überfiel ihn mit einer Suggestivfrage und hoffte auf eine Reaktion.

»Überaus gut«, antwortete Tidwell.

Theodosia schlüpfte aus ihren Mokassins und wackelte in dem Sonnenstrahl, der durch die bleiverglasten Fenster fiel, mit den Zehen. *Er hat gar nichts,* dachte sie, *ist vollkommen auf dem Holzweg, um es salopp auszudrücken.* Aber sie würde ihm seinen Willen lassen. O ja, sie würde ihm seinen Willen lassen und weiter ihre eigenen Ermittlungen betreiben. Und ganz bestimmt würde sie sich zu Nutze machen, dass er in Bezug auf seine beruflichen Fähigkeiten offensichtlich nicht uneitel war.

»Sie haben doch sicher schon die Laborberichte bekommen«, sagte Theodosia.

»Allerdings.«

Verdammt, dachte sie. *Der Kerl treibt mich zum Wahnsinn.*

»Und ...«, sagte sie.

»Genau wie ich vermutet habe. Ein Gift.«

»Ein Gift«, wiederholte Theodosia. »In der Tasse.«

»Ja.«

»Aber nicht in der Kanne.« Sie konnte ihn am anderen Ende laut schnaufen hören. Kurze, fast pfeifende Atemzüge. »Mr. Tidwell?«, sagte sie mit etwas mehr Nachdruck.

»Nach der forensischen Untersuchung durch das staatliche Labor für Toxikologie ist ausgeschlossen, dass die Teekanne Spuren einer giftigen Substanz enthielt. Nur die Tasse.«

»Ob Sie wohl die Güte besäßen, mir mitzuteilen, welcher Natur diese Substanz gewesen ist?«

»Die Analysen sind noch nicht abgeschlossen.«

»Das denke ich mir.«

»Miss Browning«, sagte Tidwell, »wussten Sie, dass Hughes Barron darauf aus war, Eigentum in Ihrer Häuserzeile zu erwerben?«

»Den Peregrine-Bau«, entgegnete sie.

»Also wussten Sie davon.«

»Mir sind Gerüchte zu Ohren gekommen.«

»Der Erwerb hätte doch auch auf Sie Auswirkungen haben können, oder?«

»Inwiefern?«

»Oh, eine kommerzielle Erschließung könnte den Charakter Ihrer Häuserzeile verändern. Was wiederum Einfluss auf Ihr Geschäft haben könnte.«

Theodosia schnappte nach Luft. »Mr. Tidwell, wollen Sie damit andeuten, dass Sie mich zu den Verdächtigen zählen?«

Burt Tidwell lachte laut und herzhaft. »Madam, bis ich eine Untersuchung zum Abschluss gebracht habe, betrachte ich jeden als Verdächtigen.«

»Das ist aber kaum sehr rationell.«

»Es ist schlicht und ergreifend meine Arbeitsmethode, Madam. Guten Tag.«

Theodosia knallte den Hörer auf. Der hatte Nerven! Zuerst alle Welt wissen zu lassen, dass er Bethany verdächtigte! Und jetzt durchblicken zu lassen, dass sie verdächtig sein könnte! Lump! Dieser Kerl war wirklich ein Lump. Jeglicher Anflug von widerwilligem Respekt, den sie empfunden haben mochte, war auf einen Schlag verraucht.

Wütend starrte sie auf ihren Schreibtisch. Dann schob sie mit beiden Händen alles, was darauf lag, nach links. Papierstapel rutschten zu Boden, doch sie kümmerte sich nicht darum. Einer der Website-Entwürfe fiel um. Die rosafarbenen Gesprächsnotizen, sortiert nach Datum und Uhrzeit, gerieten durcheinander.

Dafür hatte sie sich jetzt genügend freie Fläche geschaffen, um zu arbeiten. Genug Raum, um neu anzufangen, neu nachzudenken. Sie legte ein sauberes, weißes Blatt Papier vor sich auf den Tisch. Ganz oben hin schrieb sie den Namen »Hughes Barron«. Darunter schrieb sie »Gift?«.

Als wollte sie einen Familienstammbaum erstellen, setzte sie darunter zwei Namen. »Timothy Neville« und »Lleveret Dante«. Weil sie keinen weiteren Verdächtigen hatte, machte sie neben die Namen ein weiteres Zeichen, ein Fragezeichen. Irgendwie erschien ihr das wichtig.

Sie brütete über den Unterlagen, die Jory Davis ihr gebracht hatte, bis Drayton etwa vierzig Minuten später den Kopf zur Tür hereinstreckte.

»Kommst du voran?«

»Ja«, log sie und besann sich eines Besseren. »Nein. Setz dich. Bitte.« Sie deutete auf den Stuhl ihr gegenüber.

Drayton setzte sich, schlug die Beine übereinander und sah sie erwartungsvoll an.

Sie fixierte ihn mit einem durchdringenden Blick. »Wie gut kennst du Timothy Neville?«

21

Miss Dimple lächelte Theodosia an. »Mr. Dauphine wird jeden Augenblick für Sie da sein«, sagte sie. »Er telefoniert. Ein Ferngespräch.«

»Danke sehr«, murmelte Theodosia und fragte sich, weshalb Menschen scheinbar geduldiger waren, wenn die

Person, auf die sie warteten, ein Ferngespräch führte, im Gegensatz zu einem Ortsgespräch. Seltsam, dass Entfernung höflich machte und Nähe ungeduldig.

Nach ihrem Gespräch mit Drayton war sie die vier Stockwerke des Peregrine-Baus hinauf zum Büro von Mr. Harold Dauphine gestiegen, dem Eigentümer. Theodosia wusste, dass der Mann mindestens fünfundsiebzig Jahre alt war. Seine dralle Sekretärin Miss Dimple konnte nicht viel jünger sein. Sie fragte sich, ob die beiden den ganzen Tag diese Treppen rauf und runter sausten. Ob das der Schlüssel zu einem langen Leben war? Oder blieben sie, wenn sie es erst einmal geschafft hatten, die ganze Zeit oben und erholten sich von der Anstrengung?

»Miss Browning?« Miss Dimple lächelte ihr zu. »Darf ich Ihnen eine Tasse Kaffee anbieten?«

»Nein danke.«

Theodosia betrachtete bewundernd die Ausstattung des Büros. Das Ganze war wie eine Rückkehr in die Fünfziger. Graue, metallene Aktenschränke, Stabjalousien, eine waschechte mechanische Underwood-Schreibmaschine. Hier könnte man eine Folge von Perry Mason drehen.

Sie blätterte in einer Ausgabe von *Reader's Digest* mit zahlreichen Eselsohren und überflog die Rubrik »Zitate«. Dann sah sie zum Fenster hinaus und dachte über Hughes Barrons Partner Lleveret Dante nach, und sie dachte an Draytons Reaktion auf ihren Verdacht gegenüber Timothy Neville.

Obwohl Draytons Miene Skepsis verraten hatte, was Timothy Neville betraf, hatte er ihr aufmerksam zugehört.

»Nun ja«, hatte Drayton gesagt, nachdem sie geendet hatte, »es ist ein interessanter Gedanke, aber den zu beweisen steht auf einem ganz anderen Blatt. Ich will gewiss nicht bestreiten, dass Timothy Neville ein aufbrausendes Temperament besitzt und durchaus dazu in der Lage ist, Schaden anzurichten. Die meisten Menschen besitzen eine dunkle Seite. Und ich bin davon überzeugt, dass du mehr über diesen Lleveret Dante herausfinden solltest. Ich sag dir was. Weshalb begleitest du mich morgen Abend nicht einfach? Timothy Neville gibt bei sich zu Hause ein kleines Konzert. Mit einem der Streichquartette, in denen er nebenbei spielt. Es werden Leute von der Heritage Society und auch Leute aus der Nachbarschaft da sein, die du kennst. Du kommst in den Genuss guter Musik und, wenn du willst, kannst du frisch und frei ein bisschen in seinem Medizinschränkchen herumschnüffeln.«

Falls Drayton sie auf den Arm genommen hatte, so hatte seine Ernsthaftigkeit ihn nicht verraten. Also willigte sie ein. Sie musste, um ehrlich zu sein, ihren Enthusiasmus geradezu bremsen, denn wie Drayton schon gesagt hatte, wäre der kommende Abend eine perfekte Gelegenheit, ein bisschen herumzuschnüffeln. Und sie hatte den leisen Verdacht, dass Timothy Neville keineswegs der aufrechte Pfeiler der Gemeinschaft war, für den ihn die meisten Menschen hielten.

»Miss Browning, Mr. Dauphine hat jetzt Zeit für Sie.«

Theodosia stand auf und lächelte Miss Dimple zu. Die Frau trug den passenden Namen, dachte sie. Sie sah wirklich aus wie ein Dimple, ein Grübchen. Rund, weich und rosa angehaucht.

»Es ist immer nett, jemanden aus der Nachbarschaft zu Gesicht zu bekommen, Miss Browning.« Mr. Dauphine erhob sich mühsam und schüttelte ihr schwach die Hand.

»Schön, Sie wieder zu sehen«, sagte Theodosia. Es fiel ihr auf, dass sein Büro genauso antiquiert war wie der

Empfangsbereich, bis hin zu einem Wählscheibentelefon und dem vorsintflutlichen Diktiergerät.

»Natürlich«, sagte Mr. Dauphine, »komme ich nicht mehr so wie früher jeden Tag herein. Lasse es inzwischen ein wenig langsamer angehen.« Was ein leichtes Lachen werden sollte, entglitt zu abgehacktem Husten.

»Ist alles in Ordnung, Mr. Dauphine?«, fragte Theodosia. »Kann ich etwas für Sie tun? Möchten Sie ein Glas Wasser?«

Mr. Dauphine winkte ab. »Schon gut, schon gut«, japste er. Er zog eine kleine Sprühdose aus der Jackentasche, schüttelte sie heftig, drückte den Knopf und inhalierte so tief er konnte.

»Ein Emphysem«, erklärte er und klopfte sich auf die Brust. »Hab mal geraucht.« Er gönnte sich noch eine Portion aus seiner Sprühdose. »Haben Sie je geraucht?«

»Nein«, antwortete Theodosia.

»Braves Mädchen. Ich rate Ihnen, fangen Sie nie damit an.« Er sah sie an und lächelte. All seiner offensichtlichen Gebrechlichkeit zum Trotz glänzten seine Augen klar, und sein Verstand schien hellwach. »Also«, sagte er, »sind Sie auch gekommen, um mir ein Angebot für mein Eigentum zu unterbreiten?«

Theodosia versuchte, ihre Überraschung zu verbergen. Sie war gekommen, um Informationen über Hughes Barron und Lleveret Dante zu bekommen, und Mr. Dauphine hatte soeben auf höchst bequeme Weise das Gespräch in haargenau der richtigen Richtung eröffnet.

»Eigentlich nicht«, sagte sie leichthin. »Aber ich nehme an, Sie sind in letzter Zeit ziemlich belagert worden.«

Mr. Dauphine lachte. »Ja, aber jetzt nicht mehr. Der Kerl, der dieses Haus kaufen wollte, ist gestorben.«

»Hughes Barron«, sagte Theodosia. Wie interessant, dachte sie, dass jeder, mit dem sie sich in letzter Zeit unterhielt, es kaum erwarten konnte, ihr zu erzählen, dass Hughes Barron gestorben war.

»Genau der.« Mr. Dauphine lehnte sich zurück und kreuzte die Arme vor der schmächtigen Brust. »Hat er Ihnen etwa auch ein Angebot gemacht?«

»Nein, eigentlich nicht«, sagte Theodosia langsam. »Aber ich wollte zu seinem Anwalt Kontakt aufnehmen.«

»Sam Sestero«, sagte Mr. Dauphine.

»Sam Sestero«, wiederholte Theodosia, um sich den Namen einzuprägen. »Haben Sie vielleicht zufällig Mr. Sesteros Telefonnummer?«

»Miss Dimple kümmert sich um all diese Dinge. Ich bin sicher, dass sie Ihnen die Nummer geben kann.« Er streckte sich und drückte den Knopf einer altmodischen Gegensprechanlage. »Ach, Miss Dimple, ob Sie für Miss Browning wohl Mr. Sesteros Nummer heraussuchen könnten?« Er wandte sich wieder an Theodosia. »So weit ich mich erinnere, ist Mr. Sesteros Büro ganz in der Nähe.«

Und so war es in der Tat. Es stellte sich heraus, dass Samuel und sein Bruder Edward Sestero, die beiden geschäftsführenden Partner der Kanzlei Sestero & Sestero, ihre Büroräume nur einen Katzensprung entfernt von den im romanischen Stil erbauten Gebäuden an der Kreuzung Meeting Street und Broad Street hatten, die von den Charlestonern liebevoll die »Vier Ecken des Gesetzes« genannt wurden.

22

»Sie Idiot! Haben Sie den Verstand verloren?« Die vor Zorn bebende Stimme des Mannes hallte laut durch die riesigen Flure und prallte polternd von den Marmorböden ab.

»Was hätte ich denn tun sollen?«, entgegnete eine zweite Stimme. Auch sie gehörte einem Mann, war aber eine Spur höher, und der Tonfall eher bittend als wütend.

Theodosia hielt inne. Sie war durch den Korridor des altehrwürdigen Endicott-Baus gegangen und hatte nach den Büros von Sestero & Sestero Ausschau gehalten. Die wütenden Stimmen, die hinter der nächsten Ecke zu hören waren, ließen vermuten, dass sie am Ziel ihrer Suche angelangt war.

»Ich erwarte von meinem Anwalt, dass er ein bisschen Grips an den Tag legt!«, schrie die erste Stimme.

»Was hätte ich denn machen sollen, um Himmels willen?«, war die zweite Stimme wieder zu hören. »Der Mann ist ein erstklassiger Kommissar. Tidwell könnte meinen Hintern jederzeit vor einen Richter zerren und mich wegen Behinderung polizeilicher Ermittlungen verklagen.«

Tidwell? Alarmiert stützte Theodosia sich an der Wand ab und schlich vorsichtig weiter.

»Und was ist mit der anwältlichen Schweigepflicht?«, konterte die erste Stimme zeternd.

»Also bitte!«

»Sie haben gesungen, Sie mieses kleines Frettchen, das ist alles!«

»Beruhigen Sie sich, Mr. Dante. Nichts könnte der Wahrheit ferner liegen. Ich habe lediglich ein paar belanglose Fragen beantwortet. Sie benehmen sich, als würde es sich um die Vorladung vor ein Bundesgericht handeln. Immer mit der Ruhe, in Ordnung?«

Gut, gut, dachte Theodosia. Der berühmt-berüchtigte Mr. Lleveret Dante stattete seinem Anwalt also einen kleinen Besuch ab. Und ihm platzte gleich der Kragen, so wie er dem anderen Mann, offensichtlich Sam Sestero, tobend und schäumend eine Standpauke hielt.

Gleichzeitig ahnte sie, dass Sam Sestero nicht gerade zu den Hellsten seiner Zunft gehören konnte, wenn er auch nur einen Augenblick lang ernsthaft glaubte, Burt Tidwell hätte, wie er es bezeichnete, »belanglose Fragen« gestellt.

»Mir steht das Wasser sowieso schon bis zum Hals!«, brüllte Lleveret Dante. »Es fehlt mir gerade noch, dass der Staatsanwalt in Kentucky davon Wind bekommt, dass hier gegen mich ermittelt wird!«

Klar, dachte Theodosia, das deckte sich mit den Informationen von Jory Davis, dass Lleveret Dante in Kentucky wegen Hypothekenschwindels unter Anklage stand.

»Hat er sich nach der Gesellschaftervereinbarung erkundigt?«, donnerte er.

Die gemurmelte Antwort war nicht zu verstehen.

»Sie erbärmlicher Versager! Ich wette, Sie haben ihm auch etwas von der Besitzstandswahrungsklausel erzählt!«

»Mr. Dante, ich habe keinerlei Enthüllungen gemacht.«

»Wenn dieser Schwachkopf Tidwell erfährt, dass mir durch Barrons Tod automatisch seine Hälfte der Firma zugefallen ist, dann nimmt er mich völlig auseinander. Ihnen gehört die Zulassung entzogen, Sie nutzloses Stück Scheiße!«

Ist es nicht erstaunlich, was man auf den Fluren so alles zu hören bekommt, dachte Theodosia. Also bestand zwischen Hughes Barron und Lleveret Dante tatsächlich eine Vorkaufsvereinbarung, und zwar jene, die Dante als Besitzstandswahrungsklausel bezeichnet hatte. Was in diesem Falle bedeutete: Wenn einer der beiden Geschäftspartner starb, fiel dem anderen automatisch sein Teil des Geschäftes zu!

Sollte das dann nicht vielmehr »Todesklausel« heißen? Und war das etwa kein Motiv für Mord?

Eine Tür wurde zugeschlagen, und Theodosia hörte plötzlich Schritte auf sich zukommen.

Mein Gott! Das musste Lleveret Dante sein, der völlig geladen den Gang entlangstampfte! Schritte hallten durch den Korridor, und der Mann schnaufte und schnaubte wie ein Dampfkessel kurz vor der Explosion. Es war nur eine Frage von Sekunden, bis er um die Ecke bog und sie ihm direkt gegenüberstand.

Theodosia sah sich verzweifelt nach einem Versteck um und entdeckte neben einem Trinkwasserspeier eine altmodische hölzerne Telefonkabine. Sie hechtete in die Kabine, riss den Hörer von der Gabel und hielt ihn ans Gesicht.

»Ach wirklich?«, sagte sie wild gestikulierend. »Und was hat sie dann getan?«

Lleveret Dante stürmte an ihr vorbei, und Theodosia konnte einen ersten Blick auf Hughes Barrons berühmtberüchtigten Partner werfen.

Er war ein kleiner Mann, bestenfalls einsfünfundfünfzig groß, mit einem Schopf weißer Haare, die wirr in alle Richtungen vom Kopf abstanden, als habe er einen riesigen Wirbel. Gegen das makellose Weiß seines dreiteiligen Anzugs wirkte seine Gesichtsfarbe wie die einer reifen Pflaume.

Ungeduldig ging er hin und her, während er auf den Aufzug wartete. Jedes Mal, wenn er auf dem Absatz kehrtmachte, flogen seine weißen Rockschöße auf. Er sah aus wie ein Kreisel, der sich um die eigene Achse drehte.

Was für eine merkwürdige Erscheinung, dachte Theodosia. Sie stellte sich auf die Zehenspitzen und spähte aus der Kabine, um einen letzten Blick auf den Mann zu werfen. Ja, sie hatte richtig vermutet. Auch Socken und Schuhe waren weiß. Das Sahnehäubchen auf der Torte. Neben seinem aufbrausenden Temperament war Lleveret Dante offensichtlich auch äußerlich ein seltsamer Vogel, einer, der die Blicke auf sich zog.

23

In den meisten Städten und Bundesstaaten hatte sich die einstige Position des Coroners zu der eines Gerichtsmediziners gewandelt. Früher bezeichnete der Ausdruck Coroner jede Person mit amtlicher Befugnis – einen Sheriff, einen Richter oder einen Bürgermeister –, die bevollmächtigt war zu verkünden, dass ein Mensch gestorben war. Als sich die Möglichkeiten gerichtsmedizinischer Untersuchungen im Laufe der Jahre jedoch immer weiter entwickelten, entstand in den meisten Gerichtsbezirken der dringende Bedarf an einem medizinischen Gutachter, an einer verantwortlichen Person, die sowohl Arzt als auch Pathologe war.

In Charleston wurde der Coroner noch immer alle vier Jahre per Wahl bestimmt, und das seit 1868. Davor hatten die Richter des Landgerichtes die Coroner bestellt. Und noch früher waren sie vom König von England berufen worden.

Theodosia stand im reich verzierten Marmoreingang der Bezirksverwaltung. Sie hatte festgestellt, dass die Verwaltung nur einen Block vom Endicott-Bau entfernt lag und war hinübergelaufen.

Das kann ich nicht machen, sagte sie sich. *Ich kann unmöglich in das Büro des Coroners marschieren und ihm etwas vormachen.*

Doch, das kannst du, zirpte ein entschlossenes Stimmchen in ihrem Kopf. Diese Stimme hatte sie schon oft gedrängt, gute Gelegenheiten beim Schopfe zu packen. *Jetzt bist du hier. Was hast du zu verlieren?*

Na gut, dachte sie, *wenn Burt Tidwell auf der Suche nach Informationen über Lleveret Dante und Hughes Barron in Sam Sesteros Büro herumgeschnüffelt hat, bin ich vielleicht nicht völlig auf dem Holzweg.*

Theodosia fasste den metallenen Handlauf und stieg die Wendeltreppe in den Keller hinunter.

»Städtische Leichenhalle, was gibt's?«, quiekte eine Empfangsdame mit einer unglaublichen Turmfrisur in das Mikrofon ihres Kopfhörers. Sie residierte hinter einem schwarzen Resopaltresen und nahm Anrufe entgegen, unterzeichnete gleichzeitig Lieferbescheinigungen und blätterte dabei in einer Ausgabe des *National Enquirer*. Die zweite Leitung klingelte und forderte ihre Aufmerksamkeit.

»Ich bin hier, um mich nach einer Leiche zu erkundigen«, sagte Theodosia zu der Rezeptionistin. Dabei suchte sie Halt am Tresen. Obwohl sie sich unwohl dabei fühlte und Angst hatte, versuchte sie, gelassen zu klingen, als hätte sie so etwas schon hundert Mal gemacht.

Die Frau lächelte flüchtig und hob den Zeigefinger. Inzwischen klingelte es auch auf der dritten Leitung.

Die fünf Zentimeter langen Acrylnägel der Frau waren blutrot lackiert. *Was für ein Vamp*, dachte Theodosia.

»Hab 'ne Lieferung«, sagte ein Mann in blauer Uniform, der auf einmal neben Theodosia aufgetaucht war. Er hievte einen großen Karton auf den Tresen. Auf einmal war der Empfang belebt wie der Hauptbahnhof.

»Um wen geht's, Herzchen?«, fragte die Rezeptionistin, während sie für das Paket unterschrieb und auf ihre Klemmtafel blickte. »Nein!«, bellte sie unvermittelt in ihr Mikrofon, noch ehe Theodosia antworten konnte. »Wir stellen keine Totenscheine aus! Einäscherungsgenehmigungen, ja. Totenscheine, nein! Da müssen Sie zum Einwohnermeldeamt.« Sie hob genervt die bemalten Augenbrauen himmelwärts und rollte mit den Augen.

»Hughes Barron«, sagte Theodosia schließlich.

Aber die Frau kämpfte noch immer mit dem Anrufer.

»Ist die Person *außerhalb* eines Krankenhauses verstorben?«, fragte sie. »Ach so? Sir, das hätten Sie mir gleich sagen müssen. Das bedeutet, Sie benötigen eine Genehmigung für den Leichentransport.« Sie bedeckte das Mikrofon mit einer dicklichen Hand und winkte Theodosia heran.

»Tut mir Leid, Herzchen. Versuchen Sie's den Gang hinunter. Zweite Türe links, fragen Sie nach Jeeter Clark.«

Der krankenhausgrüne Gang war verstopft mit Tragen und silbern glänzenden Rollbahren, auf denen Leichensäcke lagen. Gefüllte Leichensäcke, wie Theodosia bemerkte. Der giftige Geruch von Formalin und Formaldehyd verfolgte sie, als sie sich vorsichtig ihren Weg bahnte.

»Jeeter?«

Jeeter Clark sprang erschrocken auf. Er hatte gerade aus einer Dose Orangenlimonade getrunken und an einem Schinkenbrötchen gekaut. Als er sah, dass nicht seine Chefin in der Tür stand und ihn auch kein verärgerter Buchmacher aufgespürt hatte, wirkte er erleichtert.

»Himmel, Lady, haben Sie mich erschreckt!« Die Hand mit dem halb gegessenen Schinkenbrötchen wanderte an die Brust. Er trug einen grünen Kittel wie die Ärzte im OP.

»Keine Absicht«, sagte Theodosia. »Die Frau am Empfang sagte, ich würde Sie hier finden.«

»Trudy hat sie geschickt?«, fragte er.

»Jawoll, ja!« Theodosia verfiel in seine saloppe Sprechweise.

»Okay, klar«, sagte Jeeter und gab sich damit zufrieden, dass sie geschäftlich hier war. »Sie kommen wohl von Himmelsruh.«

Theodosia wurde klar, dass er sie in ihrem schwarzen Blazer und den dunklen Hosen für eine der unzähligen Bestattungsunternehmerinnen halten musste, die in die städtische Leichenhalle kamen, um die Leichen abzuholen!

Oh, sei doch mal ehrlich! Genau das hattest du doch die ganze Zeit im Sinn!

»Nein, von Indigo.« Theodosia hätte sich beinahe an den Worten verschluckt. *Himmel Hergott,* dachte sie, *ich habe es tatsächlich getan!*

»Kenn ich gar nicht«, murmelte Jeeter. »Und Sie wollen wen abholen?«

»Barron. Hughes Barron.« Theodosia bemühte sich verzweifelt, wie eine gleichgültige Leichenbestatterin zu klingen, die den ganzen Tag nichts anderes tat. Wie immer so jemand auch klingen mochte!

Jeeter nahm ein Klemmbrett zur Hand und studierte

die Einträge. Und, Wunder über Wunder, Hughes Barrons Name war verzeichnet.

»Ja, den hab ich auch auf meiner Liste«, sagte Jeeter. »Sie wollen bestimmt wissen, wann der Leichnam freigegeben wird.«

Die Lächerlichkeit der ganzen Situation machte sie übermütig. »Jau.«

Jeeter schielte auf das Brett. »Euereins versucht doch auch immer, mir Feuer unterm Hintern zu machen, was? Tja, schätze, Sie müssen auch sehen, dass die Kröten stimmen, wie?« Er prüfte eine ziemlich lange Liste. »Mal sehen. Labor beendet. Die haben Gewebeproben genommen. Lunge, Magen, Leber, Gehirn ...«

»Steht da auch, woran er gestorben ist?«, fragte Theodosia.

»Das steht auf dem pathologischen Bericht.« Jeeter zog eine Schublade heraus, ließ seine Finger über eine Reihe Aktenmappen gleiten und zog eine heraus. Er schlug sie auf und blätterte einen Stapel Papiere durch. »Bradykardie«, verkündete er.

»Bradykardie«, wiederholte Theodosia.

Aber Jeeter war noch nicht fertig. »Herz- und Atemstillstand, verursacht durch eine toxische Substanz.« Jeeter sah auf. »Irgendein Gift. Nehme an, die vom Labor haben noch nicht den ganzen Bericht geschickt.« Er lächelte Theodosia leutselig an. »Die Typen sind immer hinten nach. Aber keine Sorge, das ist kein Problem. Sie können ihn trotzdem mitnehmen. Die Beerdigung ist in zwei Tagen, stimmt's?«

Ach, wirklich?

»Richtig«, sagte Theodosia. »Die Angehörigen wollen Donnerstag Vormittag die Trauerfeier abhalten.«

»Dann haben Sie noch 'n Haufen Zeit, ihn aufzupäppeln. Also, wenn Sie Ihren Fleischwagen hinten stehen haben, kann einer meiner Jungs ihn auch jetzt gleich für Sie raufschleppen.«

»Vielen Dank erst mal.« Theodosia war verzweifelt bemüht, ein ernstes Gesicht zu bewahren. »Ich werde meinen Fleischwagen dann heute Nachmittag zu euch rüberschicken.«

24

Geduckt saß Lleveret Dante hinter dem Steuer seines Range Rovers. Er hatte gut zehn Minuten dort gewartet, als die Frau mit den dunklen Locken und dem schwarzen Anzug den Endicott-Bau wieder verließ.

Nachdem er das Büro von diesem Idioten Sestero verlassen hatte, war er an ihr vorbeigekommen und hatte sie aus dem Augenwinkel gesehen. Irgendetwas im Tonfall dieser Frau oder ihre auffällig blasierte Art zu telefonieren hatte seine Alarmglocken schrillen lassen. Von Natur aus misstrauisch, hatte er Witterung aufgenommen wie ein Wolf seine Fährte. Und wieder einmal hatte sein sechster Sinn ihn nicht im Stich gelassen. Die Frau hatte ihn anscheinend beobachtet. Ihm *nachspioniert*.

Also hatte er vor dem Gebäude auf sie gewartet. Und zu seinem großen Erstaunen war sie die Straße hinuntergelaufen und geradewegs in der Bezirksverwaltung verschwunden! Das hatte ihn gehörig erschreckt und gleichzeitig seine Vermutungen bestätigt. Er wusste verdammt gut, was der Keller dieses unschuldigen Gebäudes beherbergte.

Was für ein merkwürdiger Zufall, dass die Kanzlei seines Anwalts nur einen Katzensprung von dem Ort entfernt war, wo die Leiche seines toten Partners auf einem Metalltisch aufgebahrt lag.

Aber noch merkwürdiger war, dass diese fremde Frau augenscheinlich an ihnen beiden so großes Interesse hatte.

Er würde ihr sicherheitshalber folgen. Herausfinden, wer sie war, wo sie wohnte. Und diese Information für später abspeichern.

25

Nicht zu fassen, was ich da gerade getan habe! Nicht zu fassen!, murmelte Theodosia auf der Rückfahrt zum Indigo Tea Shop unablässig.

Sie erwartete jeden Moment den sprichwörtlichen Blitzschlag göttlicher Strafe. Sie hatte heute so viel geflunkert, dass ihr der Kopf brummte. Und sie befürchtete, dass ihr Karmakonto gefährlich ins Minus gerutscht war.

Nein, beschwichtigte sie sich, *schließlich handelt es sich um Ermittlungen in einem Mordfall. Sicher scheut auch Burt Tidwell nicht davor zurück, die Wahrheit ein wenig zu verdrehen, wenn er einen Verdächtigen verhört.*

Sie bremste abrupt, um eine mit Touristen beladene Pferdekutsche nicht abzudrängen.

Sicher nicht, murmelte sie. *Burt Tidwell zückt wahrscheinlich den Gummischlauch und bedroht seine Verdächtigen. Und zwar, nachdem er sie völlig eingeschüchtert hat.*

»Da bist du ja endlich!«, rief Drayton. »Das Treffen mit Mr. Dauphine muss ja ewig gedauert haben. Hat er dich mit Anekdoten aus seinen Tagen bei den Merchant Marines während des Zweiten Weltkrieges verwöhnt?«

Drayton saß an Theodosias Schreibtisch, Kataloge von diversen Großhändlern vor sich ausgebreitet. Er hatte die Papiere und Akten, die Theodosia vorhin vom Tisch geworfen hatte, aufgehoben und zu ordentlichen Stapeln auf ihrem Bücherschrank arrangiert.

»Frage nicht«, sagte Theodosia und ließ die Handtasche auf den Besucherstuhl fallen. »Oh, Brown-Betty-Teekannen!« Sie warf einen Blick auf die farbenfrohen Kataloge.

»Unsere Ausstattung an Teekannen ist auf das absolute Minimum geschrumpft«, sagte Drayton. »Ich weiß, dass du augenblicklich zu beschäftigt bist. Deshalb dachte ich, ich mache mal den ersten Schritt in Richtung Nachbestellung. Marrington hat neben den traditionellen englischen Brown Bettys und Blue Willows auch einige wunderschöne moderne Modelle im Programm. Ein klein wenig kantig, aber trotzdem dein Geschmack.«

Drayton schob den Prospekt zu ihr hinüber. »Und sieh dir mal die viktorianischen an, mit passenden Geschirrtüchern.«

»Wunderschön.« Theodosia setzte sich auf die Stuhlkante und sah in Draytons faltiges Gesicht. »Bitte, Drayton, du darfst dich doch nicht dafür entschuldigen, dass du meine Arbeit erledigst. Ich sollte mich bei dir bedanken. Als wohlwollender Zuchtmeister des Indigo Tea Shop treibst du uns alle vorwärts.«

»Vielen Dank, Theodosia.« Ein Lächeln erhellte Draytons Gesicht, und ein Ausdruck der Zufriedenheit glättete die Falten um seine Augen. »Das weiß ich sehr zu schätzen.«

Theodosia sprang auf und spähte in den kleinen, altersblinden Spiegel, der an der Tür hing, frischte den Lippenstift auf und fuhr sich durchs Haar.

»Himmel!« Sie drehte sich um. Ihr war plötzlich die Verabredung um drei wieder eingefallen. »Tanner Joseph! Ich wollte mich mit ihm treffen. Wegen der Etiketten für die Weihnachtsmischungen.«

»Kein Grund zur Aufregung«, entgegnete Drayton gütig. »Er ist schon da.« Drayton konsultierte seine Uhr, eine alte Piaget, die grundsätzlich zehn Minuten nachging. »Und zwar seit fast fünfzehn, nein, fünfundzwanzig Minuten. Haley hat die Initiative ergriffen. Sie hat sich erboten, ihm einen kleinen Überblick zu verschaffen.«

»Wirklich?« Theodosia war erleichtert. Ihrer Unentschlossenheit in Sachen Studienfachwahl und Abschluss zum Trotz legte Haley doch manchmal eine erstaunliche Tatkraft an den Tag.

Doch als Theodosia ein wenig atemlos durch die grünen Samtvorhänge in die Teestube trat, war es Bethany und nicht Haley, die Mr. Tanner Joseph an einem der Tische gegenübersaß.

»Mr. Joseph!« Theodosia ging mit einem warmen, entschuldigenden Lächeln auf ihn zu. »Bitte verzeihen Sie. Es tut mir schrecklich Leid, dass ich Sie habe warten lassen.«

»Hallo, Miss Browning.« Tanner Joseph erhob sich. Er trug ein verwaschenes Cambrai-Hemd und weite Khakihosen und sah schon viel mehr nach dem Geschäftsführer eines gemeinnützigen Vereins aus als der Beachboy von vor zwei Tagen. »Schön, Sie wieder zu sehen. Sie brauchen sich nicht zu entschuldigen. Ihre äußerst kompetente Mitarbeiterin hier war so nett, mich schon mal auf Touren zu bringen.«

Bethany sah Theodosia ängstlich an, ein Blick, der sagte: *Hoffentlich habe ich meine Kompetenzen nicht überschritten.*

»Wunderbar!« Theodosia lächelte Bethany beruhigend an, als wolle sie sagen *Danke, gut gemacht!*

»Um die Wahrheit zu sagen«, gestand Tanner Joseph mit schiefem Grinsen, »hat sich mein Teekonsum bis heute auf Teebeutel und aromatisierten Eistee aus der Flasche beschränkt. Aber das hier ist alles sehr faszinierend. Ich hatte keine Ahnung, dass es so viele verschiedene Sorten Tee überhaupt gibt. Oder dass Wassertemperatur und Ziehzeiten eine Rolle spielen. Außerdem sind meine Geschmacksnerven gerade von diesem herrlichen grünen Tee aus Japan geweckt und verwöhnt worden. Gyokuro, so hieß er doch, oder, Bethany?«

Tanner Joseph lächelte zu Bethany hinunter, und irgendetwas schien zwischen den beiden vorzugehen.

Interessant, dachte Theodosia, die den Blickwechsel beobachtet hatte. *Ich hätte eigentlich gedacht, dieser nette junge Mann wäre eher nach Haleys Geschmack.* Bis zu diesem Augenblick hatte Bethany nicht das geringste Interesse daran bekundet, irgendjemanden kennen zu lernen.

»Ich bin hocherfreut, dass wir mal wieder einem neuen Teeliebhaber auf den Weg geholfen haben, Mr. Joseph.« Lachend setzte sich Theodosia an den Tisch und goss sich auch eine Tasse des aromatischen grünen Tees ein.

»Bitte nennen Sie mich Tanner.« Er setzte sich wieder hin, nahm seine Tasse und trank einen Schluck.

»Also dann, Tanner«, sagte Theodosia. »Sie haben unseren Laden gesehen und eine Tasse Tee genossen. Hat Bethany zufällig auch schon unsere Weihnachtsmischungen erwähnt?«

Tanner Joseph nahm einen großen Skizzenblock zur Hand. Das oberste Blatt war vollgekritzelt mit Notizen und kleinen Skizzen. »Wir sind sie schon durchgegangen«, sagte er. »Sie hat mir alles über die einzelnen Mischungen von Drayton erzählt, über die Namen, die Ihnen dazu eingefallen sind, und auch Ihre Vorschläge hinsichtlich des Designs. Schauen Sie ...« Er lachte. »Ich bin absolut im Bilde. Ich habe sogar schon ein paar Entwürfe gemacht.«

»Sie arbeiten ziemlich schnell«, stellte Theodosia fest. Das war wirklich eine Überraschung!

»Aber ja«, sagte Tanner begeistert. »Sie haben ja keine Ahnung, wie viel Spaß dieses Projekt verspricht, verglichen mit der Monotonie des permanenten Krieges gegen Umweltsünder und Luftverschmutzer.«

Theodosia blieb noch zehn Minuten lang mit Bethany und Tanner Joseph sitzen und erklärte, was sie über die Weihnachtsmischungen dachte und wie sie sich das Design der Labels vorstellte. Tanner Joseph seinerseits zeigte ihr die ersten Entwürfe, und Theodosia sah, dass er ihr Konzept sofort erfasst hatte.

Dann sprachen sie über den zeitlichen Rahmen und das Budget, ehe Theodosia und Bethany Tanner Joseph zur Tür begleiteten und ihn verabschiedeten.

»Ich wusste gar nicht, dass du so gut über unsere Weihnachtsmischungen informiert bist«, sagte Theodosia, als Bethany die Flügeltüren schloss und versperrte. Sie war zufrieden, gleichzeitig aber ein wenig verblüfft, und sie fragte sich, wie Bethany sich diese Fülle an Informationen angeeignet hatte.

»Drayton hat mir heute Vormittag, während wir Kartons mit Proben zusammengepackt haben, alles über die

Weihnachtsmischungen erzählt. Er teilt sein enormes Wissen sehr gerne.«

»Mit jedem, der gewillt ist, ihm zuzuhören«, stimmte Theodosia lachend zu. »Aber es scheint, dass er dich persönlich unter seine Fittiche genommen hat.«

»Es ist eine große Begabung, genau zu wissen, welche Teesorten mit welchen Gewürzen und Früchten harmonieren. Und ich finde, Drayton hat wirklich ein paar herrliche Mischungen kreiert.«

»Bethany.« Theodosia war wahrlich angetan. »Du bist eine erstaunlich gelehrige Schülerin.«

Bethany wurde rot. »Tee ist einfach ein wunderbares Thema. Und Drayton ist so offensichtlich begeistert davon.«

»Es ist sein Leben«, sagte Theodosia.

»Ich wollte damit nicht sagen, dass du nicht begeistert bist«, stammelte Bethany. »Aber ...«

»Aber ich war in letzter Zeit nicht gerade oft da«, beendete Theodosia den Satz. »Keine Sorge, meine Liebe. Ich begeistere mich für viele verschiedene Themen.«

»Zum Beispiel, den Mörder von Hughes Barron zu finden?«, fragte Bethany leise.

»Also ... ja«, sagte Theodosia, ein wenig erstaunt über den abrupten Themenwechsel. »Es ist wirklich ein ziemlich unwiderstehliches Rätsel.«

»Und du liebst Rätsel«, sagte Bethany augenzwinkernd. »Ich meine, du liebst es, darin verwickelt zu werden.«

»Ich glaube schon«, sagte Theodosia. Irgendwie verblüffte sie, wie sehr Bethany sie zu durchschauen schien. Ja, sie liebte es wirklich, sich mit einem guten Krimi von P. D. James oder Mary Higgins Clark vor den Kamin zu kuscheln, aber sie hatte noch nie bewusst über die Tatsache nachgedacht, dass es sie tatsächlich in den Fingern juckte, einmal in einen echten Kriminalfall verwickelt zu werden. In einen rätselhaften Mord, um genau zu sein.

Sie seufzte. Wie dem auch sei, jetzt war sie mittendrin in einem, ob sie wollte oder nicht.

26

Der Gateway Walk war ein versteckter Fußweg, der auf dem Friedhof von Saint Philip auf der Church Street begann und sich von dort vier Häuserblöcke weit durch stille Hintergärten wand. Besucher, die sich hineinwagten, führte der Pfad am Gibbes-Kunstmuseum vorbei, an der Stadtbibliothek von Charleston und an diversen Brunnen und Standbildern bis hin zu Saint John's auf der Archdale Street. Der malerische Gateway Walk, benannt nach den schmiedeeisernen Gartenpforten, die ihn unterbrachen, lud die Besucher mit einer Gedenktafel zum Betreten ein, auf der geschrieben stand:

> *Von Hand geschmiedet sind die Pforten,*
> *es windet sich der Pfad hindurch,*
> *vorbei an still verwunsch'nen Orten,*
> *wo wir die Schatten jener haschen,*
> *die lange schon vergessen sind.*

Für Theodosia war der Gateway Walk immer schon ein wunderbarer Ort der Besinnung und Ruhe gewesen, wie geschaffen, um nachzudenken und zu entspannen. Aber an diesem Abend, es war schon nach Einbruch der Dunkelheit, eilte sie den gepflasterten Pfad entlang und ignorierte die marmornen Statuen und Grabsteine, die rechts und links emporragten.

Sie hatte sowohl den Vormittag als auch den gesamten Nachmittag ausschließlich im Indigo Tea Shop verbracht, sie hatte bedient, sich auf das Geschäft konzentriert, war die Website-Entwürfe durchgegangen, hatte versucht, wieder auf Tuchfühlung zu gehen. Sie wusste, dass sie ihrem Geschäft seit dem Mord an Hughes Barron nicht mehr die nötige Aufmerksamkeit gewidmet hatte; sie wusste, dass ihre Prioritäten leicht aus dem Ruder geraten waren. Der Indigo Tea Shop war ihr Leben. Und das Spionieren im Leichenschauhaus hätte niemals Vorrang vor der Besprechung mit Tanner Joseph haben dürfen. Das war wirklich gedankenlos gewesen.

Natürlich war es aufregend zu schnüffeln, sagte sie sich, als sie an einem weinenden Engel aus Marmor vorüberkam, einem stummen, einsamen Friedhofsbewohner. Und der Versuch, einen Mord aufzuklären, konnte das Blut wirklich in Wallung bringen.

Für den Augenblick waren ihre Schuldgefühle ein wenig besänftigt, und ihre Schritte hallten leise wider, als sie über den dunklen Pfad eilte, der sich hinter der Bibliothek vorbeischlängelte.

Ihr war vollkommen klar, dass sie nicht nur für eine angenehme Soiree auf dem Weg zu Timothy Neville war. Ihr wahres Motiv war zu spionieren.

In einem Kreppmyrtebusch zirpten ein paar Zikaden, kleine Nachtgeschöpfe, die die Dunkelheit für sich beanspruchten.

Weil ihr die sechs Häuserblöcke zum Fahren zu kurz erschienen waren, hatte Theodosia beschlossen, zu Fuß zu gehen und die Abkürzung über den Friedhof und durch die Gärten zu nehmen. Als sie sich jetzt durch einen bröckelnden Torbogen duckte, wo sich wilder Wein um ihre Füße rankte, kam ihr der Gateway Walk mit einem Mal finster, einsam und abgeschieden vor.

Theodosia beschleunigte ihre Schritte, und zwei Minuten später tauchte sie in das weiche, romantische Licht zweier altmodischer schmiedeeiserner Laternen, die die Archdale Street säumten.

Drayton wollte sich um acht Uhr mit ihr treffen, direkt vor der Pforte von Timothy Nevilles Stadthaus. Und so wie es aussah, war sie gerade rechtzeitig gekommen.

Die ganze Archdale Street hinauf und hinunter parkten Autos Stoßstange an Stoßstange, und alle Fenster von Timothy Nevilles riesiger, ausladender Villa waren hell erleuchtet. Als Theodosia über den Gehsteig eilte, musste sie auf einmal an den Abend der Lamplighter-Tour und das Avis Melbourne House denken. Auch dort hatten alle Laternen hell gestrahlt, und Schwärme von Besuchern hatten Gehsteige und Veranden bevölkert.

Sie hoffte inständig, dass der Abend in diesem großartigen Haus weniger dramatische Folgen haben würde.

»Pünktlich auf die Minute.« Drayton tauchte aus dem Schatten auf und reichte ihr den Arm. Er trug einen Smoking und schien sich in diesem feierlichen Habit wohler zu fühlen, als es die meisten Normalsterblichen je zu hoffen wagen konnten. Wann immer eine Einladung Smoking und Abendgarderobe erforderte, kam Drayton dieser Anforderung mit Eleganz und Schliff nach.

Theodosia trug ein ärmelloses Kleid, blassblau und bodenlang, das schimmerte wie Mondlicht. Im letzten Moment hatte sie sich noch einen silbergrauen Pashmina-

Schal um die Schultern geworfen. Mit den langen, herabfließenden Haaren, einem Hauch Wimperntusche und ein wenig Lippenstift, um ihre ausdrucksstarken Augen und die vollen Lippen zu betonen, sah sie aus wie eine elegante Dame, die den Abend zum Vergnügen in der Stadt verbrachte.

Aber ich bin hier, um zu spionieren, ermahnte sie sich, während sie an Draytons Seite die Stufen zum Eingang erklomm.

Sie nickten bekannten Gesichtern zu, die in Grüppchen auf der großen Veranda standen, schritten durch das elegante Portal und wurden in der Halle von Henry, Timothy Nevilles Butler, in Empfang genommen.

Henry trug volle Livree, und das Gerücht besagte, dass er bereits seit vierzig Jahren in Timothy Nevilles Diensten stand. Theodosia kannte nicht viele Menschen, die überhaupt Hauspersonal hatten, geschweige denn Personal, das so lange Jahre in Stellung blieb.

»Die Cocktails werden im Sonnenzimmer serviert«, verkündete Henry feierlich. Er hatte die traurigen, starren Augen einer alten Schildkröte und war so steif wie ein Mitglied der Wache vor dem Buckinghampalast. »Vielleicht möchten Sie sich aber auch Mr. Nevilles anderen Gästen im Salon anschließen. Mr. Calhoun gibt gerade ein Stück von Scarlatti zum Besten.« Henry deutete würdevoll auf einen vergoldeten Türbogen, durch den wohlklingende Harfenlaute zu ihnen drangen.

Theodosia fiel auf, dass sich der ehrenwerte Henry gewissermaßen in Zeitlupe bewegte. Es war, als würde man japanisches No-Theater anschauen.

»Wein oder Gesang?«, fragte Drayton gut gelaunt.

»Lass uns zuerst was trinken«, schlug Theodosia vor.

Sie wusste, wenn sie den Salon erst betreten hätten, würde die Höflichkeit gebieten, sich voll und ganz auf die Musik zu konzentrieren, und das war eigentlich nicht der Grund ihres Erscheinens heute Abend. Wenn sie sich aber zuerst einen Cocktail holten, konnten sie sich frei im Haus bewegen und sich mit anderen Gästen unterhalten.

Und die Lage sondieren, fügte sie im Stillen hinzu. Versuchen, sich ein klareres Bild von dem überaus seltsamen Mr. Neville zu machen.

Obwohl sie schon auf unzähligen Spaziergängen mit Earl Grey an Timothy Nevilles Haus vorbeigekommen war, hatte sie nie einen Fuß in die riesige Villa gesetzt. Ehrfürchtig sah sie sich um. Solchen Glanz hatte sie noch nie zuvor gesehen. Das Foyer wurde von einer imposanten Treppe beherrscht, die sich über drei Stockwerke nach oben erstreckte. Von der Eingangshalle gingen miteinander verbundene Salons ab, die mit Kaminen aus schwarzem Marmor, Möbeln im Hepplewhite-Stil und reich verzierten Kronleuchtern ausgestattet waren. Glänzende Ölgemälde und Kupferstiche zierten die Wände.

Von einem berüchtigten Blockadebrecher während des Bürgerkrieges erbaut, stand dieses Haus in dem Ruf, Geheimtüren zu haben, die zu versteckten Gängen und verborgenen Kammern führten. Mancher Bewohner der Altstadt munkelte sogar, in diesem Haus spuke es. Die Tatsache, dass Timothy Nevilles Haus einst einem ehemaligen Gouverneur als Wohnsitz gedient und für kurze Zeit ein Mädchenpensionat beherbergt hatte, trug das ihre zu dem sagenumwobenen Ruf bei.

»Theodosia!« Die schrille Stimme von Samantha Rabathan erhob sich über das allgemeine Stimmengewirr, als Theodosia und Drayton das Sonnenzimmer betraten.

Dann schwebte Samantha, in fuchsiafarbener Seide glänzend, auch schon entschlossen auf sie zu wie der Wogen teilende Bug eines Schiffes.

»Dich habe ich gar nicht hier erwartet«, flötete Samantha, während sie ihr Kleid zurechtzupfte, um gerade die richtige Menge Dekolleté zur Schau zu stellen. »Und Drayton! Hallo, alter Freund!«

Drayton neigte leicht den Kopf und gestattete Samantha, seine Wange zu küssen.

»Unsere erlauchte Vorsitzende der Lamplighter-Tour«, sagte er zur Begrüßung. »Sie sehen bezaubernd aus heute Abend.«

Samantha legte den Finger auf die in passendem Fuchsia bemalten Lippen. »Ich glaube, wir erwähnen die Lamplighter-Tour besser gar nicht.« Sie nahm die beiden am Ellbogen und zog sie in Richtung Bar mit sich fort. »Zumindest, bis Gras über diese scheußliche Sache gewachsen ist.« Sie setzte ein strahlendes Lächeln auf und schien Theodosias Anwesenheit erst jetzt bewusst zu registrieren. Sofort wechselte der fröhliche Gesichtsausdruck zu ernster Besorgnis. »Wie hältst du das nur aus, Theodosia? Es schwirren so viele Gerüchte durch die Luft, man weiß gar nicht, was man glauben soll. Und wie geht es nur dem armen kleinen Ding? Wie hieß das Mädchen doch gleich?«

»Bethany«, antwortete Theodosia. Samantha war heute Abend unerträglich überheblich, und Theodosia suchte fieberhaft nach einer Ausrede, um ihren Fängen zu entkommen.

Gerade, als ein Kellner auf einem Silbertablett Champagnerkelche reichte, betrat Henry den Raum und lieferte die vollkommene Entschuldigung; er verkündete, das

Balfour Quartett beginne gleich mit der abendlichen Aufführung.

»Jetzt aber schnell«, flötete Samantha. »Ich sitze bei Cleo und Raymond Hovle aus Santa Barbara. Du erinnerst dich doch an sie, Theodosia? Sie haben auch ein Haus auf Seabrook Island.«

Theodosia erinnerte sich kein bisschen an Cleo und Raymond Hovle, aber sie lächelte höflich zum Gruß, als Samantha ein kleines, sonnengebräuntes Pärchen anstupste, während Theo und Drayton den Salon betraten.

Sie fanden zwei Plätze in der hintersten Reihe, nicht in gepolstertem Luxus wie die Gäste in den vorderen Reihen, sondern auf ein wenig unbequemen Klappstühlen.

Ungewohnt, auf acht Zentimeter hohen Absätzen zu laufen, schlüpfte Theodosia verstohlen aus ihren Sandalen und wartete darauf, dass die Musik begann.

27

Timothy Neville klemmte sich die Geige unter das Kinn und gab mit einem Kopfnicken das Zeichen zum Einsatz. Davor hatte er die drei anderen Mitglieder des Balfour Quartetts kurz vorgestellt. Die beiden Männer, von denen einer vorhin die Harfe gespielt und jetzt ebenfalls zur Geige gegriffen hatte, und ein rotgesichtiger Mann, der Bratsche spielte, waren auch im Ensemble des Charlestoner Sinfonieorchesters. Das vierte Mitglied, eine junge Frau, die Cello spielte, kam aus Columbia, der Hauptstadt von South Carolina, nordwestlich von Charleston.

Als Timothy Neville die ersten Töne von Beethovens *Die*

Mittleren Streichquartette anstimmte, entdeckte er mit Erstaunen die Browning in der letzten Reihe. Er neigte den Kopf ganz leicht, um einen besseren Blick zu haben und sah, dass sie neben Drayton Conneley saß.

Natürlich. Drayton arbeitete in ihrem kleinen Teegeschäft. Es war nicht verwunderlich, dass sie ihn heute Abend begleitete. Seine Aufführungen waren im ganzen Viertel legendär, und die geladenen Gäste brachten ihrerseits oft weitere Gäste mit.

Er runzelte die Stirn. Die Browning starrte ihn an, als warte sie darauf, dass etwas geschah. Dummes Mädchen. Sie hatten gerade das Allegro begonnen, und das Konzert dauerte noch gute fünfzig Minuten. Immerhin hatte sie die Kühnheit besessen, ihn in der Heritage Society aufzusuchen und ein gutes Wort für die junge Praktikantin einzulegen. Dass er Theodosia Browning abgewiesen hatte, bedeutete nicht, dass er ihr Temperament nicht bewunderte. Heutzutage gab es viel zu viel Selbstgefälligkeit. Es war nicht leicht, die Mutigen auszumachen. Wie dem auch sei, er würde sie im Auge behalten. Sie hatte ihre Nase in Dinge gesteckt, die sie nichts angingen, vor allem die neugierigen Fragen nach dem Peregrine-Bau. Nein, das ging sie wirklich nichts an.

Das Balfour Quartett spielte sehr gut, viel besser als Theodosia erwartet hatte, und schon bald hatte sie sich in den Tiefen von Beethovens Quartett No. 9 verloren.

Die Musik war betörend und lebendig, zog sie in ihren Bann und hielt sie gefesselt bis zum fulminanten Finale.

Plötzlich fiel Theodosia wieder ein, weshalb sie eigentlich gekommen war. Sie applaudierte kurz und eilte dann vor der Menge zur Tür hinaus. Es würde eine zwanzigminütige Pause geben, eine Gelegenheit für die Herren, neue

Getränke zu besorgen, und für die Damen, sich die Nase zu pudern.

Theodosia hastete die große Freitreppe hinauf, wobei ihre Sandalen in dickem weißem Flaum versanken, und eilte im ersten Stock den langen, gebogenen Flur entlang. Sie warf einen Blick in ein paar Schlafzimmer, die zwar alle elegant möbliert waren, aber keinerlei Anzeichen boten, dass sie bewohnt waren. Schließlich war sie an der Front des Hauses angekommen und stieß auf große Flügeltüren, die zu Timothy Nevilles privaten Gemächern führten.

Sie drückte gegen eine der schweren Holztüren, und mit protestierendem Quietschen bewegte sich die Tür langsam in den Angeln nach innen. Theodosia hielt den Atem an und schaute über die Schulter, um nachzusehen, ob jemand sie gehört oder beobachtet hatte. Nein. Nichts. Sie schluckte schwer, betrat Timothy Nevilles privates Arbeitszimmer und schloss die Tür hinter sich.

Eine einzelne Schreibtischlampe, die aussah wie eine original Tiffany Dragonfly, tauchte den Raum in schwaches Licht. Die schweren Möbel waren dunkle, klobige Schatten. In dem verzierten Marmorkamin tanzten Flammen.

Theodosia schlich auf leisen Sohlen über den Aubussonteppich. Selbst in dem schwachen Licht konnte sie die Portraits von Timothy Nevilles Ahnen erkennen, feurige Hugenotten, die von den burgunderroten Wänden auf sie herabsahen.

Dann stand sie vor Timothy Nevilles Louis-XIV-Tisch, die Hand am Kupferknauf, bereit, die Schublade aufzuziehen. Ein schmerzhaftes Schuldgefühl durchfuhr sie, und Theodosia zögerte. Was sie hier machte, war Schnüffelei ersten Ranges, sagte sie sich. Nicht eben aufrichtig. Doch dann fiel ihr Timothy Nevilles fürchterlicher Wutanfall wieder ein und der Anblick von Hughes Barron, der im Tod die Teetasse umklammerte.

Sie zog die Schublade auf.

Darin lagen Stifte, Stempel, persönliches Briefpapier, eine Brille, ein Stoß Formulare und Timothy Nevilles Pass. Alles fein säuberlich sortiert, nichts von außerordentlichem Interesse.

Was hattest du denn erwartet? Ein kleines blaues Glasfläschchen Arsen? Ein knisterndes Päckchen Strychin?

Sie schlich durch das Zimmer zu der Tür gegenüber dem Schreibtisch und machte sie vorsichtig auf. Vor ihren Augen präsentierte sich Timothy Nevilles luxuriöses Schlafzimmer. Ein Himmelbett, dekoriert mit schwerem Brokat in Flaschengrün und Dunkelrot, zu beiden Seiten flankiert von zierlichen Chippendale-Tischchen. Ein eleganter Wandschrank, der aussah, als stamme er aus der berühmten Charlestoner Möbelmanufaktur von Robert Walker. An dem kleinen Kamin standen zwei Sessel mit passenden Brokatbezügen. Und an den Wänden hingen weitere Ölgemälde. Keine Ahnengalerie diesmal, sondern ausschließlich Frauenportraits aus dem achtzehnten Jahrhundert. Frauen im Garten, Frauen mit Kindern, Frauen mit entrücktem Blick.

Die Bilder offenbarten eine weichere, menschlichere Seite von Timothy Neville, die Theodosia nicht vermutet hätte.

Im Anschluss an ein geräumiges Ankleidezimmer lag das Badezimmer. Theodosia schaltete das Licht ein. Die Atmosphäre war ruhig und elegant. Beherrscht wurde der Raum von einer riesigen Wanne auf Klauen, dunkelgrünen Tapeten, sowie Wandleuchten und Handtuchhaltern aus Messing. Ohne zu zögern, öffnete Theodosia das Medizinschränkchen und inspizierte die Regale.

Der Inhalt erwies sich als ebenso vorhersehbar, wie es bei der Schreibtischschublade gewesen war. Rasiercreme, Zahnpasta, Aspirin, eine Flasche Kiehl's Rasierwasser, eine Flasche Medizin aus der Apotheke. Theodosia nahm das braune Fläschchen zur Hand und studierte das Etikett. Halcion. 5 mg *Schlaftabletten*.

Sie grübelte einen Augenblick lang darüber nach. Belastendes Beweisstück? Nein, eigentlich nicht, entschied sie. Timothy Neville war ein alter Mann. Alte Menschen litten häufig unter Schlafstörungen.

Theodosia stellte die Flasche zurück ins Regal, schloss die Spiegeltür und machte das Licht aus. Sie ging zurück durch das Schlafzimmer ins Arbeitszimmer. Noch einmal ließ sie den Blick durch den Raum schweifen und schüttelte den Kopf. *Nö, hier gab es nichts Ungewöhnliches.*

Sie hatte die Hand schon auf dem Türknauf, als ihr ein alter englischer Sekretär mit Vitrinenaufsatz ins Auge fiel, gleich neben der Tür. Anstatt edlen Porzellans, für das der Schrank augenscheinlich gefertigt war, schien hinter den Scheiben eine Kollektion antiker Pistolen ausgestellt zu sein.

Theodosia zögerte den Bruchteil einer Sekunde und entschied, dass ein zweiter Blick nicht schaden könnte.

Ja, es waren wirklich Pistolen. Sie las die gravierten Schilder, die die einzelnen Waffen benannten. Das hier war eine österreichische Augustin Kavalleriepistole von 1842. Und dies hier eine Early American Steinschlosspistole. Fasziniert öffnete Theodosia eine der beiden Glastüren, ließ die Hand über den glatten Griff aus Walnussholz gleiten und berührte mit den Fingerspitzen die Silberintarsien. Diese Stücke waren beeindruckend. Manche waren während des Bürgerkrieges in Gebrauch gewesen, manche während des nordamerikanischen Unabhängigkeitskrieges oder vielleicht auch im Duell zwischen Ehrenmännern. Jetzt waren sie nur noch Ausstellungsstücke, nicht mehr in Benutzung. Doch ihre Geschichte und die stumme Kraft, die sie ausstrahlten, flößten ihr Ehrfucht ein.

In der Stille des Zimmers drang ein leises Geräusch an ihre Ohren, ein kaum hörbares Klicken, und Theodosia hob den Blick zur Tür. Im dämmrigen Licht sah sie, wie sich der Messingknauf langsam drehte.

Panisch presste Theodosia sich flach an die Wand und betete, dass niemand um die Ecke schauen und sie im Schatten entdecken würde.

Die schwere Tür quietschte vernehmlich in den Angeln.

Könnte einen Spritzer Öl vertragen, dachte Theodosia verzweifelt, während sie sich noch dichter an die Wand presste und den Atem anhielt.

Wer auch immer die Tür geöffnet hatte, stand jetzt da und inspizierte stumm den Raum. Nur ein paar Zentimeter Holz trennten sie von dieser mysteriösen Person, die ihr wahrscheinlich gefolgt war!

Theodosia wünschte, ihr Herz würde aufhören, so laut zu klopfen. Sicher hörte man, wie es wild in ihrer Brust hämmerte! Ihre Gedanken überschlugen sich, und sie musste an Edgar Allan Poes prophetische Geschichte »Das verräterische Herz« denken.

Das bin ich, dachte sie. *Sie werden das grauenhafte Klopfen meines Herzens hören!*

Doch wer auch immer dort stand – ob Timothy Neville,

der Butler Henry, noch ein neugieriger Gast –, er spähte nur ein paar Sekunden in den Raum und zog dann die Tür wieder ins Schloss.

Hatte er gedacht, es sei niemand da?

Theodosia konnte es nur hoffen, als sie an der Wand zusammensackte, schwach und mit weichen Knien. *Höchste Zeit, hier herauszukommen,* sagte sie sich. Mit einem Mal war dieses kleine Abenteuer weit genug gegangen. Sie stand auf und ging zur Tür.

Dann fiel ihr die Waffensammlung wieder ein.

Theodosia warf einen schnellen Blick auf die Vitrine. Verheißungsvoll lockten die polierten Pistolen im Halbdunkel. *Na gut, ein kurzer Blick. Dann verschwinde ich aber von hier und gehe wieder zu den anderen.*

Jede Pistole steckte in einer eigens angefertigten Holzhalterung. Wunderschön anzusehen. Und höchstwahrscheinlich ziemlich kostspielig in der Herstellung. In der herunterklappbaren Schreibplatte steckte ein Schlüssel. Theodosia drehte ihn herum und öffnete die Klappe. In den Fächern steckten Poliertücher, verschiedene Geräte zur Reinigung der Pistolen und eine Flasche mit einer klaren Flüssigkeit.

Theodosia las das Etikett. Schwefelsäure.

Ein Mittel, das dazu verwendet wurde, Rost und Korrosionsflecken von antiken Bronzestatuen zu entfernen, von Metallrahmen und von Waffen. Und, so weit sie informiert war, handelte es sich bei Schwefelsäure außerdem um ein tödliches Gift.

Falls Timothy Neville Hughes Barron Gift in den Tee getan hatte, könnte es sich dann um dieses Mittel handeln? Das war die 100.000-Mark-Frage, nicht wahr? Und bis jetzt hatte noch niemand etwas verraten. Nicht der Coroner.

Nicht Burt Tidwell. Und ganz bestimmt nicht Timothy Neville.

Das Balfour Quartett hatte bereits zu spielen begonnen, als Theodosia in den Salon schlüpfte und ihren Platz neben Drayton wieder einnahm. Als sie den Schal auf ihren Schultern zurechtzupfte, spürte sie Draytons Blick auf sich ruhen.

»Dir steht die Schuld auf die Stirn geschrieben«, flüsterte er.

»Wirklich?« Mit großen Augen sah sie ihn an.

»Nein, nicht wirklich«, antwortete er. »Sollte sie aber. Wo in Gottes Namen hast du gesteckt?«, zischte er. »Ich habe mich zu Tode geängstigt!«

Voll innerer Unruhe überstand Theodosia die zweite Hälfte des Konzerts, unfähig, sich auf die Wiedergabe von Beethovens Opus 18, No. 6 zu konzentrieren und die Musik zu genießen. Als das Balfour Quartett geendet hatte und alles sich erhob, um begeistert Applaus zu spenden, entfuhr ihr ein Seufzer der Erleichterung.

Mit dem Rest des Publikums sprang Theodosia auf und beugte sich zu Drayton hinüber. »Ich erzähle dir alles«, flüsterte sie ihm ins Ohr. »Aber lass uns erst zurück in den Laden gehen und eine schöne beruhigende Tasse Tee trinken.«

28

»Du siehst aus wie eine Katze, die soeben den Kanarienvogel verschluckt hat«, sagte Drayton.

Über den Tresen gelehnt, arrangierte Haley Teerosen in

einer viktorianischen Teekanne mit rosa-weißem Blumenmuster.

»Wer? Ich?«, fragte Haley mit Unschuldsmiene. Sie band eine Schleife an den Henkel der Kanne und trat zurück, um ihr Werk zu bewundern.

Drayton war gebeten worden, an diesem Nachmittag eine Brautparty zu organisieren, und alle hatten sich Hals über Kopf in die Vorbereitungen gestürzt. Über Nacht war eine ungemütliche Kaltfront herangezogen, hatte einen Temperatursturz mit sich gebracht und Charleston nasskalten, strömenden Regen beschert. Es sah also nicht so aus, als würden heute viele Kunden in den Teeladen kommen.

»Sag schon, was gibt's?«, drängte Drayton. Vorsichtig hatte er ein Dutzend Porzellantassen in Papiertücher gehüllt und legte sie nun vorsichtig in einen großen Weidenkorb auf ein weißes Spitzentischtuch. Bei diesem scheußlichen Wetter würde er eine Folie brauchen, damit alles sauber und trocken blieb.

»Um wie viel Uhr musst du im Lady Goodwood Inn sein?«, fragte Haley mit gespielter Unschuld.

»Haley ...«, flehte Drayton aufgebracht. Sobald er glaubte, jemand hüte ein Geheimnis, benahm sich Drayton wie ein neugieriges Kind – spitzbübisch, ungeduldig und bohrend.

»Also«, sagte Haley, »es ist vielleicht noch ein wenig verfrüht, jetzt schon etwas zu sagen.«

»Aber ...«, bedrängte Drayton sie.

»Aber Bethany hatte gestern Abend eine Verabredung!«, verkündete Haley triumphierend.

»Eine Verabredung!«, rief Theodosia. Bis jetzt hatte sie sich aus Draytons und Haleys kleiner Kabbelei herausgehalten. Sollten sie doch ihren Spaß haben, hatte sie gedacht. Aber das waren wirklich Neuigkeiten! Große Neuigkeiten. Während sie und Drayton gestern Abend das Konzert von Timothy Neville besucht hatten, war Bethany mit einem jungen Mann aus gewesen. Theodosia fragte sich, welcher Mann es geschafft hatte, die wehmütige, zurückgezogene Bethany aus ihrem Schneckenhaus zu locken. Es musste das erste Mal seit dem Tod ihres Mannes gewesen sein, dass Bethany sich aus dem Haus gewagt hatte.

»Darf ich fragen, mit wem?«, bohrte Drayton nach. Er konnte es kaum erwarten, alle Einzelheiten zu erfahren.

»Mit wem? Mit Theodosias Freund natürlich«, sagte Haley.

Ein Donnerschlag durchbrach tosend die Luft über ihren Köpfen, und gleichzeitig fiel ein Tiegel Zitronengelee, den Theodosia in Händen gehalten hatte, krachend zu Boden. Ein Blitz zuckte, die Fenster klirrten; überall waren Scherben und gelbe Kleckse verteilt.

Aus irgendeinem Grund war Theodosia der Name Jory Davis durch den Kopf gezuckt. »Welchen Freund meinst du denn?«, fragte sie schnell.

»Achtung, nicht bewegen, Theo!«, rief Haley. »Direkt neben deinem Fuß liegt eine riesige Glasscherbe. Nur ein Zentimeter, und sie bohrt sich in deine Schuhsohle. Warte, ich hole Schaufel und Besen.« Sie eilte davon.

»Wen meinte sie denn?«, fragte Theodosia Drayton.

»Ich tappe genauso im Dunkeln wie du.« Drayton zuckte die Achseln.

»Okay, nicht bewegen!« Haley legte das Kehrblech an und fegte zwei große Scherben darauf. Sie inspizierte die kleineren Splitter und die gelben Pfützen. »Himmel, was für eine Schweinerei.« Sie runzelte die Stirn, zum Angriff bereit. Ihre zwanghafte Ordnungsliebe und ihr Organisationsdrang ließen es Haley mit jeder Putzherausvorderung aufnehmen.

»Haley!« Drayton schnippte mit den Fingern, amüsiert über ihren Feuereifer. »Welcher unserer ehrenwerten Herren hatte denn nun das Vergnügen, Bethany gestern Abend auszuführen?«

Haley sah zu Drayton hinauf und blinzelte in dem Bemühen, ihre Gedanken wieder zu sammeln. »Oh, Tanner Joseph. Der Typ, der die Etiketten für die Weihnachtsmischungen entwirft.«

»Tanner Joseph«, wiederholte Theodosia. Jetzt wurde ihr alles klar. Bethany war neulich so herzlich und hilfsbereit gewesen und hatte ihm so viel über Tee und die Weihnachtsmischungen erzählt.

»Ach der, natürlich«, sagte Drayton. Jetzt, wo er wusste, mit wem Bethany ausgegangen war, war sein Interesse merklich abgekühlt. Wäre es jemand Neues gewesen, jemand, der womöglich gerade ein Geschäft auf der Church Street eröffnet hatte, oder jemand, der ein Haus im Viertel gekauft hatte und es originalgetreu restaurieren wollte, dann hätte Drayton selbstverständlich alle Details in Erfahrung gebracht. Wer war seine Familie? Wo war er zur Schule gegangen? Womit verdiente er sein Geld?

»Wo ist Bethany eigentlich?«, fragte Theodosia.

Haley fegte immer noch die klebrigen Scherben zusammen. »Beim Ausliefern.«

»Bei dem Regen?«, fragte Drayton.

»Sie sagte, sie müsse den Kopf frei bekommen. Außerdem joggt sie. Jogger sind es gewohnt, bei jedem Wetter draußen zu sein.« Sie spähte zu einem der beschlagenen

Fenster hinaus auf die verlassene, regennasse Straße. »Glaube ich zumindest.«

Drayton wandte seine Aufmerksamkeit wieder den Vorbereitungen für den Teenachmittag zu. »Ich wünschte nur, es würde nicht schütten wie aus Eimern«, zischte er.

»Die haben doch nicht etwa geplant, die Party im Freien zu feiern, oder?«, fragte Haley.

Er verzog das Gesicht. »Doch. Aber diese Möglichkeit scheidet jetzt offensichtlich aus.« Drayton streckte sich und holte eine winzige Teekerze in einer weißen Porzellanschale vom Regal. »Die ganze Sache muss noch einmal überdacht werden«, sagte er schwermütig mit einem Blick auf die kleine Kerze in seiner Hand.

»Gibt es im Lady Goodwood nicht einen Wintergarten?«, fragte Theodosia. »Gleich neben dem Speisezimmer?«

Drayton dachte nach. »Ich glaube schon. Wirkt fast wie ein Gewächshaus. Sehr grün, viele Pflanzen, ein paar Tische. Ich glaube, es gibt sogar einen kleinen Brunnen. Wenn die Sonne scheint, ist es dort unerträglich stickig, aber an einem so kühlen, regnerischen Tag wie heute wäre der Wintergarten vielleicht genau das Richtige.« Draytons Gesicht hellte merklich auf, als er die neuen Möglichkeiten in Betracht zog. »Vielleicht entsteht durch den Regen auf dem Glasdach sogar noch ein zusätzlicher Hauch von Romantik!«

»Was für eine hübsche Vorstellung, Drayton«, sagte Haley lächelnd. »Das gefällt mir.«

»Theodosia«, sagte Drayton, während er hektisch die hohen Regale absuchte, in denen alle möglichen Kerzen, Marmeladen und Gelees ausgestellt waren. »Hatten wir nicht irgendwo Schwimmkerzen?«

Er wirbelte herum, als Theodosia, die schon einen Schritt voraus gedacht hatte, ihm vier Kartons mit den runden Kerzen in die Arme drückte.

»Genau!«, rief er. »Was noch?«

»Teehauben für die Kannen!«, rief Haley, die in Stimmung kam. »Und tausche die schmiedeeisernen Stühle, die wahrscheinlich dort rumstehen gegen gepolsterte aus dem Speisezimmer aus.«

»Perfekt!«, erklärte Drayton.

»Was ist mit dem Essen?«, erkundigte sich Theodosia. »Was steht denn bis jetzt auf dem Plan?«

»Erdbeeren mit Schokoladenüberzug, Mürbekuchen, Aprikosenkompott und Brötchen mit Käse«, sagte Drayton.

»Gut«, sagte Theodosia. »Und jetzt vervollständigst du das Ganze mit Haleys scharfem Krabbendip, und dazu gibt es irisches Sauerteigbrot.«

»Mein Gott, Theo, du bist ein Genie«, verkündete Drayton. Er wandte sich um. »Haley, hast du Zeit, deinen Krabbendip zu machen?«

»Drayton. Bitte!« Haley hatte bereits in ihren speziellen Rettungsgang geschaltet und war auf dem Weg in die Küche.

Es war schon nach elf, als Bethany endlich zurückkam, mit leuchtendem Gesicht, nassen Haaren und nach frischem Regen duftend.

»Ihr seid ja alle so beschäftigt«, rief sie. »Kann ich helfen?«

Theodosia warf einen Blick auf sie. »Du bist klitschnass. Besser, du läufst erst mal nach Hause und ziehst dich schnell um. Sonst fängst du dir noch eine Erkältung ein.«

»Erkältungen kommen von Viren«, sagte Haley. »Nicht

von kaltem Wetter.« Sie war mit der Krabbensoße fertig und jetzt damit beschäftigt, Zimtstangen mit Bast und vergoldeten Blättern zu verzieren.

»Und deshalb trinkst du im Winter wohl auch meinen Hibiskus-Orangen-Tee? Um Viren abzuwehren?«, fragte Drayton mit leicht kritischem Unterton.

»Na ja, eigentlich nicht«, sagte Haley.

»Du hast Recht, Theodosia. In trockenen Sachen würde ich mich wohler fühlen. Soll ich vorher noch schnell mit Earl Grey spazieren gehen?«, sagte Bethany.

»Würdest du das tun?«, fragte Theodosia.

»Liebend gern«, antwortete Bethany.

»Sie hat wirklich ausgesprochen gute Laune«, sagte Drayton hinter vorgehaltener Hand zu Haley.

Bethany blieb stocksteif mitten im Teeladen stehen und sah die drei an, einen nach dem anderen. »Ihr habt über mich gesprochen! Haley, du hast geredet!« Sie machte eine Drohgebärde in Richtung Haleys schuldbewusstem Rücken. Haley flüchtete sich schnell in die sicheren Gefilde der Küche.

»Was ist nur mit der los?«, empörte sich Bethany. Ihr Stirnrunzeln verriet, wie empört sie über Haleys Indiskretion war.

Theodosia legte Bethany beschwichtigend die Hand auf die Schulter. »Sie freut sich für dich, Liebes. Das ist alles.«

»Ich nehme an, sie hat euch erzählt, dass ich mit Tanner Joseph aus war. Wir waren nur auf einer Vernissage. Die Ariel-Galerie in der George Street macht eine Ausstellung von Schwarzweißfotografien. Von Sidney Didion, einem hiesigen Fotografen.«

»War es schön?«, wollte Theodosia wissen. Sie hatte

eine Kritik über die Didion-Ausstellung gelesen, und es hatte sich ziemlich gut angehört. Sie trug den Titel »Geister« und zeigte stimmungsvolle Schwarzweißserien von alten Plantagen.

»Und wie.« Bethanys Augen strahlten. »Wusstest du, dass Tanner ein ganzes Jahr am Amazonas verbracht hat? Er hat an der Uni in Minnesota einen Abschluss in Ökologie gemacht und ist nach Südamerika gegangen, um das Ökosystem des Regenwalds zu untersuchen.«

»Ja, das hat er mir erzählt.«

»Ist es nicht fantastisch?« Bethanys Gesicht strahlte vor Begeisterung.

Sie scheint sich ja wirklich ernsthaft für diesen jungen Mann zu interessieren, dachte Theodosia. *Rührend, wie ihre Trauer in den Hintergrund rückt und sie sich auf jemand anderen einlässt.*

»Tanner hat eine ganze Woche in einem zwei mal zwei Meter großen Baumhaus in den Wipfeln des Regenwalds verbracht«, erzählte Bethany. »Offensichtlich hatte er ein ausgeklügeltes System von Flaschenzügen und Geschirren und langen Seilen, mit denen er von Baum zu Baum gelangte, um Proben zu sammeln. Ich leide unglücklicherweise an Höhenangst. Ich würde sterben, wenn ich mich je mehr als eineinhalb Meter über den Boden erheben müsste, aber es klingt wirklich nach einem unglaublich tollen Abenteuer.«

»Im *National Geographic* habe ich mal Fotos von Forschern gesehen, die so arbeiten«, sagte Theodosia. »Man muss wirklich absolut schwindelfrei sein.«

»In diesen Bäumen existiert ein ganzer Mikrokosmos an Pflanzen und Tieren!«, fuhr Bethany fort. »Insekten, Gewächse, Vögel. Die meisten kommen nie mit dem Erdboden in Berührung. Tanner hat mir alles über diese merkwürdigen kleinen grünen Frösche erzählt.«

Theodosia stellten sich plötzlich die Nackenhaare auf.

»Was hat er dir über Frösche erzählt, Bethany?«

»Die Einheimischen dort sammeln eine bestimmte Froschart. Sie sind wunderschön, leuchtend grün und gelb, aber sie sind giftig. Die Indianer tauchen ihre Pfeilspitzen in das Gift und nutzen die Pfeile zur Jagd. Und Tanner hat mir auch erzählt, dass da oben die erstaunlichsten Orchideenarten wachsen. Bromelien eigentlich. Aus der Familie der Orchideen. Er sagt, manche von ihnen haben fast dreißig Zentimeter große Blüten. Ist das nicht unglaublich?«

»Ja«, sagte Theodosia, doch in Gedanken war sie woanders. Als Bethany die Frösche erwähnte, hatte sie ein beunruhigendes Gefühl befallen. Beunruhigend, weil das bedeutete, dass Tanner Joseph Kenntnisse über eine bestimmte Sorte Gift besaß. Und ihr fiel wieder ein, dass Tanner Joseph bei ihrer ersten Begegnung geäußert hatte, er habe ein Problem mit Hughes Barron – genauer gesagt einen ziemlich ausgeprägten Groll gegen ihn.

Als Bethany mit Earl Grey hinausgegangen war, zog Theodosia sich in ihr Büro zurück und brütete über dieser neuen Information. War es nichts weiter als ein seltsamer Zufall? War die Wahrheit wirklich merkwürdiger als die Dichtung? *Du hast die Wahl*, dachte sie. Wenn es einfach Zufall war, dann war es ein sehr seltsamer Zufall. Und wenn Tanner Joseph in Wirklichkeit nicht der sanftmütige Umweltschützer war, als der er sich ausgab (und plötzlich fiel ihr der Ausdruck eiskalter Befriedigung wieder ein, den er hatte, als er über den Tod von Hughes Barron sprach), dann hieß das womöglich, dass Bethany in großer Gefahr war.

Und sie selbst hatte das Mädchen in diese Gefahr gebracht!

Theodosia verbarg das Gesicht in den Händen und rieb sich erschöpft die Augen. Verdammt! In ihrem Eifer, die Etiketten fertig zu bekommen, hatte sie anscheinend noch ein Pulverfass geöffnet.

Und noch schlimmer, wenn Burt Tidwell Bethany noch immer im Verdacht haben sollte und Tanner Joseph jetzt mit ihr in Verbindung brachte ... Also, die Aussichten waren ganz und gar nicht berauschend.

Theodosia seufzte tief und ließ den Blick abwesend durchs Zimmer schweifen. Ein Blatt Papier, das in einer Ecke des Schreibtisches lag, erweckte ihre Aufmerksamkeit. Es war die Aufstellung, die sie vor zwei Tagen begonnen hatte. Die Aufstellung, die aussah wie ein Familienstammbaum. »Hughes Barron« und »Gift?«, stand da, und darunter die Namen »Timothy Neville« und »Lleveret Dante«.

Theodosia nahm ihren silbernen Kugelschreiber zur Hand. Zielstrebig, aber mit einer guten Portion Seelenqual, fügte sie an der leeren Stelle einen dritten Namen hinzu: Tanner Joseph.

29

Bis zum Abend hatte der Regen noch immer nicht nachgelassen. Ein tropisches Tief war vom Atlantik hereingekommen und hatte sich entlang der Küste und auf den vorgelagerten Inseln festgesetzt. Seine wütenden Ausläufer erstreckten sich über hundertfünfzig Kilometer in jede

Richtung, im Norden bis nach Myrtle Beach und im Süden bis nach Savannah.

In ihrer kleinen Wohnung über dem Teeladen, nur sechs Häuserblöcke vom Hafen entfernt, bekam Theodosia den Sturm in seinen ganzen Ausmaßen zu spüren. Der Regen prasselte aufs Dach, klopfte zornig an die Fenster und gurgelte lärmend durch die Regenrinnen. Wann immer das Sturmgetöse ein wenig nachzulassen schien, meinte sie, draußen an Patriots Point ein Nebelhorn zu hören.

Bei diesem Wind Feuer zu machen hätte zu viel Wärme gekostet, und so machte Theodosia lieber ein Dutzend weißer Kerzen in verschiedenen Größen an und stellte sie in den Kamin. Die Flammen tanzten und flackerten fröhlich vor sich hin. Sie gaben zwar keine Wärme im Sinne von Temperatur ab, aber sie verbreiteten eine gemütliche, heimelige Atmosphäre.

Theodosia hatte sich auf ihr Sofa gekuschelt, sich in eine handgemachte Decke gehüllt und schlürfte eine Tasse ägyptischen Kamillentee. Der Geschmack war leicht süßlich und erinnerte an Mandeln und Äpfel. Ein guter, beruhigender Abendtee.

Und Beruhigung hatte sie bitter nötig, denn an Stelle geheimer Nachforschungen, die ihr vielleicht auf die Spur des Mörders von Hughes Barron halfen, hatte sie gleich eine ganze Reihe Verdächtiger ans Tageslicht gezerrt.

Timothy Neville hatte Hughes Barron mit glühender Leidenschaft gehasst, ihn wegen seiner kaltblütigen Geringschätzung historischer Bauten und Architektur verachtet. Aus irgendeinem Grunde hatte Timothy von Hughes Barrons Plänen für den Peregrine-Bau gewusst. Timothy hatte angenommen, dass Hughes Barron wesentliche Veränderungen vornehmen würde. Hätte das genügt, um Timothy Nevilles Zorn so weit anzustacheln, dass er einen Mord beging? Möglicherweise. Er war alt, starrköpfig und gewohnt, seinen Willen durchzusetzen. Und Timothy Neville hatte in seinem Arbeitszimmer ein Fläschchen mit giftiger Schwefelsäure.

Nachdem sie gestern Timothy Nevilles Haus verlassen hatten, hatte Theodosia Drayton von ihrer Entdeckung erzählt. Er hatte ihre Vermutung bestätigt, dass Schwefelsäure tatsächlich dazu verwendet wurde, Rost und Verfärbungen von altem Metall zu entfernen. Aber die Vorstellung, dass Timothy Neville so weit ging, Hughes Barron tatsächlich einen Tropfen davon in den Tee zu kippen? Nun, der toxikologische Befund war schließlich noch immer nicht bekannt, oder? Und keiner konnte Timothy Nevilles Schritte am Abend der Lamplighter-Tour bis ins Detail nachvollziehen. Sie erinnerten sich lediglich daran, dass er für kurze Zeit im Garten des Avis Melbourne House zu Gast gewesen war.

Dann war da Lleveret Dante. Aus der Unterhaltung, die sie auf dem Flur vor Sam Sesteros Kanzlei belauscht hatte, ging hervor, dass Hughes Barrons Anteile an Goose Creek Holdings infolge seines Todes geradewegs in die Hände von Lleveret Dante gefallen waren. Dazu kam, dass dieser Mann offensichtlich ein Halunke war, denn schließlich stand er in einem anderen Bundesstaat unter Anklage. Theodosia fragte sich, ob Dante womöglich kurz vor einer Verhaftung aus Kentucky geflohen war, oder ob er, wie so viele unseriöse Geschäftsleute heutzutage, einen schlauen Anwalt in Kentucky hatte, der mit einem konstanten Sperrfeuer von Berufungen und Eingaben den Prozess so lange behinderte, bis er von selbst zum Erliegen kam.

Und schließlich war da noch Tanner Joseph, Geschäftsführer der Umweltorganisation Shorebird. Sie selbst hatte ihn ins Spiel gebracht, hatte Tanner Joseph in die Geborgenheit ihres kleinen Teeladens geführt. Würde ein Umweltschützer so überreagieren? Verzehrt von der Bitterkeit, einen Kampf verloren zu haben?

Theodosia wusste, dass die Antwort auf diese Frage »ja« lautete. Die Zeitung war voll von Geschichten über Leute, die ihr eigenes Leben aufs Spiel setzten, um Wale zu retten, Delfine, Mammutbäume. Und hatten diese Leute jemals jemanden umgebracht, der ihren Bemühungen zum Erhalt der Umwelt im Wege stand? Leider lautete auch die Antwort auf diese Frage »ja«. In Mammutbäumen steckten manchmal Metallstücke, die die Sägen der Baumfäller zurück in deren Gesichter schnellen ließen. Radikale Tierschützer hatten auch schon das Feuer auf Jäger eröffnet. Es war nicht auszuschließen, dass auch Tanner Joseph zu diesen Fanatikern gehörte. Die Geschichte hatte bewiesen, dass Leidenschaft oft in Fanatismus umschlug.

Theodosia schälte sich aus ihrer Decke, streckte die langen Beine aus und stand auf. Strumpfsockig tappte sie in die Küche hinüber. Earl Grey, der auf seiner Wolldecke vor dem Kamin lag, hob den Kopf und sah ihr besorgt nach.

»Bin gleich wieder da«, sagte Theodosia.

Theodosia holte sich einen Keks aus einer der hübschen Blechdosen auf der Anrichte. Aus einer rotgelben Dose, die mit Abbildungen edler Jagdhunde verziert war, nahm sie einen Hundekeks.

Hundeplätzchen, dachte sie, zurück im Wohnzimmer, wo sie beide einträchtig an ihren Keksen knabberten. *Könnte ein gewinnträchtiger Nebenerwerb sein.* Erst letzten Monat hatte sie in einer Zeitschrift einen Artikel über das blendende Geschäft mit edlem Hundefutter gelesen.

Theodosia aß ihren Keks auf, drehte sich um und studierte das vom Boden bis zur Decke reichende Bücherregal. Sie wählte ein kleines, ledergebundenes Buch und zog sich wieder auf ihr Sofa zurück, um ein weiteres Mal Agatha Christie zu lesen.

Das Buch, das sie sich ausgesucht hatte, war eine faszinierende Fibel zum Thema Gift. Eifrig las sie Agatha Christies genüsslich detaillierte Beschreibung eines »geschmacklosen, geruchlosen weißen Pulvers, welches sich in kaltem Wasser nur schlecht löst, jedoch vorzüglich geeignet ist für heiße Schokolade, Milch oder Tee«.

Dieses schreckliche Gift, Arsen, so erfuhr Theodosia, ließ sich nicht nachweisen. Und nur ein Teelöffel enthielt bereits das Zehn- bis Dreißigfache der tödlichen Dosis.

Wie auf Kommando fing das Licht zu flackern an, und das Wohnzimmer wurde in eine unheimliche Atmosphäre getaucht. Sogar Earl Grey, der treue Wächter, hob den Kopf und knurrte. Dann ertönte ein tiefes Brummen, als würden die Generatoren des Elektrizitätswerks aufs Heftigste protestieren, und die Lichter brannten wieder hell und klar.

Als das Licht sich verdunkelt hatte, hatte Theodosia verdutzt das Buch geschlossen. Jetzt saß sie mit dem dünnen Bändchen auf dem Schoß da und sah durch das regennasse Fenster hinaus. In der Ferne zuckte ein Blitz auf.

Sie dachte über das nach, was sie gerade gelesen hatte. Arsen war ein absolut tödliches Gift mit sehr schneller Wirkung. Der Tod trat beinahe augenblicklich ein.

Doch nach all dem, was sie sich hatte zusammenreimen können, war Hughes Barron aus eigenen Kräften in den Garten spaziert, hatte sich an den abgeschiedenen Tisch gesetzt und eine gute halbe Stunde lang Tee getrunken.

Also musste Hughes Barron langsam gestorben sein. Womöglich hatte er nicht einmal gewusst, dass er starb. Vergiftet, so viel stand fest, aber von einem Gift, das ganz allmählich die Herzfunktion verlangsamte, bis es, wie eine Taschenuhr, die nicht sorgfältig aufgezogen war, einfach stehen blieb.

30

Tief in Gedanken stand Drayton hinter dem Tresen, das graue Haupt über das schwarzlederne Rechnungsbuch gebeugt. Er kritzelte Zahlen auf einen gelben Notizblock und addierte sie mit Hilfe eines kreditkartengroßen Taschenrechners. Beim Anblick der Summe runzelte er die Stirn. Gewissenhaft addierte er die Posten ein zweites Mal. Unglücklicherweise gelangte er auch diesmal zum selben Ergebnis.

Mit einem tiefen Seufzer massierte er sich den Nasenrücken an der Stelle, wo die Brille drückte, sah auf und ließ den Blick durch die Teestube schweifen. Haley und Bethany gaben sich alle Mühe, sie schenkten Tee aus, deckten die Tische, verführten die Gäste zu einem zweiten Stück Cremetorte oder dazu, für das Frühstück am nächsten Tag ein paar Hörnchen mitzunehmen. Doch auch heute war nur jeder zweite Tisch besetzt.

Das Geschäft war zurückgegangen, eindeutig. Und seine Zahlen sagten ihm, dass der Rückgang im Vergleich zum Vorjahr beinahe vierzig Prozent betrug. Zwar stand das Erntedankfest vor der Tür, und Weihnachten war auch nicht mehr weit. Die Feiertage würden den üblichen Weihnachtsansturm mit sich bringen. Aber dieser Ansturm hätte sich eigentlich inzwischen mit ersten Anzeichen bemerkbar machen müssen, oder nicht?

Natürlich, die Touristen brachten Umsatz, und auch die Teepartys, die der Laden belieferte, wie die gestrige Brautfeier und der ein oder andere Geburtstagstee. Aber die Haupteinnahmequelle des Indigo Tea Shops waren nun einmal die Stammkunden aus der Nachbarschaft. Und aus welchem Grund auch immer (obwohl Drayton tief in seinem Herzen ziemlich sicher war, dass er den Grund kannte), blieben viele ihrer Stammkunden dem Laden fern.

»Wir müssen reden.« Draytons ruhige, wohl modulierte Stimme übertönte den leichten Jazz aus dem Radio in Theodosias Büro.

Als sie Drayton in der Tür stehen sah, das Rechnungsbuch und ein Bündel Zettel unter dem Arm, machte Theodosia sofort das Radio aus. »O weh. Das klingt nicht viel versprechend!«

Drayton ging über den ausgeblichenen Orientteppich und zog mit dem Fuß den Besucherstuhl heran. Er legte das Rechnungsbuch und die Zettel auf Theodosias Schreibtisch und ließ sich schwer in den Stuhl fallen.

»Es sieht nicht gut aus«, sagte Theodosia.

»Es sieht nicht gut aus«, wiederholte er.

»Sprechen wir von einem Sturzflug, oder geht es nur leicht bergab?«, fragte sie.

Drayton kaute gedankenverloren auf seiner Unterlippe.

»Verstehe.« Theodosia lehnte sich in ihrem Ledersessel zurück und schloss die Augen. Wenn man den Worten der amerikanischen Teevereinigung Glauben schenkte, war die Teeindustrie ein Fünf-Milliarden-Geschäft und erlebte augenblicklich den gleichen Boom wie vorher Kaffee.

Wie Pilze schossen an jeder Ecke Teegeschäfte und Teesalons aus dem Boden. Kaffeegeschäfte erweiterten ihr Sortiment hektisch um Teeprodukte. Und Tee in Flaschen, dem Theodosia persönlich nichts abgewinnen konnte, erfreute sich größter Beliebtheit.

All das war wunderbar, dachte sie. Tee erlebte sein großes Comeback. Und alles, was sie wollte, war ein sicheres kleines Auskommen für sich und ihre Angestellten. Ob das möglich war? Draytons besorgtem Gesicht nach zu urteilen vielleicht nicht.

Theodosia setzte sich auf. »Also, was werden wir tun?«, fragte sie. »So schnell wie möglich die Website starten? Den Kampf an zweiter Front eröffnen?« Sie wusste, dass Drayton auf diese Schlachtfeldterminologie ansprechen würde, mit seinem Fimmel für den Zweiten Weltkrieg.

»Wahrscheinlich hätten wir genau das schon viel früher tun sollen«, sagte Drayton. Aus seinem Blick sprach mehr Bedauern als Vorwurf.

Theodosias manikürte Finger blätterten durch die Karten in ihrem Adressroller. »Ich rufe sofort Jessica bei Todd & Lambeau an. Mal sehen, was wir tun können.« Sie wählte, und während sie auf eine Antwort wartete, holte sie mit einem Griff den Stapel Entwürfe vom Bücherschrank. »Hier. Such dir einen aus.« Sie warf Drayton die Vorlagen hinüber.

»Hallo«, sagte Theodosia. »Jessica Todd, bitte. Hier spricht Theodosia Browning vom Indigo Tea Shop.« Sie hielt mit der Hand die Sprechmuschel zu. »Sie stellt mich durch«, sagte sie.

Drayton nickte.

»Hallo, Jessica? Oh, Entschuldigung, wer? Ach, ihre Assistentin.« Theodosia hörte zu. »Was Sie nicht sagen. Eine

Online-Broker-Firma. Und früher geht es nicht? Nein, eigentlich nicht. Gut, Jessica soll mich anrufen, sobald sie wieder im Büro ist.«

Mit einem gequälten Lächeln legte Theodosia auf. »Also dann Plan B.«

Drayton hob eine Augenbraue, belustigt über das Ausmaß an Energie und ungebrochenem Tatendrang seiner Brötchengeberin. »Und der wäre?«

»Bis dieser ganze Schlamassel beseitigt ist, wird über uns allen eine dunkle Wolke schweben.« Wie um ihren Satz zu unterstreichen, stand Theodosia auf.

»Du hast sicher Recht, aber irgendwie klingt es bei dir ziemlich unheilvoll«, sagte Drayton. »Was ist denn nun dein Plan B?«

Theodosia lächelte ihn strahlend an. »Ich werde auf eine Beerdigung gehen.«

31

Nicht umsonst wurde Charleston auch Holy City, die heilige Stadt, genannt. Einhunderteinundachtzig Kirchtürme, Glockentürme und Kreuze erhoben sich über der ansonsten niedrigen Silhouette der Stadt majestätisch in den Himmel, ein Zeugnis von Charlestons dreihundertjähriger Geschichte ebenso wie von ihrer Toleranz gegenüber religiös Verfolgten.

Die Erste Presbyterianische Kirche war im Jahre 1731 von zwölf schottischen Familien gegründet worden, daher auch der Name Scots Kirk.

In der 1751 erbauten Episkopalkirche Saint Michael's

hatten schon George Washington und der Marquis de Lafayette ihre Andacht verrichtet.

Die Unitarierkirche, 1772 als Unabhängige Kirche gegründet, wurde während des Unabhängigkeitskrieges von der britischen Armee besetzt und fand kurzzeitig als Pferdestall Verwendung.

In eben dieser Unitarierkirche mit ihrem stattlichen gotischen Bau versammelte sich jetzt die Trauergemeinde. Mit gesenkten Köpfen lauschten sie einem Klagelied von Mozart, das von dem hohen Deckengewölbe mit seinem zarten Fächermaßwerk widerhallte, eine genaue Nachbildung aus der Kapelle von Heinrich dem VII. in Westminster Abbey.

Theodosia stand im steinernen Torbogen des Kirchenportals und zitterte. Es war immer noch kalt, nur etwa 10 Grad, und die gewaltige Steinkirche mit ihren dicken Mauern schien im Innern nie warm zu werden. Die bunten Glasfenster, wunderschön und zur Kontemplation verleitend, schirmten die wärmenden Strahlen der Sonne zusätzlich ab.

Bis jetzt waren bereits fast vierzig Trauergäste an ihr vorübergegangen und hatten in der Kirche Platz genommen. Theodosia fragte sich, wer diese Menschen sein mochten. Verwandte? Freunde? Geschäftspartner? Mit Sicherheit nicht die Bewohner von Edgewater Estates!

Theodosia wusste, dass die Observation von Beerdigungen zum Standardprogramm der Polizei gehörte. Bei Mord und auch bei Brandstiftung entwickelten die Täter oftmals eine morbide Schaulust und wurden magisch angezogen von Trauerfeiern und Beerdigungen.

Ob das auch heute der Fall sein würde? Einfach hier herumzustehen, in der Hoffnung, dass ein Verdächtiger aufkreuzte, erschien ihr sehr Sherlock-Holmes-mäßig und altmodisch, ein wenig zu naiv. Leider war es das Beste, was ihr im Augenblick einfiel.

»Na so was! Theodosia!«

Theodosia fuhr herum und blickte in das glatte, faltenfreie Gesicht von Samantha Rabathan. Samantha sah bezaubernd aus. Sie trug ein purpurrotes Kostüm und dazu einen kecken schwarzen Filzhut mit passender purpurner Feder.

»Wie süß du aussiehst in deinem schwarzen Verkäuferinnen-Outfit«, flötete Samantha.

Theodosia hatte in letzter Minute beschlossen, an Hughes Barrons Beerdigung teilzunehmen und deswegen keine Zeit mehr gehabt, sich umzuziehen. Also war sie so wie sie war in ihren Jeep gesprungen, mit schwarzem Rollkragenpullover, langem schwarzem Samtrock und bequemen schwarzen Stiefeletten. Sie vermutete, dass sie neben der eleganten Samantha ein wenig wirkte wie ein Mauerblümchen. Und es war ganz und gar typisch für Samantha, sie darauf hinzuweisen.

»Ich wusste gar nicht, dass du mit Hughes Barron befreundet warst«, sagte Theodosia.

Samantha lächelte betrübt. »Wir haben uns in der Heritage Society kennen gelernt. Er war neu gewähltes Vorstandsmitglied. Ich war …«

»Langjähriges Mitglied«, wollte sie eigentlich sagen, entschied sich dann aber um: »… Vorsitzende der Lamplighter-Tour.«

Theodosia nickte. Das klang logisch. Samantha tat stets, was sich gehörte, was schicklich oder nachbarschaftlich war. Auch wenn sie dabei schlicht auf ihren eigenen Vorteil bedacht war.

Die beiden Frauen betraten die Kirche und blieben am hinteren Ende der vielen Reihen Kirchenbänke stehen.

Samantha stieß Theodosia mit dem Ellbogen an. »Soweit ich weiß«, flüsterte sie, »ist die Frau da vorne in der ersten Reihe Hughes Barrons Cousine.« Sie deutete mit dem Kinn auf den Rücken einer Frau im senffarbenen Mantel. »Lucille Dunn aus North Carolina.«

Die Frau saß mit gesenktem Kopf allein in ihrer Bank. »Ist das die einzige Verwandte?«, fragte Theodosia.

»So weit ich weiß«, flüsterte Samantha und ging weiter den Gang entlang, weil sie jemand anderen gesehen hatte, mit dem sie plaudern wollte.

Theodosia schlüpfte in eine der hinteren Bänke und saß still da, während die Orgel weiter dröhnte. Von ihrem Platz aus konnte sie die Trauergäste in Ruhe unter die Lupe nehmen. Sie sah einige Mitglieder der Heritage Society, den Anwalt Sam Sestero, und einen Mann, der aussah wie eine ältere Kopie von ihm, wahrscheinlich sein Bruder Edward von Sestero & Sestero. Dann war da Lleveret Dante, an Stelle des weißen Anzuges in gedecktes Braun gekleidet. Und Burt Tidwell. Wie zu erwarten war.

Aber kein Timothy Neville. Und kein Tanner Joseph.

Der Gottesdienst war schlicht und auf sonderbare Weise traurig. Ein grauer Metallsarg, in schwarzen Krepp gehüllt, ein Geistlicher, der von Auferstehung und Erlösung sprach, ohne einen Hehl daraus zu machen, dass er Hughes Barron im Leben nie begegnet war.

Melancholie ergriff Besitz von Theodosia, und sie dachte darüber nach, wer wohl zu ihrer Trauerfeier kommen würde, sollte sie ein frühes, unerwartetes Ende ereilen. Tante Libby, Drayton, Haley, Bethany, Samantha, Delaine, Angie und Mark Congdon vom Featherbed House, wahrscheinlich Pater Jonathan und ein paar ihrer früheren Kollegen aus der Werbung.

Und Jory Davis? Würde er sich unter die Trauergäste mischen? Würde er sie in zärtlicher Erinnerung behalten? Sollte sie ihn anrufen und zum Essen einladen?

Theodosia wurde erst aus ihren Gedanken gerissen, als sich die Trauergemeinde zum letzten musikalischen Gruß erhob, einer leicht misstönenden Version von »Amazing Grace«.

Wie es bei Trauergottesdiensten der Brauch war, erhoben sich die Gäste der ersten Reihen zuerst und schritten den Mittelgang entlang, während die anderen in ihren Bänken blieben und weitersangen so gut sie es vermochten. Demzufolge war Theodosia die Letzte, um der einzigen Verwandten, Lucille Dunn, das Beileid auszusprechen.

Sie stand im Hauptschiff der Kirche, eine kleine Frau mit wässrig blauen Augen, blasser Haut und aschblonden Haaren mit ungepflegtem Schnitt. Der Senfton des Mantels schmeichelte ihrer Hautfarbe nicht gerade und trug dazu bei, dass sie noch müder und abgekämpfter wirkte.

»Waren Sie eine Freundin von ihm?«, fragte Lucille Dunn, wobei ihre rot geränderten Augen einen Punkt irgendwo hinter Theodosias rechter Schulter fixierten.

»Ja.« Theodosia brachte einen angemessen schmerzvollen Gesichtsausdruck zu Stande.

»Eine gute Freundin?« Lucille Dunns blasse Augen sahen Theodosia plötzlich scharf an.

Himmel, dachte Theodosia, *welche Richtung nimmt dieses Gespräch?*

»Wir standen uns nahe.« Nahe in der Stunde seines Todes, dachte Theodosia, und dann durchzuckte sie heftiges Schuldgefühl. *Hier stehe ich und lüge der Hinterbliebenen eines Toten ins Gesicht. Und noch dazu am Tag seiner Beerdigung.* Sie warf einen Blick in die dunkle Kirche, als fürchte sie, eine Schar zorniger Engel würde jeden Moment über sie herfallen.

Lucille Dunn streckte ihre kleine Hand aus und nahm die von Theodosia. »Wenn Sie irgendetwas aus seiner Wohnung haben möchten, eine Erinnerung oder ein Andenken, ich versichere Ihnen ...« Die Cousine beendete den Satz mit einer angestrengten Grimasse, und ihr ganzer Körper schien in sich zusammenzusacken. Dann wurde ihr Blick hart. »Angelique möchte nichts davon. Sie hat sich nicht einmal die Mühe gemacht, zur Beerdigung herzufliegen.«

»Angelique?« Theodosia hielt den Atem an.

»Seine Frau. *Verfeindete* Frau. Sie ist in der Provence und tut Gott weiß was.« Lucille Dunn schnäuzte sich. »Herzlos«, flüsterte sie.

In einiger Entfernung stand Lleveret Dante und unterhielt sich mit zwei Grundstücksmaklern, während er die Frau mit den dunklen Locken fest im Blick behielt. Es war dieselbe Frau, die ihm neulich so verdächtig erschienen war, die ihm vor Sam Sesteros Kanzlei aufgelauert hatte. Dieselbe, die er bis zu diesem Teeladen verfolgt hatte. Und jetzt tauchte sie schon wieder auf wie ein Stück Falschgeld. Theodosia Browning.

O ja, er wusste genau, wer sie war. Er unterhielt ein vorzügliches Netz an Spitzeln und Informanten. Sehr vorteilhaft. Vor allem, wenn man den Inhalt eines versiegelten Angebots in Erfahrung bringen musste oder es darum ging, einen Konkurrenten zu unterbieten. Seine Quellen hatten ihm verraten, dass diese Browning an dem Abend, als sein Expartner Hughes Barron starb, auch in dem Garten gewesen war. War das nicht interessant? Stellte sich nur die Frage, weshalb sie so argwöhnisch war. Irgendetwas musste es sein, sonst würde sie nicht herumschnüffeln. Sie und Tidwell, dieser überhebliche Schwachkopf. Zur Hölle mit ihm! Sollten nur versuchen, ihm was anzuhängen. Er wusste, wie der Hase lief. Zum Teufel, in seinen jungen Jahren hatte er wahrhaftig genug Lehrgeld bezahlt.

Der Kies auf dem Parkplatz knirschte, und hinter sich vernahm Theodosia schweres Schnaufen. Tidwell musste gekommen sein, um mit ihr zu reden, und sie war nicht in der Stimmung für einen verbalen Schlagabtausch.

Sie drehte sich um. »Was wollen Sie hier?«, verlangte sie zu wissen. Sie wusste, wie unhöflich sie war, aber es war ihr egal.

»Die Augen aufhalten«, entgegnete Tidwell freundlich. Er zog ein Päckchen Pfefferminzbonbons aus der Jackentasche, nahm eines heraus und steckte die Schachtel wieder zurück, ohne ihr eins anzubieten.

»Sie sollten lieber ein Auge auf *ihn* haben.« Theodosia zeigte mit dem Kinn in Richtung Lleveret Dante. Er hatte sich aus einer Gruppe Menschen gelöst und war gerade dabei, in einen schokoladenbraunen Range Rover zu steigen. Theodosia fiel auf, dass der Geländewagen aufs Lächerlichste mit allen erdenklichen Zubehörteilen ausstaffiert war. Kuhfänger, Nebelscheinwerfer, Dachträger, alles drum und dran.

Tidwell versuchte gar nicht, sein Grinsen zu verbergen. »Auf den haben genug andere ein Auge. Ich kümmere mich eher um die stillen Wasser.«

Still wie Bethany, dachte Theodosia wütend. »Wann hören Sie endlich auf, Bethany zu verdächtigen?«, fragte sie in angriffslustigem Ton. »Je länger Sie sie verfolgen, desto mehr sehen Sie aus wie ein billiger Amateur.«

Burt Tidwell lachte schallend.

»Oh, Theo!«, erklang eine fröhliche Stimme.

Theodosia und Burt Tidwell sahen sich um und entdeckten Samantha, die auf sie zugestöckelt kam.

»Was ist denn, Samantha?«

»Ich wollte bei Tandy und George Bostwick mitfahren, aber sie fahren noch zum Friedhof, und ich muss zurück, weil ich eine Verabredung habe. Könntest du wohl so lieb sein und mich mitnehmen? Nur ein kurzes Stück, lass mich einfach an deinem Laden raus, ja?«, bat sie außer Atem.

»Natürlich, Samantha. Es ist mir ein Vergnügen.« Und ohne Burt Tidwell eines weiteren Blickes zu würdigen, sperrte Theodosia Samantha die Beifahrertür auf, ging um den Wagen herum und stieg ein.

»Was war *das* denn?«, fragte Samantha, während sie sich anschnallte, ihre Tasche auf die Mittelkonsole fallen ließ und einen prüfenden Blick in den Rückspiegel warf.

Theodosia drehte den Zündschlüssel um und startete den Wagen. »Das war Burt Tidwell in seiner Rolle als Rüpel.« Sie schaltete vom ersten in den dritten Gang, und der Jeep sprang vorwärts. »Danke für die Rettung.«

»Nein, du hast mich … oh, Theodosia!«, schrie Samantha entsetzt, als der Jeep über die Bordsteinkante rumpelte, ein paar Olivenbäumen gefährlich nahe kam und dann wieder auf die Straße einscherte. »Reiß dich bitte am Riemen! Ich bin ganz und gar nicht aufgelegt zu einem deiner so genannten Off-Road-Abenteuer!«

32

Theodosia setzte Samantha Ecke Church und Wentworth Street ab. Sie konnte mittlerweile an nichts anderes mehr denken als an Lucille Dunns Worte: »Wenn Sie irgendetwas aus seiner Wohnung haben möchten, eine Erinnerung oder ein Andenken ...« Also ließ Theodosia den Indigo Tea Shop links liegen und fuhr die paar Häuserblöcke weiter bis zu The Battery.

Sie fuhr in einen Parkplatz. Der Wind blies hier noch immer ziemlich heftig, stellte sie fest. Musste mindestens zwanzig Knoten haben. Fahnen knatterten und flatterten im Wind, und am Ufer und in den Gärten waren nur einige wenige unerschrockene Spaziergänger zu sehen, und die hatten ziemlich zu kämpfen.

Draußen in der Bucht herrschte ordentlicher Seegang. Am Himmel jagten ein paar hohe, zerrissene graue Wolken vorbei. Theodosia kniff die Augen zusammen und beschirmte sie vor dem gleißenden Sonnenlicht. Sie entdeckte ein paar Fischerboote, Krabbenkutter wahrscheinlich. Aber nur ein einziges Segelboot. Es war mindestens zwölf Meter lang und lag hart am Wind. Schnell jagte es heran und schoss auf die Lücke zwischen Patriots Point und Fort Sumter zu. Es wäre herrlich, heute segeln zu gehen, über einem die Möwen und der knarrende, quietschende Mast, alle Anstrengungen auf das tosende Meer konzentriert.

»Wenn Sie irgendetwas aus seiner Wohnung haben möchten, eine Erinnerung oder ein Andenken ...«

Schluss, es reicht, dachte Theodosia, als der Gedanke sie wieder ins Hier und Jetzt zurückholte. Lucille Dunn hatte sie für eine gute Freundin von Hughes Barron gehalten.

Daran bestand kein Zweifel. Okay, vielleicht war das gar nicht so schlecht. Es war sozusagen die stillschweigende Erlaubnis, seine Wohnung zu betreten.

Nun ja, »Erlaubnis« war vielleicht etwas weit hergeholt. Aber zumindest hatten Lucille Dunns Worte ihren Entschluss bekräftigt, weiter zu forschen.

Aber welche Wohnung hatte sie gemeint? Hatte Hughes Barron tatsächlich in diesem grässlichen Anwesen der Edgewater Estates gewohnt? Oder war sein Apartment woanders? Sie erinnerte sich vage daran, dass Drayton in irgendeinem Zusammenhang die Isle of Palms erwähnt hatte.

Theodosia ließ sich die Sonne ins Gesicht scheinen, beobachtete, wie die Wellen sich an den Felsen brachen und trommelte mit den Fingern geistesabwesend aufs Armaturenbrett. Es gab nur eine Möglichkeit, es herauszufinden.

Sie kramte in der Mittelkonsole nach ihrem Mobiltelefon, schaltete ein und wählte die Nummer der Auskunft.

»Ich brauche die Nummer von Hughes Barron. Das schreibt sich B-A-R-R-O-N.« Ungeduldig wartete sie, während die Dame am anderen Ende ihre Computerlisten durchging, und betete, dass der Anschluss noch nicht aufgehoben worden war. Aber, siehe da, es gab einen Eintrag, einen einzigen Eintrag, zum Namen Hughes Barron. Die Adresse war Prometheus 617 auf der Isle of Palms. Das musste er sein. Daran bestand kein Zweifel.

Die Grace Memorial Brücke ist ein Stahlgerüst, das sich steil aus den flachen Sümpfen erhebt und den Cooper überspannt. Die Brücke gibt einen einzigartigen Blick auf die Umgebung frei, und die Fahrt darüber ist recht aufregend, so steil geht es auf der einen Seite hinauf und auf der anderen wieder hinunter.

Theodosia überquerte die Brücke und ergötzte sich an der Aussicht, dankbar, dass es für den ein- oder manchmal sogar zweistündigen Stau, der während des Berufsverkehrs an der Tagesordnung war, noch viel zu früh war.

Zwanzig Minuten später war sie auf der Isle of Palms. Die kleine Gemeinde mit fünftausend Einwohnern wuchs in den Sommermonaten oft auf das Dreifache an, wenn Feriengäste die Hotels, Motels, Wohnanlagen und Strandhäuser belegten, darauf erpicht, die Füße in klares Wasser zu tauchen und den mehr als zehn Kilometer langen Sandstrand der Insel zu genießen.

Hurrikan Hugo hatte 1989 auch hier hart zugeschlagen, aber davon war beinahe nichts mehr zu sehen. Die kleinen Strandhäuser aus Holz waren durch größere, stabilere Stelzenbauten ersetzt worden. Wo schäbige Motels und Wochenendhäuser weggespült worden waren, standen jetzt prächtige Ferienanlagen und Luxushotels.

Theodosia hatte keine Schwierigkeiten, Hughes Barrons Apartment zu finden. Es lag direkt neben der Hauptstraße, ein paar hundert Meter hinter einem gemütlich wirkenden viktorianischen Hotel aus grauen Schindeln namens Rosedawn Inn.

Hughes Barrons Wohnung lag direkt am Strand in einer Reihe von vierundzwanzig modernen Ferienwohnungen. Sie waren niedrig und dem Strand zugewandt und erinnerten mehr an Reihenhäuser als an Ferienwohnungen.

Ein Blick auf die Briefkästen verriet ihr die Hausnummern, und über einen hölzernen Steg, der sich durch Büschel von wehendem Dünengras zog, machte sie sich auf die Suche nach Hughes Barrons Wohnung. Hübsch, dachte sie, und ein ganz anderes Niveau als diese schrecklichen Edgewater Estates.

Ob Hughes Barron auch für den Bau dieser Anlage verantwortlich war? Oder hatte er sich hier eingekauft, weil es ihm als Gewinn bringende Investition erschienen war? Vielleicht, dachte Theodosia, war Hughes Barron ja doch schlauer gewesen, als man es ihm zugetraut hatte. Die übertriebene Protzigkeit und der offensichtliche Erfolg von Edgewater Estates bewies doch nur, dass er den Geschmack seiner Käuferschaft kannte.

Die Haustür von Nummer acht war nur angelehnt. Ein wenig nervös betätigte Theodosia den Türklopfer. »Hallo?«, rief sie. »Ist jemand zu Hause?«

Ein Öltank von einer Frau mit gelben Gummihandschuhen erschien an der Tür. Offensichtlich die Putzfrau.

»Sind Se von der Polizei?«, fragte die Frau.

Theodosia bemerkte, dass ihre Stimme genauso tonlos war wie ihre grauen Haare und genauso unscheinbar wie ihr riesiger Kittel.

»Ich arbeite mit der Polizei zusammen«, erwiderte Theodosia und kreuzte bei dieser kleinen Notlüge die Finger hinter dem Rücken.

»Privatdetektivin?«

»Sozusagen«, log Theodosia.

»Hm, hm.« Die Putzfrau schüttelte müde den Kopf. »Ich bin Mrs. Finster. Ich komme zweimal die Woche zum Putzen. Weiß aber nicht, was jetzt wird, wo Mr. Barron tot ist.« Sie ging zurück in die Wohnung und nahm eine Kristallvase mit verfaulten Blumen vom Tisch. »Sie haben schon bisschen was mitgenommen, und ich hab den totalen Saustall«, sagte sie missmutig.

Theodosia nahm an, dass Mrs. Finster mit »sie« die Polizei meinte.

Theodosia folgte der Frau. Die Wohnung war großräumig und modern. Eine niedrige dunkelbraune Ledercouch, ein hübscher Couchtisch aus Holz, an der Wand eine Hightech-Stereoanlage, Topfpflanzen, viele Fenster. Sie beobachtete, wie Mrs. Finster lustlos in der Küche ein paar Sachen hin und her schob.

»Kommen Sie von der Beerdigung?«, fragte Mrs. Finster. Sie ließ die Kappe einer Flasche Putzmittel aufschnappen und gab einen üppigen Spritzer auf die Anrichte.

»Ja.«

»War's schön?«

»Es war sehr würdevoll.«

»Gut.« Mrs. Finster stellte die Flasche ab, zog die Gummihandschuhe aus und rieb sich flüchtig die Augen. »Das hat der Mann verdient. Ich geh zu keinem Gottesdienst mehr. Mein erster Mann war Atheist.«

Theodosia wartete, ob dieser seltsamen Äußerung noch eine nähere Erklärung folgen würde, doch Mrs. Finster schien fertig zu sein.

»Haben Sie lang für Mr. Barron gearbeitet?«, fragte sie.

»Ein Jahr ungefähr«, erwiderte Mrs. Finster. »Für ihn und die Missus.«

Theodosia gelang es kaum, ihr Erstaunen zu verbergen. »Dann hat seine Frau auch hier gelebt?«

Mrs. Finster sah sie streng an.

»Ich frage nur«, erklärte Theodosia schnell, »weil ich gehört habe, seine Frau sei in Europa.«

Mrs. Finster dachte nach und zuckte die Achseln.

»Irgendwer hat mit ihm hier gewohnt. Jedenfalls lagen ständig ihre Sachen hier rum. Ich hab die Lady nie gesehen. Die Menschen sind komisch. Die meisten gehen aus dem Haus, wenn jemand zum Putzen kommt. Is' ihnen wohl peinlich. Dass jemand anderes ihr Klo putzt und ihre Zahnpastakleckse aus dem Waschbecken wischt.«

»Vielleicht«, sagte Theodosia.

»Is auch egal«, fuhr Mrs. Finster fort, »jedenfalls is ihr Kram verschwunden. Ausgezogen, glaube ich.«

»Haben Sie das der Polizei erzählt?«, fragte Theodosia.

»Dass die Dame ausgezogen ist?«

»Ja.«

»Warum?« Mrs. Finster stemmte die Hände auf ihre unglaublichen Hüften. »Das ham die nicht gefragt.«

Die Lebensgefährtin war eine echte Neuigkeit. Auf dem Rückweg nach Charleston grübelte Theodosia über die Bedeutung dieser neuen Wendung nach.

Offensichtlich handelte es sich bei der Frau, die auf der Isle of Palms gewohnt hatte, nicht um die Ehefrau Angelique, denn die steckte irgendwo in der Provence. Trotzdem hatte Hughes Barron mit jemandem zusammengelebt. Jemand, der womöglich beträchtliches Licht in diese Angelegenheit bringen könnte. Oder sogar ein Motiv für diesen Mord gehabt hätte.

Wie sehr war diese geheimnisvolle Frau in Hughes Barrons Geschäfte verstrickt gewesen? Und wo war sie jetzt? War sie heute auch auf der Beerdigung gewesen? Oder versteckte sie sich irgendwo, aus Angst, sie könnte das nächste Opfer sein?

33

Im Hintergrund spielte leise Musik, und Bethany und Haley standen kichernd über den Tresen gelehnt. Am großen Tisch in der Ecke saß Drayton mit drei Gästen und hielt eine Teeverkostung ab. Aus irgendwelchen Gründen hatten die Frauen darauf bestanden, ausschließlich indische Teesorten zu kosten, und so hatte Drayton Kannen mit Kamal Terai, Okayti Darjeeling und Chamraj Nilgiri aufgebrüht.

Theodosia saß an einem kleinen Tisch am Fenster und ließ sich die Ereignisse des Tages noch einmal durch den Kopf gehen. Vom Nebentisch tönte Teejargon an ihr Ohr, Ausdrücke wie »biscuity«, was gefeuerten Tee bezeichnete, und »soft«, was hieß, dass ein Tee absichtlich zu leicht fermentiert worden war.

Indischer Tee war ja schön und gut, aber heute brauchte Theodosia eine besondere Stärkung. Sie entschied sich für eine Kanne chinesischen Pai Mu Tan, einen seltenen weißen Tee aus Südchina, der auch unter dem Namen White Peony bekannt war. Dieser Tee mit seinem milden Aroma und dem sanften Geschmack besaß angeblich auch eine verdauungsfördernde Wirkung. Theodosia war der Meinung, ihrem Verdauungssystem könne nach der Achterbahnfahrt der vergangenen Woche und den überraschenden Neuigkeiten des heutigen Tages ein wenig Beruhigung nicht schaden.

»Bethany?«, rief Theodosia von ihrem Platz aus leise zum Tresen hinüber.

Zaghaft lächelnd trat Bethany an ihren Tisch.

»Setz dich einen Augenblick zu mir.«

Bethanys Lächeln verschwand. »Bin ich gefeuert? Ich bin doch nicht gefeuert, oder?« Sie drehte den Kopf und sah zu Haley hinüber. »Ich weiß, es hat ausgesehen, als würden wir uns da drüben einen schönen Lenz machen, aber wir ...«

»Bethany, du bist nicht gefeuert. Bitte, versuch mal zu entspannen!« Theodosia lächelte aufmunternd, um Bethany zu zeigen, dass es ihr ernst war.

»Tut mir Leid.« Bethany blickte zu Boden. »Du hältst mich bestimmt für eine paranoide Gans.«

Theodosia schenkte Bethany eine Tasse Tee ein. »Nein, ich denke, du bist von der Heritage Society unfair behandelt worden, und das hat dich tief getroffen. Diese Erfahrung hat dein Selbstbewusstsein mehr als nur ein bisschen angekratzt.«

»Du hast Recht«, gab Bethany zu. »Das ist wirklich so.«

»Eigentlich wollte ich dich etwas fragen«, sagte Theodosia. »Und ich will nicht, dass du in dieser Frage etwas anderes siehst als eine einfache, geradlinige Frage, okay?«

»Okay«, sagte Bethany und wirkte schon wieder nervös.

Theodosia beugte sich vor. »Bethany, es gab doch einen Streit zwischen dir und Hughes Barron. Stimmt das?«

»Ich habe ihm auf einer Sitzung der Heritage Society widersprochen, aber Streit würde ich das nicht nennen. Wirklich. Du kannst Drayton fragen.«

»Ich glaube dir«, sagte Theodosia. »Und später, nach der gleichen Sitzung, in der Timothy Neville Hughes Barron so beleidigte ...«

»Das kann man wohl sagen!«, fiel Bethany ihr ins Wort.

»Da hast du noch mal mit Hughes Barron gesprochen. *Nach* der Sitzung?«

»Das ... das stimmt. Um die Wahrheit zu sagen, er tat

mir irgendwie Leid. Er war ein neues Mitglied, das eine beträchtliche Spende geleistet hatte und dann so schlecht behandelt worden war. Ich weiß, dass es nicht meine Aufgabe war, als Neuling, aber ich habe mich trotzdem bei ihm entschuldigt. Ich wollte nicht, dass er glaubt, wir wären alles Verrückte. Schließlich war es nicht er, der ausgerastet ist, sondern Timothy Neville.«

»Bethany, ich muss dir diese Frage stellen. Warst du ... hast du jemals außerhalb der Heritage Society irgendetwas mit Hughes Barron zu tun gehabt?«

Der betroffene Gesichtsausdruck von Bethany genügte Theodosia als Antwort.

»Ich habe niemals mit ihm allein gesprochen außer diesem einen Mal nach der Sitzung. Das war das einzige Mal. Am Abend der Lamplighter-Tour habe ich ihn nicht bedient. Haley war an seinem Tisch. Ich habe ihn nur ...« Ihre Stimme versagte.

Theodosia nickte und lehnte sich zurück. Selbst in ihren wildesten Träumen hätte sie nie geglaubt, dass Bethany die geheimnisvolle Freundin von Hughes Barron war. Aber fragen musste sie trotzdem. Und wenn Bethany wirklich nach der Sitzung mit Hughes Barron geredet und sich bei ihm entschuldigt hatte, wie sie sagte, dann hatte Timothy Neville das vielleicht zufällig mitgehört und war deswegen wütend geworden. Das würde auch erklären, weshalb ihr Vermittlungsversuch gescheitert war. *Rausgeworfen wegen einer freundlichen Geste,* dachte Theodosia. *Wohin ist es in dieser Welt nur gekommen?*

Scheu lächelte Bethany Theodosia an. »Haley und ich haben gerade an einer neuen Idee gearbeitet.«

»Was denn, Bethany?« Mein Gott, das Mädchen hatte so entsetzt gewirkt. Wie hatte sie auch nur im Ansatz glauben können, Bethany hätte ein Verhältnis mit Hughes Barron gehabt?

»Auf der Ausstellung neulich abends bin ich einer Freundin über den Weg gelaufen. Wir haben uns ein bisschen unterhalten, und ich habe ihr erzählt, dass ich hier arbeite. Egal, jedenfalls hat sie heute Vormittag angerufen und gefragt, ob wir eine Teddybärparty organisieren könnten. Zum achten Geburtstag ihrer Tochter.«

Theodosia dachte über die Anfrage nach. Sie hatten noch nie einen Kindergeburtstag organisiert.

»Ich habe gesagt, wir könnten.« Bethany hielt inne. »Können wir?«

Theodosia lächelte über Bethanys Eifer. »Ich glaube schon. Hast du schon mit Drayton gesprochen? Er ist unser Majordomus in Sachen Partyservice.«

»Habe ich, und er hat gesagt, ich sollte einen Menüvorschlag ausarbeiten, dazu ein paar Spielideen und meiner Freundin dann ein Angebot unterbreiten.«

»Bethany! Ich finde, das ist eine sehr gute Idee.«

»Wirklich?«

»Und daran habt ihr beide vorhin gearbeitet, Haley und du?«

»Ja. Wir haben schon drei Seiten mit Notizen.«

»Gut.« Theodosia lächelte.

Die Glocke über der Tür läutete fröhlich.

»Zwei zum Tee?«, fragte Tanner Joseph. Er stand im Eingang und lächelte den beiden Frauen an dem kleinen Tisch zu.

Bethany stand linkisch auf. »Hallo, Mr. Jo … Tanner. Darf ich Ihnen eine Tasse Tee … Oh, Entschuldigung.« Sie hatte den Stapel Zeichnungen unter seinem Arm entdeckt. »Sie sind geschäftlich hier. Die Etiketten.« Sie stürmte plötzlich davon und überließ Theodosia den belustigten Tanner Joseph.

»Ein wunderbares Mädchen«, sagte er und setzte sich.

»Finden wir auch«, stimmte Theodosia ihm zu. Sie war entschlossen, ruhig zu bleiben und sich einfach seine Entwürfe anzusehen, ohne sich etwas anmerken zu lassen.

Tanner legte einen Stapel Entwürfe auf den Tisch. »Tee-Etiketten, wie versprochen. Allerdings muss ich gestehen, dass ich schon etwas über das Skizzenstadium hinausgegangen bin.«

»Was immer Sie getan haben, es ist jedenfalls blitzschnell gegangen«, sagte Theodosia.

»Ich habe mich sozusagen mit Haut und Haaren reingestürzt.« Er schenkte ihr ein breites Grinsen.

Heute trug Tanner Joseph eine dunkelgrüne Hose und einen grünen Pullover im Militär-Look mit Schulterklappen. Er sah sehr forsch aus, ganz die Öko-Truppe. Obwohl Theodosia den leisen Verdacht hegte, dass er sein gutes Aussehen bei jeder Gelegenheit zu seinem Vorteil in Szene setzte, war ihr vollkommen klar, weshalb Bethany einverstanden gewesen war, mit ihm auszugehen. Er war zweifellos ein gut aussehender junger Mann.

»Dann wollen wir mal einen Blick darauf werfen«, sagte Theodosia. Für die nächsten Minuten verbannte sie alle Gedanken an giftige Frösche und konzentrierte sich auf die vier Illustrationen, die Tanner Joseph mitgebracht hatte.

Sie waren gut. Besser, um genau zu sein, als Theodosia je zu hoffen gewagt hatte. Die in Schwarzweiß gehaltenen Zeichnungen waren voller Lebendigkeit und Kraft. Es waren nicht einfach Entwürfe, es war vollendete Kunst. Theodosia wusste, wenn sie Tanner Joseph grünes Licht gab, dann musste nur noch ein wenig Farbe hinzugefügt werden.

»Sie sind wundervoll«, sagte sie. Besonders der lockere Pinselstrich hatte es ihr angetan und die kalligrafischen Elemente, die er integriert hatte.

»Ich habe versucht, ein wenig Zen-Stimmung mit ins Spiel zu bringen«, erklärte Tanner, »und dabei trotzdem den Geschmack der Gewürze zu transportieren.«

»Drayton.« Theodosia hob ihre Stimme nur um eine Nuance.

Drayton sah zu ihr hinüber und hob den Zeigefinger. Seine Teegruppe unterhielt sich lebhaft, und es sah so aus, als könne er sich einen kurzen Moment entfernen.

»Wie lange brauchen Sie für das Kolorieren?«, fragte Theodosia.

»Nicht lange. Ein paar Stunden vielleicht«, erwiderte Tanner. »Oh, hallo.« Er lächelte zu Drayton hinauf. »Ich nehme an, Sie sind der Herr, der diese Mischungen kreiert hat?«

Er streckte die Hand aus, und Drayton schüttelte sie, während er seine Augen schon über die Entwürfe schweifen ließ.

»Das gefällt mir«, verkündete Drayton. »So was habe ich noch nie gesehen. Die meisten Tee-Etiketten sind mit Blümchen verziert, mit Wappen oder Segelschiffen oder Zeichnungen von Teepflanzen. Die hier sind wie …« Drayton suchte nach den richtigen Worten. »Wie die Stempeldrucke, die ich einmal auf einer Einkaufsreise in Kyoto gesehen habe.«

Tanner Joseph lächelte. »Ich gebe zu, dass ich japanische Drucke im Hinterkopf hatte. Und indische Handzeichnungen.«

Drayton strahlte. »Jetzt ist die Sache vollkommen, nicht wahr?«

»Würde ich auch sagen«, stimmte Theodosia ihm zu.

»Wann können wir sie in Druck geben?«, fragte Drayton.

Theodosia und Tanner sahen sich an.

»Tanner sagt, er braucht nur ein paar Stunden, um die Entwürfe zu kolorieren.«

Drayton überschlug mit halb geschlossenen Augen den zeitlichen Rahmen. »Der Drucker braucht mindestens eine Woche, um die selbstklebenden Etiketten herzustellen. Theodosia, hast du die Dosen schon bestellt?«

»Ja.«

»Gold oder Silber?«

»Gold.«

»Dann noch zwei Tage, um die Dosen zu bekleben und den Tee abzufüllen«, sagte Drayton. »Also alles in allem noch ungefähr sieben oder acht Arbeitstage.«

»Stimmt«, sagte Theodosia.

Drayton lächelte Tanner Joseph an. »Ich finde, Sie haben großartige Arbeit geleistet, junger Mann. Meinen Segen haben Sie jedenfalls.«

Tanner senkte geschmeichelt den Kopf. »Super.« Er lächelte Theodosia an. »Es war das reinste Vergnügen.«

Die Türglocke klingelte, und eine größere Gruppe Kunden betrat den Laden. Vier von ihnen setzten sich sofort an einen Tisch, und zwei bewunderten mit vielen Ohs und Ahs die ausgestellten Russell-Hobbs-Teekessel. Im selben Augenblick klingelte es gleichzeitig auf beiden Leitungen.

»Scheint, als hätten Sie zu tun.« Tanner sammelte seine Entwürfe wieder ein. »Ich glaube, ich verschwinde besser und überlasse Sie Ihren Geschäften.«

»Theodosia?«, rief Haley vom Tresen zu ihr herüber.

»Telefon. Eine Mrs. Finster. Sagt, Ihr hättet heute Vormittag miteinander gesprochen. Hat irgendetwas mit Hughes Barron zu tun.«

Bei der Erwähnung dieses Namens kräuselte Tanner Joseph die Lippen und sah Theodosia fest an. »Der berühmte Immobilienhändler«, spie er heraus. »Es war mir nicht bewusst, dass Sie mit Hughes Barron befreundet waren.«

»Waren wir auch nicht«, entgegnete Theodosia, »*Sie* hegen jedenfalls ganz offensichtlich eine heftige Abneigung gegen den Mann. Oder gegen die Erinnerung an ihn, nachdem er selbst inzwischen verstorben ist.«

»Hughes Barron war ein Betrüger und ein Umweltschänder«, verkündete Tanner leidenschaftlich. »Ich bin überglücklich, dass er sein wohlverdientes Ende gefunden hat.«

»Verstehe«, sagte Theodosia, und ein kalter Schauer überkam sie. Die nette, begeisterte Besprechung von eben schien im Handumdrehen in einen hässlichen Streit über Hughes Barron entgleist zu sein.

»Entschuldigen Sie mich.« Theodosia erhob sich und ging hinüber, um das Gespräch entgegenzunehmen.

Was für eine außergewöhnliche Frau, dachte Tanner Joseph, während er leise den Indigo Tea Shop verließ. Selbstsicher, weltgewandt, so energiegeladen. Seit dem Augenblick, als sie in sein Büro spaziert war, hatte er alles in Erfahrung bringen wollen, was es über Theodosia Browning zu wissen gab. Wo war sie aufgewachsen? Was hatte sie studiert? Welchen Typ Mann fand sie attraktiv?

Der einfachste Zugang zu einem verlässlichen Dossier über einen Menschen waren seiner Meinung nach dessen Freunde und Bekannte. Also hatte er Bethany, ihre Angestellte, neulich abends auf die Vernissage eingeladen. Von den beiden Frauen im Teeladen war sie ihm als die Bedürftigere erschienen, erpicht darauf zu reden. Er hatte dem Mädchen schöne Augen gemacht, ihr unauffällig ein paar Fragen gestellt, Interesse an ihren Problemen und ihrer Arbeit geheuchelt. Es war so einfach gewesen.

Tanner Joseph warf einen letzten Blick auf die Ziegelfassade des Indigo Tea Shop und lächelte innerlich. Was für ein amüsanter Zufall, dass Hughes Barron ausgerechnet auf dem Gartenempfang der Lamplighter-Tour verschieden war, mit einer Tasse Darjeeling in seiner raffgierigen Hand. Und jetzt entwarf er, Tanner Joseph, eine Serie Tee-Etiketten. Diese kleinen ironischen Spitzen waren es, die das Leben so schön machten.

Ja, er würde Theodosia, dieses außergewöhnliche Geschöpf, im Auge behalten. Sie war wie ein wundervoller, seltener tropischer Vogel. Man konnte nicht einfach daherkommen und ihn packen. Man musste ihn locken, umschmeicheln, bezaubern, in Sicherheit wiegen. Nur dann konnte man hoffen, ihn zu besitzen.

34

»Hallo, Mrs. Finster.« Theodosia bebte innerlich vor Ärger über die Unterhaltung mit Tanner Joseph.

»Miss Browning«, sagte Mrs. Finster mit ihrer monotonen Stimme, »Sie haben gesagt, ich soll Sie anrufen, wenn mir irgendwas einfällt wegen der Frau, die mit Mr. Barron zusammengelebt hat.«

»Ja.« Theodosias Stimme war kaum mehr als ein Flüstern, so wütend war sie.

»Ist mir aber nicht«, sagte Mrs. Finster.

»Aber warum ...«

»Weil nach Ihnen noch jemand da war und Fragen gestellt hat.«

»Tidwell«, sagte Theodosia.

»Genau.« Mrs. Finster klang ziemlich verärgert. »Und er hat mir seine Marke gezeigt. Er hatte 'ne *Berechtigung.*«

Theodosia sagte kein Wort, aber offensichtlich nahm Mrs. Finster ihr die List nicht allzu übel, denn nach einem kurzen Augenblick sprach sie weiter.

»Dieser Typ, dieser Tidwell, hat sich benommen wie ein Elefant im Porzellanladen«, sagte sie. »Sie waren wenigstens höflich. Sie hatten Mitgefühl für Mr. Barron.«

»Hat er Ihnen viele Fragen gestellt?«, wollte Theodosia wissen.

»Ein paar. Wollte wissen, ob die Frau, die bei Mr. Barron gewohnt hat, sehr viel *jünger* war.«

»Danke, Mrs. Finster«, sagte Theodosia. »Es ist wirklich sehr nett von Ihnen, dass Sie mich angerufen haben.«

Theodosia legte auf und sah zur Tür. Drayton begleitete die Damenrunde hinaus und winkte ihnen zum Abschied. Theodosia versuchte, die aufsteigende Unruhe zu unterdrücken. Sie wusste, dass sich Draytons Verabschiedungen in die Länge zogen.

Als er gute fünf Minuten später endlich zu ihr an den Tresen trat, bat sie ihn zu sich ins Büro.

»Drayton.« Sie schloss leise die Tür. »Ich fürchte, ich habe einen schrecklichen Fehler gemacht.«

»Was ist denn los?«, fragte er beunruhigt.

»Es geht um Tanner Joseph.«

Auf seinem Gesicht hatte sich ihre eigene Angst gespiegelt, doch jetzt entspannte er sich. »Ach so! Nein, die Etiketten sind einfach perfekt«, sagte er beruhigend. »Zugegeben, sie sprengen ein ganz klein wenig den Rahmen des Üblichen, aber das macht sie doch gerade so besonders. Sie sind …« Drayton brach mitten im Satz ab und sah Theodosia an. Erstaunlich, ihre Unterlippe hatte gerade gezuckt, und ihre Augen glänzten verdächtig. War sie tatsächlich kurz davor, in Tränen auszubrechen? Er konnte sich nicht erinnern, Theodosia je so fassungslos gesehen zu haben. Sie war doch immer so stark, so couragiert.

»Du hast gar nicht von den Etiketten gesprochen, hab ich Recht?«, fragte Drayton.

Theodosia schürzte die Lippen und schüttelte den Kopf. »Nein«, sagte sie heiser. Jetzt hatte sie ihre Gefühle wieder im Griff.

Drayton zog ihren Schreibtischstuhl heraus. »Bitte, setz dich.«

Sie gehorchte. Er setzte sich auf die Tischkante und sah sie an.

»Und jetzt erzähl mir, was los ist«, sagte er leise.

Mit sorgenvollem Blick sah sie zu ihm auf.

»Drayton, Tanner Joseph verschweigt irgendetwas. Sobald der Name Hughes Barron fällt, bekommt er diesen harten, berechnenden Gesichtsausdruck.«

Drayton sah sie einen Augenblick lang an und strich sich über das Kinn. »Ich dachte, dein Verdacht richtet sich auf Timothy Neville. Oder auf Hughes Barrons widerlichen Partner. Wie hieß er doch gleich?«

»Lleveret Dante. Ja, das stimmt auch«, sagte Theodosia. »Aber das war, ehe Tanner Joseph so verdächtig reagiert hat.«

»Verdächtig wie ein Mörder?«

»Ich bin mir nicht sicher«, antwortete Theodosia. »Meine Hauptsorge gilt im Augenblick Bethany.«

»Sie ist mit ihm ausgegangen!« Drayton schien plötzlich verstanden zu haben, was Theodosia solche Sorge bereitete.

»Genau.«

»Dann sollten wir mit ihr sprechen«, drängte Drayton. »Und rausfinden, ob wirklich Anlass zur Sorge besteht.« Er erhob sich vom Schreibtisch, eilte zur Tür und öffnete sie. »Bethany«, rief er hinaus.

Haley tauchte im Türrahmen auf. »Wir haben soeben zwei von diesen Hobbs-Kesseln verkauft! Ist das nicht irre? Zwei Stück!«, verkündete sie stolz. »Einen aus Edelstahl und einen aus der Millennium-Serie.« Beim Anblick der finsteren Gesichter von Theodosia und Drayton hielt sie inne. »Was ist denn los?«

»Der Teufel«, sagte Drayton heftig.

»Himmel noch eins, Drayton, geht's auch ein bisschen freundlicher?« Sie strahlte Theodosia an. »Also, ich will's nicht beschwören, aber ich glaube, das Geschäft erholt sich langsam.«

»Wir raufen uns auch nicht wegen der Zahlen die Haare«, sagte Theodosia. »Es geht um Bethany. Und um Tanner Joseph.«

»Oh«, sagte Haley. Sie runzelte verständnislos die Stirn und sah die beiden abwartend an.

»Theodosia glaubt, mit Tanner Joseph stimmt ein klein bisschen was nicht«, sagte Drayton.

»Mehr als nur ein kleines bisschen, Drayton«, unterbrach Theodosia ihn.

»Um genau zu sein«, fuhr Drayton fort, »in Bezug auf sein Verhältnis zum verstorbenen Mr. Barron.«

Haley fiel ihm ins Wort. »Ich glaube, Bethany mag diesen Tanner wirklich sehr gerne.«

»Wie spät ist es?«, fragte Theodosia.

Drayton sah auf die Uhr. »Kurz vor ... nein, genau halb fünf.«

»Lasst uns zumachen für heute«, schlug Theodosia vor. »Haley, würdest du bitte vorne abschließen? Und schick Bethany nach hinten.«

Haley sah von einem zum anderen. Ihr war klar, dass etwas passiert sein musste. »Natürlich.«

Bethany hatte ihre Notizen mit den Ideen zu der Teddybärparty zusammengesucht, bereit, ihre, wie sie fand, lustigen und innovativen Vorschläge zu präsentieren. Doch in dem Augenblick, als sie den Fuß in Theodosias Büro setzte, wusste sie, dass sie ein ernstes Gespräch vor sich hatte.

»Bethany, wir möchten dir ein paar Fragen stellen«, sagte Theodosia.

»Okay.« Unbehaglich trat Bethany von einem Fuß auf den anderen.

»Willst du dich nicht lieber setzen?«, fragte Theodosia.

»Nein danke.« Bethany reckte das Kinn und machte sich bereit für das, was sie erwartete, was immer es auch sein mochte.

Theodosia zögerte. Sie versuchte, einen Anfang zu finden. Schließlich preschte sie geradewegs vor. »Als du neulich mit Tanner Joseph aus warst, wollte er da Einzelheiten über den Tod von Hughes Barron wissen?«

»Eigentlich nicht«, sagte Bethany zögernd. »Ich meine, Tanner wusste ja schon, dass Hughes Barron gestorben ist. Wir haben das Thema zwar kurz gestreift, aber ich glaube, er hat gemerkt, wie unangenehm es mir war, darüber zu sprechen.«

Bethany suchte Theodosias Blick und sah sie flehentlich an. *Schau doch,* sagte ihr Blick, *das hier ist mir auch unangenehm. Ich mache diese schreckliche Nacht ständig aufs Neue durch.*

»Hat Tanner Joseph dich ausgehorcht?«, wollte Drayton wissen.

Bethany runzelte die Stirn. »Nein. Zumindest habe ich nichts davon gemerkt. Wir haben uns einfach nur unterhalten.« Sie sah die beiden unglücklich an. »Was ist denn eigentlich los?«

»Wir glauben, Tanner Joseph hatte ein reichlich unnatürliches Interesse an Hughes Barrons Tod«, sagte Theodosia.

»Theodosia!«, schoss Bethany zurück. »Ich glaube, *du* hast mehr als nur ein flüchtiges Interesse an Hughes Barrons Tod!«

»Erzähl Drayton von den Fröschen, Bethany.«

Jetzt war Bethany wirklich verwirrt. »Welche Frösche?«

»Du weißt schon, die Frösche aus dem Regenwald«, half Theodosia ihr auf die Sprünge.

»O Gott!«, sagte Drayton.

»Tanner Joseph hat lediglich von seiner Arbeit im Regenwald am Amazonas erzählt. Von seiner Beobachtung des Ökosystems oben in den Wipfeln.«

»Und er hat dir von den Giftfröschen erzählt, Bethany. Frösche, die Toxine absondern. Tanner Joseph weiß alles über Toxine«, sagte Theodosia bestimmt.

Plötzlich stand Haley wieder in der Tür, darauf erpicht, alles mitzubekommen. Jedes Mal, wenn Theodosia das Wort *Gift* oder *Toxin* ausspie, zuckte sie zusammen. »Am Amazonas gibt es bestimmt zig Pflanzen und Tiere, die giftig sind«, entgegnete Bethany. »Na und? Allein der Gedanke, Tanner Joseph könnte etwas mit dem Tod von Hughes Barron zu tun haben, ist schrecklich unfair!«

»Nein, Bethany«, sagte Theodosia. »Unfair ist, dass Burt Tidwell glaubt, *du* hättest Hughes Barron ermordet.«

Tränen liefen über Bethanys Gesicht, und Haley ging schnell zu ihr und nahm sie in den Arm.

»Schon gut, schon gut«, versuchte Haley ihre Freundin zu trösten. »Nicht weinen«, sagte sie sanft. Sie warf Theodosia einen bösen Blick zu. »Das ist wirklich unnötig!« Ihre Stimme war schrill und aggressiv.

Drayton war weiß wie die Wand. »Bitte!«, rief er. »Ich kann nicht ertragen, dass wir uns gegenseitig zerfleischen. Diese schreckliche Geschichte reißt uns noch völlig auseinander!« Er hielt die Arme ausgestreckt, als wollte er sie mit dieser Geste zur Ruhe bringen.

»Drayton hat Recht«, sagte Theodosia schließlich. »Es tut mir fürchterlich Leid, Bethany. Ich wollte dich wirklich nicht so aufregen.« Sie stand auf und ging um ihren Schreibtisch herum. Sie nahm Bethanys tränennasses Gesicht in ihre Hände und sah ihr eindringlich in die Augen. »Bitte glaube mir, Bethany. Ich wollte es wirklich nicht so weit treiben!«

Bethany rannen immer noch die Tränen übers Gesicht, und sie schluchzte leise. Haley streichelte ihr über den Rücken und murmelte: »Ist ja gut, ist ja gut.« Drayton rang angesichts dieser Zurschaustellung weiblicher Verzweiflung hilflos die Hände.

Schließlich konnte Bethany den Tränenfluss eindämmen und putzte sich die Nase. Sie atmete tief ein und reckte den Kopf. »Ich bin ja nicht wütend darüber, dass ihr glaubt, Tanner Joseph könnte ein Mörder sein«, sagte sie schließlich.

Die drei starrten sie verblüfft an.

»Nicht?«, fragte Theodosia.

Bethany sah Theodosia an. »Ich bin wütend, weil er so viel über dich wissen wollte!«

35

Während in einem großen Topf mit kochendem Wasser die Spaghetti tanzten, erhitzte Theodosia in einer Pfanne Butter und Olivenöl.

»Wie weit bist du mit dem Speck, Drayton?«, fragte sie.

Drayton stand über das Schneidebrett gebeugt, ein Messer in der Hand, und schnitt den Bauchspeck in kleine Würfel.

»Fertig.« Er trat zurück. »Soll ich sie schon in die Pfanne geben?«

Theodosia warf einen Blick auf die Küchenuhr. Das Timing schien aufzugehen. »Ja.«

Durch den Türbogen konnten sie hören, dass Haley und Bethany sich leise unterhielten, während sie den Tisch deckten. Alle hatten Theodosias Vorschlag, sie sollten zu ihr hinauf zum Abendessen kommen, dankbar angenommen, und die Stimmung war seitdem entschieden ruhiger und harmonischer.

Theodosia entkorkte eine Flasche Vouvray und maß etwas davon ab.

Drayton warf einen Blick auf das Etikett. »Den nimmst du zum *Kochen*? Das ist ein richtig guter Wein!«

Theodosia hörte kurz auf zu rühren und nahm zwei Weingläser vom Regal über sich. Sie schenkte sich und

Drayton je ein halbes Glas ein. »Genau darum geht es ja«, sagte sie.

»Zum Wohl.« Drayton prostete ihr zu und nahm einen genießerischen Schluck. »Köstlich. Ich liebe diesen trockenen Abgang.«

Theodosia gab den Weißwein in die Pfanne und sah zu, wie er zischend verdampfte.

»Und jetzt die Hitze reduzieren?«, fragte Drayton.

Theodosia nickte und rührte weiter in der Pfanne, wo sich ein verlockendes Aroma zu entwickeln begann.

»Und du nimmst wirklich Eier statt Sahne?«

Sie nickte. »Eigelb.«

»Ich glaube, diese Spaghetti Carbonara werden himmlisch«, sagte Drayton. »Auch wenn es sich nicht gerade um die cholesterinarme Variante handelt.«

»Und genau da kommt der Weißwein zum Zuge«, erklärte Theodosia. »Soll angeblich neutralisierend wirken. Hoffe ich zumindest.«

»Wie das französische Paradox, meinst du«, erwiderte Drayton. Er meinte die Ernährungsweise in Frankreich, in der Brot, fetter Käse, Eier, Sahne und viel Schokolade eine große Rolle spielen. Und trotzdem ist die Herzinfarktrate in Frankreich wegen des täglichen Weinkonsums extrem niedrig.

»Mein Gott!«, rief Haley beim ersten Bissen aus. »Das ist unglaublich!«

»Schon erstaunlich, was ein wenig Käse, Butter, Olivenöl, Speck und Eigelb ausmachen können, um nackte Nudeln genießbar zu machen«, sagte Drayton und reichte Haley eine Stange knuspriges Weißbrot über den Tisch.

»Was ist da drin?«, fragte Bethany. »Ups! Jetzt muss ich mich eine Woche lang von Salat und Wasser ernähren.«

»Zwei Wochen«, sagte Theodosia.

»Das ist es doch wohl wert, oder?« Drayton grinste.

Sie saßen zu viert um Theodosias Esstisch herum. Der Streit von vorhin war vergessen. Zur Feier des Tages aßen sie von Theodosias gutem Porzellan, dem Picard, und in der Mitte des Tisches brannten hohe, pinkfarbene Kerzen. In der Balkontür spiegelte sich das Kaminfeuer, und aus dem CD-Spieler ertönte leichter Jazz. Earl Grey lag unter dem Tisch und schnarchte leise. Es war schwer vorstellbar, dass noch vor einer Stunde Misstrauen und Wut zwischen den vieren geherrscht hatte.

»Hierfür die Abendschule sausen zu lassen hat sich wirklich gelohnt«, sagte Haley, während sie die sahnigen Nudeln um ihre Gabel wickelte und einen letzten Bissen zu sich nahm.

»Welches Fach wäre denn dran gewesen?«, fragte Bethany. Der Schein der Kerzen tanzte auf ihren Wangen, und es war ihr nicht anzusehen, dass sie sich vor kurzem die Seele aus dem Leib geweint hatte.

»Abnorme Psychologie«, sagte Haley.

Es herrschte Schweigen am Tisch, dann ergriff Theodosia das Wort. »Ich wusste gar nicht, dass du Psychologie belegt hast, Haley.«

Haley nickte eifrig. »Schon zum zweiten Mal.«

»Ich war der Meinung, dein Hauptfach wäre Kommunikationswissenschaft«, hakte Drayton nach.

»Ich hab's mir anders überlegt.«

»Ich würde gerne einen Toast aussprechen«, sagte Bethany. Sie erhob ihr Glas, und die anderen drei taten es ihr gleich.

»Auf die Freundschaft«, sagte sie.

»Auf die Freundschaft«, sprachen die anderen im Chor.

»Und auf Rätsel und deren Lösungen«, fügte Haley hinzu.

Die anderen sahen sie stumm an, unsicher, wie ernst sie es meinte.

»He, jetzt kommt schon«, sagte Haley. »Wir haben die Büchse der Pandora geöffnet. Zumindest Theodosia hat den Deckel gelüpft und einen Blick hineingeworfen. Es bleibt uns nichts anderes übrig, jetzt müssen wir durch.«

»Haley hat Recht«, sagte Drayton. »Es ist Zeit, dass wir alles mal vor uns ausbreiten.«

»Du meinst, alles, was wir über die Verdächtigen wissen?«, fragte Theodosia.

»Ja. Wenn du uns an den Informationen, die du gesammelt hast, teilhaben lässt«, sagte er, »dann können wir unsere Sicht der Dinge beisteuern, und vielleicht kommt etwas dabei heraus.«

»Das ist eine tolle Idee«, sagte Haley. »So eine Art Rätseldinner.«

»Oder Rätseltee«, ergriff Bethany das Wort. »Wäre das nicht ein tolles Angebot? Wenn man Hochzeitstees, Teddybärpartys und Teegesellschaften zum Valentinstag veranstaltet, wieso dann nicht auch Rätseltees?«

Theodosia musste kichern. Inmitten eines ernsten Gesprächs war Bethany eine wunderbare Marketingidee gekommen. Thementees. Wieso auch nicht? Wieso keine Rätseltees oder Krimitees oder Literaturtees oder Kammermusiktees? Solche Veranstaltungen – ob unten in der Teestube, in örtlichen Pensionen oder bei den Gastgebern zu Hause – würden ein ganz neues Geschäftsfeld eröffnen.

»Ich finde deine Idee ganz wunderbar, Bethany«, sagte Theodosia. »Und ich übertrage dir mit Freuden das Amt der Marketingleitung!«

»O nein! Wenn diese ganze Sache vorbei ist, kehre ich zurück in die Welt der Museen. Dort geht es entschieden ruhiger zu als in einem Teesalon!«

»Und entschieden sicherer, da wette ich!«, sagte Haley. »Aber jetzt wollen wir wissen, was du über Hughes Barron herausgefunden hast, Theodosia. Bitte erzähl uns auch von deinem Verdacht gegen Timothy Neville und Tanner Joseph. Und wie hieß dieser seltsame Partner gleich wieder?«

»Lleveret Dante«, sagte Drayton, wobei er jede einzelne Silbe sorgsam betonte. »Wer möchte eine Tasse chinesischen Hao Ya?«

Alle nickten, und Drayton verschwand in der Küche. Er gab vier Teelöffel des schwarzen chinesischen Tees in eine Teekanne, goss mit heißem Wasser auf und kehrte zurück an den Tisch.

Theodosia beugte sich vor und erzählte auf ihre ruhige Art von ihren Verdächtigungen und von all den Entdeckungen, die sie in den vergangenen Tagen gemacht hatte. Sie redete mindestens dreißig Minuten lang ohne Unterbrechung. Als sie geendet hatte, sahen die anderen sie ungläubig an. Sie saßen buchstäblich auf der äußersten Stuhlkante.

»Wow!«, flüsterte Haley. »Warst du wirklich im Leichenschauhaus?«

Theodosia nickte.

»Und du hast wirklich in Timothy Nevilles Badezimmer herumgeschnüffelt?«, fragte Bethany.

»Ich kann nicht gerade behaupten, dass ich stolz darauf bin«, sagte Theodosia.

»Wie mutig von dir«, entgegnete Bethany. »Ich hätte mich zu Tode gefürchtet.«

»Sieht so aus, als wäre Lleveret Dante der Joker in diesem Spiel«, sagte Haley.

»Was meinst du damit?«, fragte Theodosia.

»Über ihn wissen wir am wenigsten«, erklärte Haley.

»Da hast du wohl Recht.«

»Und wie werden wir das ändern?«, fragte Drayton.

»Wir spionieren ihm nach«, verkündete Haley nüchtern. »Durchleuchten seinen Hintergrund, hören uns um, beschatten ihn, wenn nötig. Versuchen, ein Profil zu erstellen.«

»Viel Spaß dabei«, sagte Bethany.

»Bist du sicher, dass du keine Vorlesungen in Kriminologie belegt hast, Haley?«, fragte Theodosia.

»Was ist mit Tanner Joseph?«, wollte Drayton wissen. Er sah Theodosia gelassen an. »Er arbeitet noch immer an unseren Tee-Etiketten.«

»Den überlasst ihr mir«, sagte Theodosia.

Es war bereits acht Uhr, als sie die Treppen hinunterstiegen, gefolgt von einem müde gähnenden Earl Grey. Sie fühlten sich übersättigt von dem üppigen Abendessen und dem vielen Reden, doch gleichzeitig waren sie ermutigt von einem neuen Gefühl des Zusammenhalts.

»An der Tür hängt ein Zettel«, sagte Drayton.

»Der ist bestimmt für mich.« Haley schlüpfte in ihren Pullover. »Wahrscheinlich ist einer der Zulieferer heute später gekommen, und wir hatten schon zu.«

Drayton zog die Notiz aus dem Spalt zwischen dem Holzrahmen und dem kleinen Fenster. »Ich muss erst meine Brille aufsetzen.« Er zog eine Brille mit Drahtgestell aus der Jackentasche, klemmte die Bügel hinter die Ohren und las die Notiz. »O nein!« Er machte ein bestürztes Gesicht.

»Was ist denn los?«, fragte Theodosia. Sofort war sie

hellwach. Sie riss Drayton den Zettel aus der Hand und überflog ihn. Als sie wieder aufsah, war sie weiß wie die Wand.

»Jemand bedroht Earl Grey«, flüsterte sie.

»Was?!«, rief Haley. »Was meinst du damit … bedroht?«

»In der Nachricht«, stammelte Theodosia heiser, »wird damit gedroht …« Ihr schnürte es die Kehle zu, und sie konnte nicht weitersprechen.

»… ihn zu vergiften«, flüsterte Drayton.

»O Gott!« Entsetzt schlug sich Haley die Hand vor das Gesicht.

Theodosia kniete sich hin, zog Earl Grey zu sich heran und barg ihr Gesicht an seinem Kopf. »Es ist unglaublich«, murmelte sie. »Ich weiß nicht, was ich tun würde, wenn Earl Grey etwas geschieht.«

»Theodosia.« Drayton beugte sich mit ernster Miene über sie. »Diese Granate ist etwas zu nah eingeschlagen. Ich weiß, was wir eben besprochen haben … worauf wir uns geeinigt haben …. vorhin, aber jetzt … Also, vielleicht ist es klüger, sich völlig aus den Ermittlungen zurückzuziehen.«

»Drayton, wir waren doch gar nicht richtig in die Ermittlungen involviert!«, schoss Theodosia zurück. »Bis jetzt haben wir uns doch nur ganz am Rande bewegt.«

»Du weißt, was ich meine.« Drayton senkte seine große Hand und tätschelte Earl Grey beschwichtigend den glatten Kopf. »Es würde uns allen das Herz brechen, wenn unserem treuen Kameraden hier etwas geschieht.«

»Es ist bereits etwas geschehen«, sagte Theodosia gepresst. Ihre Finger fuhren durch das weiche Fell.

»Aber Theodosia …«, fing Haley an.

»Wenn man jemanden in meiner Nähe bedroht, sei es Mensch oder Tier, dann bedroht man damit *mich*«, fuhr

Theodosia mit zitternder Stimme fort. »Ich nehme es persönlich. Und ich nehme es übel. Also *wird* dies ein Ende nehmen. Und ich werde diejenige sein, die dieser Sache ein jähes Ende bereitet!«

»Mein Gott, Theodosia, das kann doch nicht dein Ernst sein«, flehte Drayton sie an. »Nach dieser schrecklichen Drohung ...«

»Ich habe es nie in meinem Leben ernster gemeint, Drayton«, flüsterte Theodosia mit heiserer Stimme. Sie starrte zu ihm hinauf, in ihren Augen flackerte es gefährlich, ihr Atem war kurz und abgehackt, und ihre Wangen brannten.

Drayton erwiderte den Blick seiner geliebten Chefin. Er war sich der Tiefe ihrer Gefühle ebenso bewusst wie ihrer Entschlossenheit.

»Na gut, also dann«, sagte er schließlich. »Wie du willst! Du weißt, dass wir in dieser Sache alle hinter dir stehen.«

Alle Hände legten sich auf Earl Greys Fell, eine stumme Geste der Solidarität.

Als sie wieder in ihrer Wohnung war, allein mit Earl Grey, zitterte Theodosia vor Wut. Sie hatte den anderen versprochen, die Tür zu verriegeln und die Alarmanlage einzuschalten. Und sie hatte es getan. Aber in ihrem Kopf regte sich eine Idee. Eine gute Idee, die Earl Greys Sicherheit gewährleisten und ihr gestatten würde, all ihre Energie auf diese eine Sache zu konzentrieren.

Bring Earl Grey zu Tante Libby. Heute Abend. Jetzt sofort.

Und wenn sie dann morgen früh aufwachte, mit klarem Verstand und etwas leichter ums Herz, würde sie sich etwas einfallen lassen. Vielleicht würde sie sogar Burt Tidwell anrufen. Wer weiß?

Denn sie wusste, dass sie etwas unternehmen musste.

Sie konnte nicht einfach untätig dasitzen, verängstigt und ohnmächtig. Wenn irgendein kranker Mensch einen Hund mit Gift bedrohte, was täte er dann einem anderen Menschen an?

Die Antwort auf diese Frage kannte sie natürlich. Schließlich war es schon einmal geschehen. Und zwar bei Hughes Barron.

36

In einen Wollpullover gehüllt, eine Tasse Tee in Händen, saß Theodosia auf der großen Holzveranda und genoss die wärmenden Strahlen der frühen Morgensonne. In der Gewissheit, dass Earl Grey in Sicherheit war, und getröstet durch die vertraute Umgebung von Libbys Haus hatte sie gut geschlafen. Zum ersten Mal seit geraumer Zeit hatte der Schlaf ihr wirklich Erholung gebracht.

Mit neuen Kräften und belebt von der Sonne, die über die Baumwipfel spähte, ließ Theodosia zufrieden den Blick über die goldenen Wälder und Felder streifen, die vor ihr ausgebreitet lagen. Die Vögel zwitscherten durcheinander und schossen durch die Luft. Ein paar ganz Mutige flatterten hoffnungsvoll genau über Tante Libbys Kopf herum, die Körner ausstreute und getrocknete Maiskolben in große Keramikschüsseln auf der Wiese rieb.

Earl Grey, fassungslos vor Freude, ohne Leine an einem so aufregenden Ort laufen zu dürfen, an dem es so viel zu erschnuppern und zu entdecken gab, sprang überschwänglich um Tante Libby herum.

Jetzt, da es kühler geworden war, fütterte Tante Libby

ölreiche Sonnenblumenkerne. Bald würden die Zugvögel ankommen, erklärte sie, erschöpft von ihrer langen Reise aus dem Norden, und dann bräuchten sie besonders viel Fett, um ihre Energiereserven aufzufüllen.

Theodosia fragte sich, was nötig wäre, um ihre Energiereserven aufzufüllen. Die letzte Nacht war nervenaufreibend gewesen. Sie hatte allein drei Mal hinauf- und hinunterlaufen müssen, um Hundekorb, Trocken- und Dosenfutter, die Futternäpfe und schließlich Earl Grey selbst zum Auto zu bringen.

Dann war sie, aus Angst, beobachtet oder verfolgt zu werden, ein paar mal kreuz und quer durch das Viertel gefahren, wobei sie ständig im Rückspiegel nach verdächtigen Autos Ausschau gehalten hatte. Nach einer fünfzigminütigen Fahrt schließlich hatte sie Tante Libby eine äußerst behutsame Erklärung abliefern müssen, um keinen hysterischen Anfall zu provozieren.

Doch Libby war nicht hysterisch geworden. Sie hatte sich beinahe unbewegt Theodosias Offenbarung ihrer Schnüffelei nach Hughes Barrons Tod und die Erklärung angehört, weshalb sie den geliebten Hund jetzt hinaus auf die Plantage brachte.

Libby hatte die Hand ausgestreckt und Earl Grey zärtlich den Kopf getätschelt. »Es wird ihm gut tun, eine Weile hier draußen zu bleiben«, hatte sie gesagt. »Soll er sich ruhig die Beine vertreten und ein bisschen durch die Wälder streifen. So kann er eine Zeit lang den Landhund spielen.«

Nun musste Theodosia über ihren nächsten Schritt nachdenken, und sie musste mit Bedacht vorgehen. Der Nachricht von gestern Abend nach zu urteilen fühlte sich jemand von ihrer Schnüffelei ernstlich verärgert. Irgendwie hatte sie Hughes Barrons Mörder in Aufregung versetzt.

Der Gedanke war beängstigend und ließ sie bis ins Mark erschaudern. Gleichzeitig aber war sie eigenartig stolz auf den Erfolg ihrer amateurhaften Detektivarbeit.

»Das Frühstück ist fertig.« Margaret Rose Reese, Libbys Haushälterin, die auch im Haus lebte, stellte ein Riesentablett auf den kleinen Pinienholztisch auf der Veranda.

»Meine Güte, Margaret Rose, gibt es wirklich schon Frühstück?«, fragte Libby und stieg die Stufen zur Veranda herauf. In der tabakfarbenen Wildlederjacke, den Khakihosen und dem alten Filzhut sah sie noch immer aus wie eine altgediente Plantagenbesitzerin, obwohl sie schon lange nicht mehr selbst anbaute.

Margaret Rose war eine weißhaarige, spindeldürre Frau, die wirkte, als hätte sie den Stoffwechsel einer Wüstenrennmaus. Theodosia wusste nicht, welche der beiden Frauen mehr Energie verströmte. Nutzbar gemacht, würde diese Energie wahrscheinlich reichen, um im gesamten Staate South Carolina die Lichter leuchten zu lassen.

»Margaret Rose«, sagte Libby, während sie die Lederhandschuhe abstreifte und sich an den mit Orangensaft, Tee, Obst, Croissants und Rührei mit Speck beladenen Tisch setzte, »ich schwöre es: Je älter du wirst, desto früher stehst du auf. Es dauert nicht mehr lange, und du verlangst, dass wir um vier Uhr morgens frühstücken!«

Margaret Rose lächelte. Sie war seit fast fünfzehn Jahren bei Libby. Libby hatte sie angestellt, als Theodosia aufs College gegangen und Margaret Roses ehemaliger Arbeitgeber, Reverend Earl Dilworth, gestorben war.

Theodosia hatte immer vermutet, dass Libbys Motiv, Margaret Rose zu sich zu nehmen, mehrere Seiten hatte.

Erstens hatte Margaret Rose niemanden, zu dem sie hätte gehen können, nachdem der alte Reverend Dilworth gestorben war, und Libby hatte ein zu großes Herz, um tatenlos zuzusehen, wie sie vor dem Nichts stand. Außerdem wurde Libby sich, so ganz allein in dem riesengroßen Haus, ihrer Einsamkeit bewusst.

Ja, Libby hatte zwei Nachbarn, gute Freunde, die einen Großteil ihres Landes gepachtet hatten, um Getreide anzubauen, und die beinahe täglich irgendwo auf dem Anwesen und in der alten Scheune (die jetzt als Geräteschuppen diente) anzutreffen waren. Aber das war nicht das Gleiche. Das Haus wäre trotzdem leer gewesen.

»Fährst du heute Vormittag wieder nach Charleston zurück?«, fragte Libby und nahm sich Kaffee, Saft und Rührei.

Theodosia nickte.

»Du weißt, dass Leyland Hartwell von der Kanzlei deines Vaters dir jederzeit zur Seite stehen würde«, sagte Libby.

Sie versuchte, ihre Bedenken zu verbergen, aber ihre Augen verrieten ihre Sorge.

»Ich habe schon mit Leyland gesprochen«, erzählte Theodosia. »Er hat mir geholfen, an ein paar Informationen zu kommen. Er und ein Kollege aus der Kanzlei, Jory Davis.«

Theodosia überlegte, ob sie Jory Davis nicht anrufen und sich von ihm ein gutes Detektivbüro empfehlen lassen sollte. Es war vielleicht keine schlechte Idee, wenn jemand ein Auge auf den Teeladen und auf die Wohnung von Haley und Bethany gegenüber hätte. Und Draytons Haus sollte sie vielleicht auch gleich mit einbeziehen. Es war dermaßen alt, dass ein geschickter Mensch mit Leichtigkeit einen Fensterriegel öffnen und eines der alten, klapprigen Fenster hinaufschieben konnte. Und weil Drayton jegliche Restaurierungsarbeiten stets so originalgetreu wie möglich erledigte, wusste sie, dass er nie im Leben eine Alarmanlage installieren lassen würde.

Nach dem Frühstück beobachteten Theodosia und Libby ein ahnungsloses Waldmurmeltier, das sich aus dem Gehölz herauswagte und mit dem Kopf in einer Schale mit Kernen verschwand, bis es sich, aufgeschreckt von dem übermütigen, verspielten Earl Grey, zum überstürzten Rückzug gezwungen sah und Zuflucht in einem hohlen Baumstamm nahm. Verdutzt umrundete Earl Grey mit betrübter Miene das Versteck des Murmeltiers.

»Lass uns ein Stückchen gehen, Liebes«, sagte Libby, und die beiden stiegen die Stufen hinunter und überquerten die große Wiese.

»Wie friedlich es ist«, murmelte Theodosia, als sie über den kleinen Familienfriedhof gingen, der von einer niedrigen, etwas verfallenen Steinmauer umgeben war. In einer Ecke war eine weinberankte Laube, unter der dekorative Urnen standen. Die Weintrauben, die an den dicken Ranken gehangen hatten, waren längst von Staren geplündert worden, und jetzt raschelten trockene Blätter in der sanften Brise. Eine riesige Immergrüne Eiche, das Wahrzeichen des Südens, erhob sich in einer anderen Ecke und breitete ihr Baldachin über den kleinen Friedhof.

»Es ist tröstlich, unsere Familie stets in der Nähe zu wissen«, sagte Libby. »Oh! Schau.« Sie griff mit dem Lederhandschuh mitten in ein dickes, grünes Büschel Blätter und zog einen Bund weißer Blüten heraus, die an zarte Schmetterlingsflügel erinnerten. Lächelnd hielt sie Theodosia den Zweig entgegen.

»Ingwerlilien«, sagte Theodosia leise. Eine Pflanze, die vor langer Zeit von Asien nach Amerika gebracht worden war, um die Gärten des Südens zu schmücken. Sie gehörte zu den wenigen Pflanzen, die im Herbst blühten. Theodosia nahm den Zweig und atmete den zarten Duft ein, der an Gardenien erinnerte.

»Nur einen Moment«, flüsterte sie und schlüpfte durch den schmalen Torbogen auf den kleinen Friedhof. Dort legte sie die Blüten auf die schlichte Marmorplatte, die das Grab ihrer Mutter markierte.

Libby lächelte zustimmend.

Sie umrundeten den Teich, an dessen Ufer Rohrkolben und Sumpfgras wuchsen, gingen an dem alten Stall vorbei, der einst preisgekröntes Vieh und Vollblutpferde beherbergt hatte und kamen zu einer Ansammlung niedriger, verfallener Holzhütten. Jegliche Überreste von Farbe waren schon lange verblichen, und das Holz war silbern verwittert. Die roten Ziegelschornsteine verfielen.

Diese Gebäude hatten vor langer Zeit als Sklavenunterkünfte gedient.

Irgendwann einmal hatten Libbys Nachbarn gesagt, die Baracken wären eine Beleidigung für das Auge und sollten abgerissen werden. Doch Libby hatte sich standhaft geweigert; die Hütten sollten genau so bleiben, wie sie waren.

»Nein«, hatte sie gesagt, »die Leute sollen sehen, wie es wirklich war, es wird nichts abgerissen, nichts beschönigt. Die Sklaverei war ein Skandal und der größte Schandfleck in der Geschichte des Südens.«

Und so blieben Tante Libbys verfallene Sklavenhütten stehen. Häufig meldeten sich Schulklassen oder Geschichtsprofessoren, Filmemacher oder Fernsehsender und baten um die Erlaubnis, die Baracken zu besuchen oder zu filmen. Libby sagte immer ja. Sie wusste, dass die Baracken ein abscheulicher, aber unverrückbarer Bestandteil der Geschichte waren.

»Theodosia.« Libby Revelle blieb stehen und sah ihre Nichte an. Ihre klugen, klaren Augen blickten der jüngeren Frau fest ins Gesicht. »Du bist sehr vorsichtig, versprichst du mir das?«

37

»Du errätst nie, was passiert ist!«, rief Haley.

Theodosia hielt den Atem an. Sie war gerade von Tante Libby zurückgekommen und hatte sich leise durch die Hintertür in den Teeladen geschlichen. Haleys erschrockenem Gesichtsausdruck nach zu urteilen, handelte es sich um ein Geschehnis größeren Ausmaßes.

»Mr. Dauphine ist gestorben!«, sagte Haley atemlos.

»O nein!«, rief Theodosia und sank auf einen Stuhl. »Der Ärmste!« Diese Neuigkeit warf sie um. Sie war doch erst vor drei Tagen bei Mr. Dauphine gewesen, um etwas über die Angebote herauszubekommen, die er für den Peregrine-Bau erhalten hatte! Sie hatten sich ganz freundlich unterhalten, und Mr. Dauphine schien guter Dinge gewesen zu sein. Ein bisschen müde vielleicht, und auch sein Husten hatte nicht gut geklungen, aber er hatte ganz gewiss nicht ausgesehen wie jemand, der kurz davor war zu sterben.

»Sie haben ihn eben weggebracht«, sagte Haley. »Hast du den Krankenwagen nicht gesehen?«

»Nein, ich habe hinten geparkt«, sagte Theodosia.

»Der Krankenwagen auch«, erwiderte Haley. »Miss Dimple hat sie zum Hintereingang dirigiert. Sie wollte die Touristen nicht beunruhigen. War das nicht nett von ihr?«

»Wie ist er …?«, fing Theodosia an.

Haley schüttelte betrübt den Kopf. »Miss Dimple hat ihn auf dem Treppenabsatz im zweiten Stock gefunden. Als er nicht zur gewohnten Zeit zur Arbeit erschienen ist, hat sie sich auf die Suche gemacht. Offensichtlich ist er stets pünktlich gewesen. Er war wohl immer um neun Uhr im Büro. Jedenfalls, als sie ihn endlich gefunden hat, hat er nicht mehr geatmet. Sie hat den Notarzt gerufen, aber es war zu spät. Die Sanitäter sagen, dass Mr. Dauphine möglicherweise einen Herzinfarkt hatte.«

Vielleicht hatten ihn die vier Stockwerke zu Fuß schließlich wirklich geschafft, dachte Theodosia. Wie schrecklich. Und die arme Miss Dimple. Wie schrecklich, den geliebten Chef, für den sie seit beinahe vierzig Jahren arbeitete, zu einem leblosen Häuflein Elend zusammengesunken aufzufinden. Nun stand im Viertel die nächste Beerdigung an.

Das erinnerte sie an die Trauerfeier von Hughes Barron, und Theodosia eilte Haley nach, die betrübt den Kopf schüttelnd nach vorne verschwunden war, um mit Drayton die letzten Neuigkeiten auszutauschen. Drayton war unmittelbar nach Ankunft des Krankenwagens hinaus auf die Church Street gelaufen, hatte mit den anderen Ladenbesitzern beisammengestanden und über die traurige Neuigkeit gesprochen.

»Haley«, sagte Theodosia, als sie sie eingeholt hatte. »Sind die sich sicher, dass es ein Herzinfarkt war?«

Haleys Blick sagte ihr, dass sie verstanden hatte. »Also, jeder sagt, es sei ein Herzinfarkt gewesen, aber …«

»Aber was, wenn irgendetwas anderes den Herzinfarkt verursacht hat?«, fragte Theodosia.

»Mein Gott!«, flüsterte Haley und schlug die Hand vor den Mund. »Du glaubst doch nicht etwa, dass irgendwer Mr. Dauphine um die Ecke gebracht hat?«

Theodosia griff zum Telefonhörer. »Ich weiß im Moment gar nicht, was ich denken soll.«

»Wo rufst du an? Im Krankenhaus?«

»Nein«, antwortete Theodosia. »Ich rufe jetzt Burt Tidwell an.«

38

Burt Tidwell erschien erst am späten Nachmittag im Indigo Tea Shop, und als er endlich kam, machte er sich nicht sofort bemerkbar.

Er kam hereingeschlendert, probierte eine Tasse weißen Ceylon-Tee und verschlang ein Preiselbeerhörnchen, während Bethany ihn mit beinahe hysterischer Panik bediente. Schließlich sagte er Bethany, sie könne Theodosia nun wissen lassen, dass er da sei. Dass er Miss Brownings Einladung, im Teeladen vorbeizuschauen, – voilà – gefolgt sei und ihr nun ganz und gar zur Verfügung stehe.

»Mr. Tidwell, wie schön, Sie zu sehen!« Theodosia trat mit einem Tablett frisch gebackener Zitronen-Sauerrahm-Muffins, die eine Haube aus Puderzucker trugen, an seinen kleinen Tisch. Haley hatte sie soeben aus dem Backofen geholt, und der Duft hätte den Teufel persönlich verführt. Der Weg zum Herzen eines Mannes führte ja vielleicht durch den Magen, dachte Theodosia, aber genauso oft kam man auf diesem Wege auch seinen innersten Gedanken auf die Spur. Und Burt Tidwell besaß einen sehr empfänglichen Magen.

»Was haben wir denn da?«, fragte Tidwell, als Theodosia das Tablett auf dem Tisch abstellte. Seine Nase zitterte wie bei einem Kaninchen, und seine Lippen zuckten in freudiger Erwartung. »Ich muss zugeben, dass man hier die mit Abstand köstlichste Auswahl an Gebäck in der ganzen Stadt bekommt.«

»Nur ein paar unserer Zitronen-Sauerrahm-Muffins«, erwiderte Theodosia mit einer Handbewegung, die besagte, dass das Gebäck auf dem Tablett weiter gar nichts war. In Wirklichkeit hatte sie Haley aufgetragen, sich selbst zu übertreffen.

»Darf ich?«, fragte Burt Tidwell. Gierig leckte er sich die Lippen.

»Aber gerne«, sagte Theodosia mit ihrer wärmsten, herzlichsten Stimme und schob das Tablett und die Butterschale näher zu ihm hin. Tante Libby hätte gewitzelt, es wäre dasselbe, wie einem Barsch mit der Elritze zu winken.

»Ich bin froh, dass Sie die Zeit gefunden haben, vorbeizuschauen«, sagte sie. »Ich wollte gerne wissen, wie die Ermittlungen vorankommen und Ihnen ein paar Fragen am Rande stellen.«

»Fragen am Rande«, wiederholte Tidwell. »Sie haben eine Begabung dafür, sich unklar auszudrücken, nicht wahr, Miss Browning? Sie haben das Talent, unwichtige Informationen wichtig erscheinen zu lassen und kritische Punkte nebensächlich. Eine geschickte Taktik, die oft von der Polizei angewandt wird.«

»Ja«, fuhr sie fort und versuchte, den Seitenhieb zu

ignorieren, der sie wieder einmal daran erinnerte, wie nervtötend dieser Mann sein konnte.

»In Ihrer Nachbarschaft ist ja ganz schön was los«, sagte Tidwell tadelnd. Seine rosarote Zunge schnellte hervor und leckte einen Flecken Puderzucker von der Oberlippe.

»Ich hoffe, es schmeckt«, sagte Theodosia schelmisch.

»Köstlich«, antwortete Tidwell. »Wie ich schon sagte, Ihre arme Nachbarschaft hat ja mehr Tragödien durchgemacht, als ihr zusteht. Zuerst fällt Mr. Hughes Barron auf Ihrer kleinen Teeparty so überaus unelegant tot um. Und jetzt ist auch noch Mr. Dauphine, Ihr unmittelbarer Nachbar im Peregrine-Bau, verschieden. Ob Sie wohl, rein zufällig, der gemeinsame Nenner sein könnten?«

Das ist mein Einsatz, dachte Theodosia. *So unverschämt und grundlos Tidwells Anschuldigung auch ist, hier kann ich ansetzen.*

»Aber niemand vom Indigo Tea Shop war in Mr. Dauphines Nähe, als er gestorben ist«, sagte Theodosia. »Außerdem dachte ich, der Ärmste wäre an einem Herzinfarkt gestorben.«

»Aber Sie *waren* vor drei Tagen bei Mr. Dauphine«, sagte Tidwell. »Seine überaus tüchtige Assistentin, Miss Dimple, führt detailliert Buch über alle Besucher sowie alle hereinkommenden Anrufe. Und« – Tidwell hielt inne – »diese Aufzeichnungen hat sie mir gezeigt.«

Gut, dachte Theodosia. *Wenn Sie mir dann Ihrerseits auch ein paar dieser Informationen offenbaren würden!*

»Ja, ich war in Mr. Dauphines Büro«, sagte Theodosia und versuchte verzweifelt, ihr Temperament im Zaum zu halten. »Wir sind Nachbarn, und ich habe mich mit ihm über das Angebot unterhalten, dass Hughes Barron für das Gebäude abgegeben hatte.« Theodosia holte tief Luft.

»Haben *Sie* irgendetwas davon gehört, dass ein anderer versucht, den Peregrine-Bau zu kaufen?« Sie wusste, dass es ein blinder Schritt ins Dunkle war.

Tidwells riesige Hände hantierten mit der Sicherheit eines Chirurgen mit dem Buttermesser. Behutsam teilte er ein Stück ungesalzener Butter ab und strich es auf ein zweites Muffin. »Soweit ich weiß, hat Lleveret Dante, der überlebende Geschäftspartner, erst gestern ein neues Angebot gemacht«, sagte er.

»Das ist ja interessant«, erwiderte Theodosia. *Jetzt bewegen wir uns in die richtige Richtung,* dachte sie.

»Nicht so übermäßig interessant«, sagte Tidwell milde. »So ziemlich jeder wusste, dass Hughes Barron bereits ein Angebot zum Erwerb des Peregrine-Baus gemacht hatte. Es ist also nur zu erwarten, dass der verbleibende Partner einen Vorschlag, der bereits unterbreitet worden ist, noch einmal wiederholt.«

»Und Sie glauben, Dante hat ein rechtmäßiges Angebot gemacht?«

Tidwell schürzte die Lippen. »Das bezweifle ich stark. Kein Zebra ändert seine Streifen, Miss Browning. Mr. Lleveret Dante hat bei sich zu Hause in Kentucky viele unseriöse Geschäfte gemacht.«

Die Tür zur Straße öffnete sich, und Delaine Dish betrat den Teesalon. Sie warf einen Blick auf Theodosia, die mit Burt Tidwell ins Gespräch vertieft war, und nahm an einem Tisch möglichst weit von ihnen entfernt Platz.

Herr im Himmel, dachte Theodosia, *die hat mir gerade noch gefehlt – Delaine Dish auf der Pirsch, die mit gesenkter Stimme ihre Meinung über das Ableben von Mr. Dauphine kundtut!*

»Im Übrigen«, fuhr Tidwell fort, »spielt es jetzt keine Rolle mehr, dass Lleveret Dante den dreifachen Marktwert für das Gebäude geboten hat. Jetzt wird er es nie bekommen.«

»Warum glauben Sie das?« Theodosia zwang ihre Aufmerksamkeit von Delaine zurück zu Tidwell. *Er weiß etwas*, durchfuhr es sie. Wieso hielte er sonst seine scharfen Augen so unerbittlich auf sie gerichtet, wie eine Katze, die vor dem Mauseloch Stellung bezogen hat?

Tidwell kippte seinen Stuhl nach hinten. »Weil Mr. Dauphine seinen letzten Willen per Testament ganz eindeutig bekundet hat.« Er hielt einen Augenblick inne und fuhr dann fort: »Mr. Dauphines letzter Wille besagt, sollte er sterben, ehe der Peregrine-Bau den Besitzer gewechselt hat, so gehe es in das Eigentum der Heritage Society über.«

39

»Bitte, Theodosia«, fing Delaine an. »Irgendjemand muss es dir ja sagen. Da kann ich es ebenso gut selber tun.«

»Mir was sagen, Delaine?« Theodosia ließ sich auf dem Stuhl gegenüber von Delaine Dish nieder. Sie kaute noch an Tidwells Verhalten und dem Schock, dass die Heritage Society nun plötzlich Nutznießerin von Mr. Dauphines Großzügigkeit sein sollte. Das war nun wirklich eine unvermutete Wendung.

Delaine schüttelte in gespielter Überraschung den Kopf. »Du bist doch sicher im Bilde über die schmutzige Kampagne von Timothy Neville, oder? Sie hat inzwischen beinahe epidemische Ausmaße angenommen!«

Also war Delaine nicht gekommen, um über Mr. Dauphine zu sprechen. Sie hatte Timothy Neville noch immer auf dem Kieker. Theodosia lehnte sich zurück und betrachtete Delaine. Sie war von Kopf bis Fuß in Kaschmir gehüllt, in einen blassrosa Pullover mit elegant drapiertem Rollkragen und passendem, die Hüften umschmeichelnden Rock. Selbst ihre Handtasche war aus Kaschmir, ein Beutel in korrespondierenden Rosa- und Rottönen. Theodosia rutschte mit ihrem Stuhl ein Stückchen zurück und warf einen Blick auf Delaines Schuhe. Straußenleder. Heiliger Bimbam. Der Bekleidungsindustrie musste es ja wirklich gut gehen momentan, sehr gut sogar. Viel besser als den Teeläden jedenfalls.

»Delaine«, sagte Theodosia müde. »Ich habe im Augenblick derartig viel um die Ohren. Ich weiß deine Besorgnis zu schätzen, aber ...«

»Theodosia, ich kann nicht mehr länger einfach so dastehen und zusehen. Dieser Mann verbreitet Lügen. Lügen!«

Theodosia nickte lächelnd, als Angie Congdon vom Featherbed House den Laden betrat. »Hallo, Angie«, rief sie und drehte sich wieder zu Delaine um. »Was denn für Lügen?«, fragte Theodosia angespannt lächelnd.

Delaine Dish beugte sich eilfertig zu ihr. »Versteckte Andeutungen eigentlich. Über den Abend der Lamplighter-Tour.«

»Ach so«, sagte Theodosia.

»Und darüber, dass du bei einem seiner Konzertabende in seinem Haus herumgeschnüffelt hast.« Delaines sinnliche Lippen kräuselten sich zu einem Lächeln, aber ihr Blick stellte den Wahrheitsgehalt dieser Unterstellung eindeutig in Frage.

»Das hat er gesagt?« Theodosia bemühte sich nach Kräften, beleidigt und unschuldig zu wirken.

»Das hat Timothy Neville George Harper erzählt, als er im Kartenladen vorbeigeschaut hat.«

»Wirklich?«, sagte Theodosia. *Dann war es vielleicht Timothy Neville, der an jenem Abend die Tür geöffnet hat,* dachte sie. Um nachzusehen, ob sie herumschnüffelte. Während sie im Dunkeln kauerte! Wahrhaftig, das war so ein glänzender Höhepunkt der letzten irrsinnigen Wochen gewesen. »Und was sonst noch, Delaine?«, fragte sie.

Delaine schaute gequält. »Irgendwas über die junge Frau, die als Praktikantin bei der Heritage Society gearbeitet hat und jetzt bei dir ist.«

»Bethany.«

»Genau die.«

»Lass mich raten, Delaine. Timothy Neville ist davon überzeugt, dass Bethany eine Art *Beziehung* zu Hughes Barron hatte.«

»Ja, genau!«, sagte Delaine, hocherfreut, dass Theodosia scheinbar endlich Gefallen an dieser pikanten Unterhaltung zu finden schien.

»Vergiss es«, sagte Theodosia. »Es stimmt nicht. Nichts von alledem stimmt.« Bis auf den Schnüffelteil, musste sie sich widerstrebend eingestehen, aber sie hatte nicht die Absicht, Delaine Dish diese Sünde zu beichten. Wenn sie das täte, wäre sie Tagesgespräch in ganz Charleston.

»Das weiß ich, Theodosia«, versicherte Delaine ihr. »Aber Timothy Neville besitzt ziemlich viel Einfluss hier bei uns. Du natürlich auch. Deine Familie ist beinahe so alt wie seine. Aber *er* meldet sich zu Wort. Während *du* schweigst.«

»Ich habe es nicht nötig, mich seiner Lügen wegen zu rechtfertigen.«

»Oh, *hallo*, Angie«, sagte Delaine aufgeregt. Sie drehte

sich in ihrem Stuhl herum, um Angie Congdon besser begrüßen zu können. »Ist das mit Mr. Dauphine nicht *schrecklich*? Was für ein Unglück! Meine Liebe, hast du wohl einen *Augenblick* Zeit für mich?« In einer wogenden Wolke rosa Wolle erhob sich Delaine und fasste Angie am Arm. »Ich habe gerade eine *unglaublich entzückende* Lieferung Seidenstoffe in *herrlich* leuchtenden Farben hereinbekommen, und da habe ich natürlich *sofort* an deinen Olivteint und die dunklen Haare gedacht.« Und schon war Delaine auf und davon.

Theodosia stand auf und räumte den Tisch ab, während sie darüber nachdachte, was Delaine ihr gerade erzählt hatte. So sehr sie auch wollte, sie konnte diese Dinge wahrscheinlich wirklich nicht länger ignorieren. Vielleicht musste sie in Sachen Timothy Neville etwas unternehmen. Die Frage war nur, was.

Wenn er es gewesen war, der am vergangenen Abend den Zettel an ihre Tür gehängt hatte, dann hieß das, er war wirklich gefährlich, eine Gefahr für alle im Teeladen. Aber sie hatte noch immer keinen schlagenden Beweis gegen ihn.

Es war inzwischen offensichtlich, dass Timothy Neville insgeheim befürchtet hatte, Hughes Barron könnte Erfolg mit seinem Angebot für den Peregrine-Bau haben. Und wenn das Gebäude vor dem Ableben von Mr. Dauphine verkauft worden wäre, dann hätte die Heritage Society auf ganzer Linie verloren.

Reichte das als Motiv, um Hughes Barron aus dem Weg zu räumen? Womöglich.

Und jetzt, mit dem höchst gelegen kommenden Tod von Mr. Dauphine, ging das Eigentum auf die Heritage Society über. Timothy Neville würde vor seinen Vorstandskollegen und all den wichtigen Sponsoren wieder einmal glänzend dastehen.

Aber machte das Timothy Neville zum zweifachen Mörder? Ein erschreckender Gedanke.

Es bestand noch eine andere düstere Möglichkeit. Erst gestern hatte Mr. Lleveret Dante das Angebot für den Peregrine-Bau wiederholt. Was, wenn Mr. Dauphine dieses Angebot glattweg ausgeschlagen hatte? Hätte sich Lleveret Dante von einer schroffen Abfuhr zu einem Wutanfall hinreißen lassen? Ein Wutanfall, der ihn dazu trieb, Mr. Dauphine zu ermorden?

In Unkenntnis von Mr. Dauphines Testament hätte Lleveret Dante annehmen können, dass das Anwesen nach dem Tod des betagten Eigentümers schnell verkauft werden würde. Und er war bereits der aussichtsreichste Bewerber, war in der besten Position, sich das Gebäude unter den Nagel zu reißen!

Ihre Theorien erinnerten Theodosia an die Logikvorlesungen, die sie im College besucht hatte. Wenn A D entspricht, dann entspricht B C. Damals hatte Logik für sie überhaupt keinen Sinn ergeben, und ihre Vermutungen über Hughes Barrons Mörder oder den Tod von Mr. Dauphine ergaben auch nichts. Es waren immer nur neue Rätsel, von denen sich ihr der Kopf drehte.

Das Telefon auf dem Tresen schrillte, und automatisch griff Theodosia zum Hörer. »Indigo Tea Shop, was kann ich für Sie tun?«

»Theodosia, hier spricht Tanner Joseph. Gute Neuigkeiten. Ich bin soeben mit Ihren Etiketten fertig geworden.«

»Wunderbar«, sagte sie mit ausdrucksloser Stimme.

»He, bitte nicht ganz so überschwänglich!« Er klang fröhlich und unbeschwert. Ein himmelweiter Unterschied, dachte Theodosia, zu dem Zorn und der Feindseligkeit, die er gestern an den Tag gelegt hatte, als sie Hughes Barron erwähnt hatte. Plötzlich fragte sie sich, ob *er* vielleicht auch etwas über den Peregrine-Bau wusste. Schließlich wussten alle anderen auch davon.

»Sind Sie heute Abend zu Hause?«, fragte Tanner. »Ich fahre in die Stadt, und da könnte ich sie Ihnen leicht ...«

»Nein«, fiel Theodosia ihm ins Wort. »Machen Sie sich keine Umstände. Ich hole die Vorlagen lieber bei Ihnen ab.« Sie dachte kurz nach. »Sind Sie morgen Vormittag im Büro?«

»Schon«, sagte Tanner, »aber es ist wirklich nicht nötig ...«

»Kein Problem«, sagte Theodosia und legte auf.

Die Etiketten. Verdammt! Die hatte sie für einen Moment völlig vergessen. Noch ein lästiges Detail, mit dem sie sich beschäftigen musste, noch eine Mahnung daran, dass sie in Gedanken nicht bei ihrem Geschäft war. Theodosia ließ den Blick durch den Laden streifen, wo Delaine noch immer ins Gespräch mit Angie Congdon vertieft war.

»Müssen wir reden?« Drayton, der gerade ein frisches Glas Honig aus dem Regal holte, war die Mischung aus Bestürzung und Sorge auf Theodosias Gesicht nicht entgangen.

Theodosia nickte. »Aber hinten im Büro.«

Als sie allein waren, berichtete Theodosia ihm von ihrem Gespräch mit Delaine.

»Kümmere dich nicht darum«, riet Drayton. »Jeder weiß, dass Delaine eine Klatschtante erster Güte ist.« Er sah sie forschend an. Ihm war klar, dass noch etwas anderes an ihr nagte. »Hat Burt Tidwell dir auch irgendwas erzählt?«

»Drayton«, sagte Theodosia. »Du bist im Vorstand der Heritage Society. Wusstest du, dass Mr. Dauphine den Peregrine-Bau der Gesellschaft vermachen wollte?«

»Wirklich?« Drayton runzelte die Stirn. »Ernstlich? Nein, davon wusste ich nichts. Das ist mir vollkommen neu.«

»Dann sind die Vorstandsmitglieder mit derlei Informationen nicht vertraut?«

»So etwas fällt in die Kategorie Schenkung. In dem Fall sind üblicherweise nur der Vorstandsvorsitzende, also Timothy Neville, und der Rechtsberater der Heritage Society eingeweiht.«

»Verstehe.«

Drayton sah sie an. »Du kriegst Sorgenfalten.«

»Nicht jetzt, Drayton«, fuhr sie ihn an.

»Ach ja, so läuft der Hase, verstanden«, sagte er. »Du hast mal wieder das gesamte Gewicht dieser Erde auf deine schmalen, aber tüchtigen Schultern gehievt.« Er fuhr fort, obwohl sie ihn wütend ansah. »Dein Wunsch sei mir Befehl, Theodosia. Ich werde mitspielen.« Er verschränkte die Arme und versuchte, sehr nachdenklich auszusehen. »Lass mich raten. Dir schwebt ein Szenario vor, in dem Timothy Neville auch noch beschließt, den Tod von Mr. Dauphine voranzutreiben.«

»Es wäre möglich«, gab Theodosia zu.

»Vielleicht. Oder ein zweites Szenario, das unseren rätselhaften Freund Lleveret Dante in den Mittelpunkt des Verbrechens stellt. Colonel Mustard in der Bibliothek sozusagen.«

»Das ist nicht komisch, Drayton.«

»Nein, ist es nicht, Theodosia. Ich bin genauso besorgt wie du über das, was vor sich geht. Und ich nehme die

Drohung gegen Earl Grey auch keineswegs auf die leichte Schulter. Ich hoffe, du hast Tidwell über den Vorfall informiert.«

Er deutete ihr Schweigen als nein.

»Das habe ich befürchtet«, sagte er leise.

»Gestern Abend hast du noch gesagt, du stehst an meiner Seite«, rief sie.

»Das war, bevor Mr. Dauphine tot aufgefunden wurde!« Er rollte die Augen zur Decke, als wollte er sagen *Der Himmel steh mir bei!*

»Ich habe keine Angst«, murmelte Theodosia. »Ich habe vor gar nichts Angst.«

»Ach wirklich?«, sagte Drayton. Er stemmte beide Hände auf ihren Schreibtisch und beugte sich zu ihr. »Und wieso hast du dann, bitte sehr, Earl Grey mitten in der Nacht zu deiner Tante Libby verfrachtet?«

40

Tanner Joseph hörte das dumpfe Schlagen der Wagentür vor seinem Büro. *Das ist sie*, dachte er aufgeregt. Theodosia Browning war gekommen, um die Zeichnungen abzuholen. Vorgestern Abend hatte er bis spät in die Nacht daran gearbeitet, hatte die Schwarzweißzeichnungen behutsam mit Farbe versehen, beseelt von dem Wunsch, Theodosia zu beeindrucken und sie wieder zu sehen.

Nach seinem gestrigen Anruf, als sie ihm sagte, sie wolle bis zum nächsten Morgen warten und selbst nach Johns Island kommen, um die Zeichnungen zu holen, war er schrecklich enttäuscht gewesen. Doch als der Morgen gegraut und sich ein strahlend schöner Tag angekündigt hatte, hatte sich seine Laune erheblich gebessert, und er erkannte, dass er ihren Besuch zu seinem Vorteil nutzen konnte. Er musste Theodosia einfach zum Bleiben überreden. Sie dazu bewegen, den restlichen Tag mit ihm zu verbringen. Und, so hoffte er, auch den Abend. Das würde ihnen beiden endlich die Zeit und den Raum verschaffen, die sie brauchten, um sich richtig kennen zu lernen.

Die Tür flog auf, und Tanner Joseph begrüßte Theodosia mit einem Lächeln. Es war das jungenhafte Lächeln, das er unzählige Male vor seinem Badezimmerspiegel geübt hatte. Ein Lächeln, das schon oft die richtige Wirkung auf Mädchen erzielt hatte.

Aber Theodosia war kein Mädchen, ermahnte er sich. Sie war eine Frau. Eine schöne, bezaubernde Frau.

»Hallo, Tanner.« Theodosia stand vor seinem Schreibtisch und sah zu ihm hinunter. Sie trug einen pflaumenfarbenen Hosenanzug und hielt einen schmalen Aktenkoffer in der Hand. Ihr Gesicht war ausdruckslos, ihr Tonfall schroff und geschäftsmäßig.

Theodosia musste sich ermahnen, dass der junge Mann, der da vor ihr saß und so harmlos und unschuldig wirkte, Bethany höchstwahrscheinlich dazu benutzt hatte, um an Informationen über sie zu gelangen. Sie wusste zwar nicht, wozu Tanner Joseph diese Informationen brauchte, aber in ihren Augen war er immer noch ein Verdächtiger im Mord an Hughes Barron, und sie empfand seine Versuche, ihr näher zu kommen, als in höchstem Maße beunruhigend. Als sie dem durchdringenden Blick seiner blauen Augen begegnete, wiederholte sie stumm für sich, dass es sich hier um eine kurze, rein geschäftliche Begegnung handelte.

Tanner Joseph registrierte ihre Aufmachung und ihr schroffes Gebaren, und seine Hoffnung trübte sich ein wenig. Vielleicht hatte Theodosia sich nicht genügend Zeit genommen, um das Tausend-Watt-Strahlen seines jugendhaften Lächelns gebührend zu honorieren. Nein, die Zeit hatte sie sich ganz offensichtlich nicht genommen. Sie schien gar nicht schnell genug auf dem Absatz kehrtmachen zu können.

»Hier sind die fertigen Zeichnungen, Theo.« Er hielt ihr die Kartons entgegen und beobachtete Theodosia, während sie ihm die Kartons abnahm. Ihre Finger berührten sich für einen kurzen Moment. Konnte sie den Funken spüren? Die Spannung? Er spürte es ganz sicher.

Theodosia blätterte kurz durch die vier Vorlagen. »Sie sind sehr gut«, verkündete sie.

Tanner Joseph runzelte die Stirn. Die erhofften Lobeshymnen schienen sich nicht einzustellen. Stattdessen beschränkte sich ihr Kommentar auf eine wohldosierte, beiläufige Wertung. Ein neutrales »Gut gemacht«.

»Haben Sie die Zeichnungen in Tempera koloriert?«, fragte Theodosia. Sie tippte mit dem Fingernagel auf eine der Vorlagen.

»Mit Faserstiften«, antwortete Tanner Joseph. Er lehnte sich zurück. Es gefiel ihr, das wusste er. Er konnte es an ihrem Gesicht ablesen.

Theodosia legte ihr Aktenköfferchen auf seinen Tisch und öffnete es.

»Sie werden Drayton sehr gut gefallen«, sagte sie. »Sie haben erstklassige Arbeit geleistet.« Theodosia legte die Vorlagen behutsam in den Koffer, schloss den Deckel und ließ die Schlösser einrasten.

»War's das?«, fragte er träge.

»Das war's«, erwiderte Theodosia. »Schicken Sie mir die Rechnung, und ich kümmere mich darum, dass Sie Belege bekommen, sobald die Etiketten gedruckt sind.« Sie machte auf dem Absatz kehrt und ging zur Tür.

Tanner Joseph sprang so schnell auf, dass sein Stuhl hörbar zurückrutschte. »Laufen Sie nicht weg«, sagte er. »Ich habe gehofft, wir könnten ...«

Aber Theodosia war schon zur Tür hinaus und ging über den geteerten Parkplatz zurück zu ihrem Jeep.

»He!« Tanner Joseph lehnte unglücklich im Türrahmen des Büros der Shorebird Umweltorganisation und winkte ihr hilflos hinterher.

»Wiedersehn!«, rief Theodosia, als der Motor des Jeeps laut aufheulte. Das Letzte, was sie sah, als sie sich in den Verkehr einreihte, war ein verloren aussehender Tanner Joseph, der sich fragte, wie um alles in der Welt die Dinge so falsch hatten laufen können.

41

»Was trinkst du da?«, fragte Bethany.

Drayton antwortete, ohne aufzusehen. »Pflaume-Zimt.«

Er saß an dem Tisch, der dem Tresen am nächsten war und arbeitete an seinem Artikel. Es war zwei Uhr nachmittags, und Bethany und Haley langweilten sich. Die Mittagsgäste waren schon gegangen, und für den Nachmittagstee war es noch zu früh. Gebäck kühlte auf den Rosten, die Regale waren gut gefüllt und die Tische gedeckt.

»Pflaume-Zimt klingt aber fürchterlich süß. Ich dachte,

du hättest mal gesagt, du trinkst nie süßen Tee«, sagte Bethany.

»Ich finde ihn eher aromatisch als süß«, sagte Drayton und schrieb weiter.

»Woran arbeitest du?«, fragte Haley.

»Bis jetzt habe ich an einem Artikel für die Zeitschrift *Beverage & Hospitality* gearbeitet.« Drayton seufzte hörbar und legte den Füller zur Seite.

»Über Tee?«, fragte Haley.

»Ja, über Tee. Ich weiß zwar nicht so recht, weshalb, aber es sieht so aus, als hätte ich auf einmal völlig den Faden verloren!«

»Das ist kein Grund, gleich schnippisch zu werden, Drayton.« Haley warf einen Blick über seine Schulter. »Schreibst du deine Artikel immer mit der Hand?«

»Selbstverständlich. Ich bin Luddit. Ich verabscheue moderne Errungenschaften wie Computer. Sie haben keine Seele.«

»Lebst du deswegen in diesem altmodischen, heruntergekommenen Haus?«, fragte Bethany.

»Das Gebäude, auf das du anzuspielen beliebst, ist weder altmodisch noch heruntergekommen. Es ist ein historisches Wohnhaus, welches originalgetreu und mit viel Liebe restauriert worden ist. Eine Zeitkapsel der Geschichte, wenn man so möchte.«

»Oh«, sagte Haley, und die zwei Mädchen kicherten albern.

Drayton drehte sich um und sah sie an. »Anstatt mir auf die Nerven zu gehen, könntet ihr es doch ebenso gut gleich zugeben, meine Damen. Ihr seid nervös wegen Theodosias Ausflug.«

Als er sah, wie ihre Gesichter zusammenfielen und echte Sorge enthüllten, schlug er sofort einen anderen Ton an. »Das ist unnötig«, sagte er leichthin. »Sie ist sehr tüchtig, das versichere ich euch.«

»Es ist ja nur, weil hier alles auf dem Kopf steht«, sagte Haley. »Und jetzt auch noch dieser schreckliche Zettel ...« Ihre Stimme brach ab. »Ich wünschte, er wäre nicht mit der Maschine getippt. Wenn er in Handschrift wäre, dann hätten wir wenigstens einen Anhaltspunkt.«

»Jetzt hört euch bloß an«, sagte Drayton. »Ihr redet immer noch von Nachforschungen. Ist euch eigentlich klar, dass wir ernsthaft in Gefahr sein könnten? Liebes Kind, es gibt einen Grund, weshalb Theodosia einen privaten Sicherheitsdienst engagiert hat.«

»Was hat sie?« Bethanys Augen wurden rund wie Unterteller. Das war ihr völlig neu!

Jemand rüttelte am Türknauf, er drehte sich, und die Tür schwang auf. Sie hielten alle drei den Atem an.

Aber es war nur Miss Dimple.

Drayton erhob sich und eilte zur Tür, um sie zu begrüßen. Er reichte ihr den Arm und führte sie an einen der Tische. »Bringt Miss Dimple eine Tasse Tee, Mädchen.«

Er setzte sich zu ihr und tätschelte ihren Arm. »Wie geht es Ihnen, meine Liebe?«

Miss Dimples Trauer war offensichtlich. Ihre Schultern waren zusammengesunken, und ihr sonst so rosiger Teint fahl. »Schrecklich. Ich war gerade im Büro, und ich habe die ganze Zeit darauf gewartet, dass Mr. Dauphine die Treppe hinaufgeschlurft kommt.« Eine Träne rollte über ihre Wange. »Ich kann es nicht fassen, dass er wirklich gestorben ist.«

Drayton zog ein weißes Stofftaschentuch aus dem Jackett und reichte es ihr. Dankbar nahm sie es an.

Bethany und Haley erschienen mit einer dampfenden Teekanne und Tassen. »Tee, Miss Dimple?«, fragte Haley.

»Danke, gerne«, schluchzte sie unter Tränen.

Drayton schenkte Miss Dimple eine Tasse ein und gab, ohne zu fragen, einen Würfel Zucker und einen Schuss Sahne dazu.

»Danke«, flüsterte sie und nahm ein Schlückchen. »Gut.« Sie lächelte schwach und sah die drei an.

»Die Nachricht von Mr. Dauphine hat uns alle sehr getroffen«, wagte Haley sich vor. »Er war so ein netter Mensch. Er hat seinen Wagen immer auf der Straße vor unserer Wohnung geparkt. Er hatte ständig Angst, er könnte uns damit stören. Was er selbstverständlich nie getan hat.«

»Ich bin gekommen, um Ihnen allen mitzuteilen«, sagte Miss Dimple, »dass eine Trauerfeier für Mr. Dauphine stattfinden wird. Übermorgen.«

»In St. Philip?«, fragte Drayton.

»Ja«, quiekte Miss Dimple, und wieder liefen ein paar Tränen über ihre Wangen. »Er hat St. Philip geliebt«, sagte sie mit zittriger Stimme.

»So, wie wir alle«, murmelte Drayton.

Als Theodosia eine halbe Stunde später hereinkam, saß Drayton wieder über seinem Artikel, und Haley und Bethany kümmerten sich um die Kundschaft. Obwohl beinahe alle Tische besetzt waren, war die Stimmung im Teesalon bedrückt und ruhig.

»Ist jemand gestorben?«, fragte Theodosia und setzte sich Drayton gegenüber an den Tisch. Dann fiel ihr Mr. Dauphine wieder ein. »O Gott«, sagte sie zerknirscht, »wie konnte ich nur! Wie gedankenlos von mir. Bitte verzeih mir, Drayton.«

Sie schenkte sich eine Tasse Tee ein und veschüttete die

Hälfte, so sehr hatte ihre unpassende Bemerkung sie aus der Fassung gebracht.

Drayton winkte ab. »Denk dir nichts. Ich glaube, die Anspannung macht uns allen zu schaffen. Und natürlich macht Miss Dimples Besuch die Sache auch nicht gerade leichter. Sie war vor einer Weile da. Sie geht in alle Geschäfte – na ja, zumindest in die auf der Church Street –, um auszurichten, dass die Trauerfeier für Mr. Dauphine übermorgen stattfindet.«

Theodosia nickte.

»Hast du die Vorlagen abgeholt?« Drayton deutete mit dem Füller auf ihren Aktenkoffer.

»Sind schon beim Drucker. Wahrscheinlich werden in dieser Minute die ersten Druckplatten erstellt.«

»Keine Probleme da draußen?«, fragte er in Anspielung auf Tanner Joseph.

»Überhaupt keine.«

»Sehr gut. Während du weg warst, hat FedEx die Dosen geliefert. Hinten stapeln sich zehn Kisten, vom Boden bis zur Decke. Dein Büro sieht aus wie ein Warenlager. Du brauchst nur noch einen Schutzhelm und einen Gabelstapler.«

»Warte, ich bringe dir eine frische Tasse, Theodosia.« Bethany nahm vorsichtig Theodosias Tasse und die von der Überschwemmung betroffene Untertasse vom Tisch.

»Danke, Bethany«, sagte Theodosia leise.

Bethany stellte Tasse und Untertasse auf ihr Silbertablett. Sie zögerte. »War alles in Ordnung mit den Zeichnungen?«

Theodosia nickte. »Bethany, du würdest doch nicht noch mal mit Tanner Joseph ausgehen, oder?« Sie stellte diese Frage so freundlich wie möglich.

»Niemals!«, antwortete Bethany.

»Da bin ich aber froh. Dieser Mann hat etwas entschieden Beunruhigendes ...«

»Das finde ich auch«, fiel Bethany ihr ins Wort und floh in die Küche.

»Theodosia, Telefon!«, rief Haley vom Tresen zu ihr hinüber.

Theodosia eilte zu ihr und nahm den Hörer. »Hier spricht Theodosia.«

»Hallo, hier ist Jory Davis«, sagte die Stimme am anderen Ende.

»Oh, *hallo!*«

»Ich wollte Ihnen nur sagen, dass der private Sicherheitsdienst über die vergangenen zwei Tage nichts Ungewöhnliches zu berichten hatte.«

»Wir werden schon seit zwei Tagen beobachtet? Sind Sie sicher? Ich habe nämlich nicht das Geringste gesehen.«

Jory Davis kicherte. »Das sollen Sie auch nicht. Darum geht's doch gerade.«

Theodosia dachte darüber nach. »Wahrscheinlich haben Sie Recht. Ich bin Ihnen sehr dankbar, dass Sie die Sache für uns eingefädelt haben. Ich bin zwar nicht vollkommen überzeugt, dass es notwendig ist, aber es beruhigt mich trotzdem.«

»Noch mal«, sagte Jory Davis, »gerade darum geht es doch.« Er zögerte. »Theodosia, ich habe zwei Karten für die Oper morgen Abend. Für *Madame Bovary*, um genau zu sein.«

Sie lächelte. Ihr erstes, echtes Lächeln von Herzen seit Tagen.

»Ich bin mir durchaus bewusst, dass diese Einladung reichlich kurzfristig kommt, und so muss ich erklärend hinzufügen, dass es sich um Abonnementkarten meiner Mutter handelt, um zwei sehr gute Plätze übrigens, und nun ist sie leider verhindert. Ich würde mich sehr freuen, wenn Sie mich begleiten würden.«

»Wie der Zufall es will, Mr. Davis, bin ich morgen Abend noch frei.«

»Wunderbar. Abendgarderobe natürlich. Vor der Vorstellung gibt es einen Stehempfang und danach mehrere kleine Parties zum Auswählen. Ich werde Sie um exakt 18 Uhr 30 abholen.«

»Ich freue mich darauf.« Theodosia legte auf und drehte sich um. Das strahlende Lächeln auf ihrem Gesicht war so ansteckend, dass zwei ältere Damen in der Nähe der Tür es automatisch erwiderten.

Wie nett!, sagte sie sich. *Eine Verabredung mit Jory Davis. Und noch dazu für die Oper, was immer ein Genuss ist. Mit Empfängen davor und danach!*

»Du siehst so beschwingt aus, Theodosia!«, sagte Haley. »Dein ganzes Gesicht leuchtet.«

»Drayton?« Theodosia hüpfte beinahe zu ihm hinüber. »Wieso fangen wir nicht sofort mit dem Abfüllen der Weihnachtsmischungen an? Geben dem Ganzen endlich den nötigen Schubs?«

»Heute? Jetzt gleich?«, fragte er, von dem plötzlichen Stimmungswandel überrascht.

»Sobald die Gäste gegangen sind. Ich habe uns alle mit meinen Schnüffeleien und Mutmaßungen runtergezogen, mit dem einzigen Ergebnis, dass wir mehr und mehr in Rückstand geraten. Das ganze Geschäft ist aufs Spiel gesetzt.«

Er starrte sie immer noch an.

»Wo ist der Tee?«, fragte sie. »Drüben bei Gallagher's?«

»Natürlich.«

Drayton mischte seine Tees immer in den großzügigen Räumlichkeiten von Gallagher's Partyservice. Und dort lagerten die Tees jetzt auch, alle vier Sorten, in luftdichten 90-Liter-Kanistern.

»Könnten die heute noch liefern?«

»Mit ihrer Lieferwagenflotte könnten sie uns den Tee bestimmt binnen dreißig Minuten herschaffen.«

»Perfekt«, sagte Theodosia.

42

Die Tische waren zusammengeschoben, darauf standen leere goldene Dosen, die im Schein der Lampen glitzerten; es konnte losgehen.

»Okay«, sagte Drayton. »Wir verteilen die Aufgaben. Haley und ich beginnen an gegenüberliegenden Seiten. Sie misst die Schwarze-Johannisbeer-Mischung ab und ich die indische Gewürzmischung. Ihr beide«, er nickte Theodosia und Bethany zu, »müsst den Überblick bewahren und uns sagen, wenn wir zweihundertfünfzig Dosen voll haben. Dann kommen die Deckel drauf, und wir stapeln die Dosen in den Originalkartons, bis die Etiketten kommen.«

Bethany schielte entmutigt auf die Aufgabe, die vor ihnen lag. »Gibt es dafür keine Maschinen?«, fragte sie.

Drayton schnaubte verächtlich. »Können Maschinen die vollkommene Mischung kreieren? Können Maschinen exakt die richtige Menge Bergamottöl beimischen? Können Maschinen jede einzelne Dose mit Sorgfalt und Liebe füllen? Ich glaube kaum.« Drayton tauchte eine gläserne Schöpfkelle in seinen Kanister, maß ziemlich genau sechs Unzen Tee ab und fing an, die Dosen auf seiner Seite des Tisches zu füllen.

»Glaub mir, meine Liebe«, sagte Theodosia. »In einer Stunde fühlt es sich nicht mehr an wie Sorgfalt und Liebe. In einer Stunde spürst du nur noch deinen Rücken.«

»Und denkt daran«, mahnte Drayton, »wenn ihr die Dosen verschließt und wieder in die Kisten stellt, dann beschriftet die Kisten sorgfältig. Wir dürfen die Mischungen auf keinen Fall verwechseln!«

»Ja, Drayton«, sagte Theodosia gehorsam, und die beiden Mädchen kicherten.

Sie kamen schnell voran. Das Aroma der würzigen Tees erfüllte den Raum, und bald waren die vier übersät mit losen Teekrümeln.

»Ich komme mir vor, als würde ich in einer Fabrik für Aromatherapie arbeiten«, scherzte Haley. »Es hängen so viele verschiedene Düfte und Aromen in der Luft, dass ich nicht mehr weiß, ob ich mich jetzt entspannt oder belebt fühlen soll.«

»Es reicht völlig, wenn du dich fleißig fühlst«, sagte Drayton. Seinem zielstrebigen Charakter entsprach es, beharrlich an einer einmal begonnenen Aufgabe festzuhalten, bis sie vollendet war.

»Mein Rücken bringt mich um«, klagte Haley. Sie hatte gerade eine Kiste mit der vierten Lage Dosen gefüllt und beugte sich darüber, um sie zu verschließen.

»Wir sind fast fertig«, sagte Drayton. »Es dürften nur noch …«, prüfend ließ er den Blick über den Tisch mit den leeren Dosen schweifen, »etwa vierzig Dosen Preiselbeer-Orange sein.«

»Ich sag euch was«, sagte Theodosia. »Ich mach den Rest alleine.«

»Okay«, sagte Haley. Sie war müde und nur zu gerne bereit, das Handtuch zu werfen.

»Aber wir sind doch fast fertig«, protestierte Drayton.

»Eben drum«, sagte Theodosia. »Es ist spät. Es war ein langer Tag. Es macht mir nichts aus, den Rest alleine zu machen. Ganz im Gegenteil.«

»Also gut ...«, sagte Drayton. »Aber vergiss nicht, jeden Karton ...«

»Ich beschrifte jeden Karton, Drayton«, versicherte sie ihm. »Und jetzt zieht Leine, meine Lieben.«

Mit einem tiefen Seufzer der Erleichterung schob Theodosia den Riegel vor.

Es war schön, allein im Laden zu sein. Schön, diese Aufgabe in ihrer eigenen Geschwindigkeit zu Ende zu bringen, anstatt mit Draytons Fließbandmethode Schritt halten zu müssen.

Theodosia schaltete das Radio ein und fand einen Sender, der eine ganze Reihe Harry-Connick-Songs spielte. Sie sang und summte mit, ganz mit sich im Einklang. Sie brauchte fast eine Stunde, um die restlichen Dosen zu füllen, fest zu verschließen, sie in den Kartons zu verstauen und diese in ihrem Büro zu stapeln. Als sie fertig war, genoss sie aufrichtig das Gefühl, etwas vollbracht zu haben. Jetzt fehlten nur noch die Etiketten.

Drayton hatte Recht, dachte sie, als sie die Kartons betrachtete, die sich bis zur Decke stapelten. Sie brauchte wirklich einen Helm samt Gabelstapler. Was für eine riesige Menge Tee sie verkaufen wollten! Sie musste endlich die Ärmel hochkrempeln und sich ins Geschäft stürzen!

Als sie oben in ihrer Wohnung war, wanderten Theodosias Gedanken zu ihrer Verabredung am nächsten Abend. Sie war fest entschlossen, den richtigen Moment abzuwarten und Jory Davis alles über ihre geheimen Ermittlungen und Entdeckungen zu erzählen. Er war ein kluger Mann, ein Anwalt. Seine Meinung und sein nüchterner Ratschlag waren sicher wertvoll. Sie kam nicht mehr voran. Vielleicht sah Jory Davis etwas, das ihr bis jetzt entgangen war.

Aber was sollte sie anziehen? Jory Davis hatte Abendgarderobe erwähnt, das schränkte die Auswahl ein. Und es war immer noch kühl. Das schwarze Cocktailkleid mit dem Perlenjäckchen oder lieber das lange Kleid und dazu das Samtcape? Obwohl ein langes Kleid streng genommen nicht als Abendgarderobe zählte, tendierten die Frauen in Charleston trotzdem dazu. Vor allem an Premierenabenden in der Oper. Oh, und dann hing ja noch diese wunderbare handbemalte Samtjacke in ihrem Schrank! Ob sie damit durchkommen würde, wenn sie einfach eine schwarze Samthose dazu anzog? Mm ... wahrscheinlich nicht. Das wäre wohl einen Tick zu leger. Dann schon lieber das Cocktailkleid mit dem Perlenjäckchen. Klassisch und figurbetont.

Also gut, was war mit dem Schmuck? Kleine, geschmackvolle Diamantohrstecker oder glitzernde Hängerchen?

Sie überlegte schon, ob sie Delaine anrufen und die Modewächterin um Rat bitten sollte, doch da hörte sie unten ein Geräusch. Sie setzte sich kerzengerade auf und lauschte. Ein leises Rütteln. Beinahe unhörbar. Verstohlen.

Rütteln? Als würde jemand versuchen, die Hintertür zu öffnen? Derselbe Jemand, der vorgestern Abend den Drohbrief an die Tür gehängt hatte?

Panik packte sie. Ihre Hand schlug hektisch auf den

Lichtschalter, und das Licht ging aus. Sie presste das Gesicht ans Fenster und spähte hinunter in die Gasse.

Unten parkte ein Auto. Die Lichter waren aus, aber sie hörte das Brummen eines Motors im Leerlauf. Es war fast so laut wie das Pochen in ihrer Brust.

Theodosia reckte den Hals und verdrehte den Kopf, um mehr zu erkennen. Eine schattenhafte Gestalt kam von ihrer Tür und stieg in den Wagen.

Was sollte sie tun? Wo war der Wachmann? Sie hatte eine Telefonnummer – sollte sie anrufen? Ja!

Sie huschte ins Wohnzimmer, stöberte in ihrer Handtasche und fand die Nummer. Sie nahm das Telefon und tippte hektisch die Zahlen ein.

Jemand nahm beim ersten Klingeln ab. »Gold Shield Security?«

»Hier spricht Theodosia Browning vom Indigo Tea Shop.«

Ihre Worte überschlugen sich. »Unten in der Gasse ist jemand. Gleich hinter meinem Laden. Jemand, der da nicht sein sollte.«

»Beruhigen Sie sich«, sagte die Stimme. »Ich kontrolliere nur kurz meinen Monitor.« Es folgte eine Pause. »Miss Browning, der Wachmann, der in Ihrer Gegend Streife geht, ist ungefähr drei Häuserblocks entfernt. Ich habe ihn angefunkt. Ist der Verdächtige noch in der Gasse?«

»Einen Moment.« Mit dem schnurlosen Telefon in der Hand eilte Theodosia zurück ins Schlafzimmer und presste das Gesicht wieder gegen die Scheibe. »Ja«, flüsterte sie ins Telefon.

»Bleiben Sie bitte am Apparat. Ich melde mich, sobald ich eine Antwort habe. Geht das?«

»Ja. Natürlich.«

Theodosia stand im Dunkeln am Fenster, sah zu dem Wagen hinunter und hoffte inständig, wer immer sich da herumtrieb, war nicht zum Auto zurückgegangen, um eine Spitzhacke oder einen Vorschlaghammer zu holen. Sie betete, dass er nicht zu Bethany und Haley hinüberging und an deren Tür klopfte. So gutgläubig wie sie waren, würden sie ihn auch noch hineinlassen!

»Miss Browning, unser Mann muss jeden Augenblick da sein. Können Sie etwas erkennen?«, fragte die Stimme am Telefon.

»Nein … ja!« Plötzlich bog ein Wagen in die Gasse ein und fuhr langsam auf ihren Laden zu. Am Fahrzeug des Verdächtigen gingen plötzlich die Scheinwerfer an, und der Motor heulte auf. Der Fahrer gab Gas, und die Reifen quietschten einen Moment lang fürchterlich, ehe sie auf dem rauen Kopfsteinpflaster Halt fanden. Der Wagen schoss schlingernd vorwärts und wurde schneller. Aber der Verfolger war ihm auf den Fersen, den Suchscheinwerfer eingeschaltet und ebenfalls mit Vollgas.

Theodosia ließ sich schwer aufs Bett sinken.

»Miss Browning, ist alles in Ordnung bei Ihnen?«, ertönte die Stimme am Telefon.

»Ja. Ihr Wachmann hat die Verfolgung aufgenommen.«

»Wir haben ihn auf dem Monitor. Ein zweiter Wagen ist auf dem Weg. Er ist in zwei Minuten bei Ihnen und wird die ganze Nacht über vor dem Haus parken. Wenn wir irgendwelche Informationen über den Verdächtigen haben, rufen wir Sie an.«

»Ich danke Ihnen«, sagte Theodosia.

Sie trat wieder ans Fenster und wartete, wie ihr schien, eine Ewigkeit, obwohl es in Wirklichkeit wohl nur zwei Minuten waren, bis der zweite Wachmann vorfuhr.

Sie machte das Licht im Schlafzimmer wieder an und warf einen Blick auf das schwarze Kleid, das am Schrank hing. Jetzt hatte sie morgen auf dem Cocktailempfang wenigstens eine interessante Geschichte zu erzählen!

43

»Die Tassen sind hübsch«, sagte Haley. Federal Express hatte soeben einen großen Karton geliefert, und Haley grub mit Folie umwickelte Teetassen aus dem Styroporkugelnest.

»Hat Drayton die bestellt?«, fragte Bethany.

Haley nickte. »Hat aufgerüstet fürs Weihnachtsgeschäft. Wir verkaufen immer ziemlich viele Geschenkartikel.« Sie hielt einen Keramikbecher in jeder Hand. Der eine war mit rosa Pfingstrosen verziert, der andere mit einem chinesischen Drachen. »Schau«, sagte sie, »mit passendem Deckel, damit der Tee warm bleibt. Ganz schön schlau.« Sie schob den Karton über den Tresen zu Bethany hinüber. »Wie wär's? Du machst eine deiner netten Dekos daraus, während ich meine Kürbisplätzchen aus dem Ofen hole. Schau mal, wenn du die Untersetzer und Kerzen im mittleren Regal zur Seite schiebst, hast du Platz.«

»Klingt gut«, sagte Bethany und betrachtete bewundernd die Pfingstrosentasse. »Hat Theodosia die schon gesehen?«

»Nein. Sie telefoniert immer noch.«

Theodosia saß über ihren Tisch gebeugt, den Kopf auf die linke Hand gestützt, den Hörer zwischen Ohr und Schulter geklemmt. In der Rechten hielt sie einen schwarzen Filzstift. »Geben Sie mir noch mal das Kennzeichen«, sagte sie. Der unsichtbaren Stimme zunickend, notierte sie auf einem Zettel die Kombination AUY 372. Sie stieß mit der Spitze des Stifts fest auf das Papier und umrahmte die Nummer mit einer Zickzacklinie. Einer nervösen Zickzacklinie.

»Und Sie haben bereits eine Antwort von der Zulassungsstelle? Oh, sie kommt gerade per Telefax? Ja, natürlich, ich bleibe dran.«

Theodosia tippte weiter mit dem Stift aufs Papier und ließ den Blick unruhig durchs Zimmer streifen. Er fiel auf Regale voller Papierkram, dem sie sich widmen sollte. Ein Stuhl voller Entwürfe, die wohl noch eine Weile dort liegen bleiben würden. Kartons voller Weihnachtstee. Sie stöhnte innerlich. Der Tee allein stellte fast 20.000 Dollar potenziellen Umsatz dar. Würde sie ihn verkaufen und damit das Geschäft wieder ankurbeln können? Das blieb abzuwarten.

»Ja?« Sie schnellte hoch, als die Stimme wieder da war. »Ich wusste nicht, dass es bei einem Leasingfahrzeug anders funktioniert. Ja, das ist wirklich interessant«, sagte sie, obwohl es sie kein bisschen interessierte. »Haben Sie den Namen?« Sie saß kerzengerade, die Augen auf das gekritzelte Kennzeichen geheftet. »Ja? Tanner Joseph«, wiederholte sie mit eigentümlich flacher Stimme. »Danke.«

Sie knallte den Hörer so heftig auf die Gabel, dass er wieder zurückschnellte und daneben fiel.

»Verdammt!«, rief sie.

Drayton war binnen einer Sekunde in ihrem Büro und schloss sachte die Tür.

»Pst!« Er legte den Finger auf die Lippen. »Wir haben Kundschaft.«

Sie wirbelte herum und sah Drayton an, schwer atmend, wütende Flecken im Gesicht, die Haare wild zerzaust. »Es war Tanner Joseph!« Sie spie den Namen förmlich aus, mit Zorn und Ekel in der Stimme.

»Was war Tanner Joseph?«, fragte Drayton ruhig. Seiner Meinung nach konnte man jemanden am ehesten beruhigen, indem man selbst ruhig blieb, auch wenn es gut möglich war, dass er sich diesmal täuschte. Theodosia war offensichtlich außer sich vor Zorn.

»Gestern Nacht!«, wetterte sie und fing an, in ihrem Büro auf und ab zu gehen. »Draußen auf der Gasse!«

»Es war jemand da draußen letzte Nacht?«, fragte Drayton. Jetzt war auch seine Stimme ein paar Oktaven höher. »Theodosia, ist etwas passiert, nachdem wir weg waren?«, fragte er streng.

»Dieser Idiot, Tanner Joseph, war unten. Gold Shield Security hat eben angerufen. Einer ihrer Wachleute hat sich das Nummernschild notiert.« Sie stampfte mit dem Fuß auf. »Der hat vielleicht Nerven!«

»Aber weshalb sollte er …?« Drayton ließ den Satz unvollendet, auf der Suche nach einer logischen Schlussfolgerung. Er versuchte es noch einmal. »Aber du hast die Vorlagen doch schon abgeholt, weshalb …«

Sein Blick begegnete ihrem, und es dämmerte ihm. »Tanner Joseph hat dich beobachtet«, flüsterte er.

»Das ist kein Spaß mehr«, sagte sie düster.

44

Zum ersten Mal seit Jahren hatte es keinerlei beruhigende Wirkung auf Theodosia, eine Tasse Tee zu trinken. Ein Blick auf Drayton zeigte ihr, dass er auch nicht gerade ein Sinnbild der Gelassenheit war.

»Was willst du Haley und Bethany erzählen?«, fragte er. Er hatte soeben seinen eigenen kleinen Nervenzusammenbruch erlebt, als er erfuhr, dass Tanner Joseph Theodosia gestern Abend einen unwillkommenen Besuch abgestattet hatte. Sein Haar, das er sich in einem fort raufte, war zerzaust, und die Krawatte saß schief. Hastig stürzte er seinen Tee hinunter.

»Ich fürchte, ich muss ihnen die Wahrheit sagen«, sagte Theodosia. »Wir haben zwar immer noch den Wachmann, aber sie müssen trotzdem auf der Hut sein. Wir wissen nicht, wozu dieser schreckliche Mensch in der Lage ist.«

»Wir wissen auch nicht, ob er neulich abends den Drohbrief an die Tür gehängt hat«, sagte Drayton.

»Möglich wäre es. Trotzdem habe ich eher das Gefühl, als wäre Tanner Joseph gestern zum ersten Mal hier aufgekreuzt. Ich vermute, er war völlig entgeistert, weil ich nur die Etiketten abgeholt habe und nicht geblieben bin, um mit ihm zu plaudern. Obwohl er, fürchte ich, ganz anderes im Sinn hatte, als nur zu plaudern.«

Drayton sah sie finster an. »Wenn das stimmt, heißt das, wir haben es mit zwei Irren zu tun, die da draußen rumlaufen.«

Theodosia massierte sich die schmerzenden Schläfen. »Prickelnder Gedanke, nicht wahr?«

Sie wurden von einem leisen Klopfen an der Tür unterbrochen.

»Was?«, rief Drayton.

Die Tür ging auf, nicht mehr als einen Zentimeter.

»Tidwell ist gerade gekommen«, sagte Haley. »Er will dich sprechen, Theodosia.«

»Geh sofort wieder nach vorne!«, befahl Drayton. »Du weißt, dass Bethany sich vor diesem Mann zu Tode fürchtet!«

»Okay, okay«, murrte Haley. »Immer mit der Ruhe. Ich kann unmöglich an zwei Orten auf einmal sein!«

Theodosia sah Drayton unglücklich an. »Alles bricht auseinander«, murmelte sie. »Seit dem Mord an Hughes Barron ist nichts mehr, wie es vorher war.«

Drayton nahm ihre Hand in seine, hielt sie fest und erwiderte ihren Blick mit inniger Zuneigung. »Hör mir zu, Theodosia. Wir werden dieser Sache auf den Grund gehen. Wir werden dieses Rätsel aufklären. Und danach werden wir beide zurückblicken und darüber lachen. Ganz genau! Wir werden diese ganze Angelegenheit höchst amüsant finden, das verspreche ich dir. Und jetzt, Miss Browning, schlage ich vor, Sie bändigen Ihr Haar und putzen sich die Nase. So ist's recht«, sagte er aufmunternd. »Wir werden dem schrecklichen Tidwell doch keinen Grund geben, auf falsche Gedanken zu kommen, was?« Er ging hinter Theodosia her. »Kopf hoch, Mädchen«, flüsterte er.

Irgendwo aus dem hintersten Winkel ihrer Seele förderte Theodosia ein warmes Lächeln für Burt Tidwell zu Tage. »Guten Morgen, Detective Tidwell.« Ihre Stimme, noch immer belegt vor Zorn, konnte mit etwas Phantasie als kehlig durchgehen.

»Miss Browning.« Tidwell bedachte sie mit einer kurzen Grimasse, seiner Art zu lächeln, und Theodosia fragte sich, ob es zu diesem wunderlichen, schrulligen Mann auch eine Mrs. Tidwell gab. Die Ärmste.

Tidwell stand kurz auf, als Theodosia sich setzte, und ließ sich dann wieder schwer in seinen Stuhl fallen. Sie lächelten beide angespannt, während Haley Teller und Tassen, Löffel, Milch und eine Kanne Dimbulla servierte. Aber kein Gebäck. Theodosia hatte die Absicht, diesen Besuch so kurz wie möglich zu halten.

Tidwells kugelförmiger Kopf drehte sich auf seinen fleischigen Schultern, musterte die Gäste an den umliegenden Tischen. »Wie läuft's?«, fragte er.

Theodosia zuckte kaum merklich mit den Schultern. »In Ordnung.«

»Wie Sie wissen, schreiten unsere Ermittlungen im Falle Hughes Barron voran.« Tidwell machte eine Pause, schürzte die Lippen und trank ein winziges Schlückchen Tee. »Wo kommt der her?«, fragte er.

»Aus Ceylon.«

»Dazu würde etwas Süßes gut passen.«

»Das stimmt.« Theodosia saß ihm geduldig gegenüber, die Hände im Schoß. Sie war inzwischen mit Tidwells krummen Taktiken vertraut.

Tidwell verzog den Mund und schenkte ihr ein dünnes Lächeln.

Falls er nicht ... dachte sie und sah ihn aufmerksam an. *Falls dieser Mann nicht noch etwas in petto hat.*

»Um eine gründliche und gewissenhafte Ermittlung zu gewährleisten«, fuhr er fort, »haben wir ganz besonderes Augenmerk auf Hughes Barrons Büroräume hier in der Stadt sowie auf seine Wohnung gelegt.« Er sah Theodosia über den Rand seiner Teetasse fest an. »Sie sind vielleicht vertraut mit seinem Apartment draußen auf der Isle of Palms?«

Theodosia ließ sich nichts anmerken.

»Des Weiteren«, sagte er, »sollte ich Sie vielleicht wissen lassen, dass wir in besagtem Apartment ein Objekt gefunden haben. Ein Objekt mit den Fingerabdrücken einer Ihrer Angestellten.«

»Ach wirklich?«

»Ja, in der Tat. Und es wird Sie kaum überraschen, wenn ich Ihnen sage, dass die Fingerabdrücke – wir konnten eine perfekte Übereinstimmung sicherstellen – Bethany Sheperd gehören.«

Theodosia spie die nächsten Worte förmlich aus. »Warum schenken Sie mir nicht einfach reinen Wein ein, Detective Tidwell, und verraten mir, auf welchem Objekt Sie Bethanys Fingerabdrücke gefunden haben?«

»Miss Browning.« Sein Blick durchbohrte sie. »*Diese* Information ist streng vertraulich.«

45

Burt Tidwell saß in seinem Ford Crown Victoria und betrachtete die Ziegelfassade des Indigo Tea Shop. Er hatte dieser Browning absichtlich nicht erzählt, dass ihr verehrter Nachbar Harold Dauphine tatsächlich an einem Herzanfall gestorben war. An einem Myokardinfarkt, um genau zu sein.

Er vermutete, dass Theodosia die Todesfälle von Mr. Hughes Barron und Mr. Dauphine über einen Kamm scherte. Wahrscheinlich zählte sie zwei und zwei zusammen. Was in diesem Fall leicht daneben gegriffen war. Aber alles in allem hatte sie für eine Amateurin gar nicht so schief gelegen.

Burt Tidwell seufzte, fasste neben sich in die Mittelkonsole, tastete nach seinem Sicherheitsgurt und stellte ihn etwas weiter. Na also. Viel besser. Jetzt konnte er Atem holen. Jetzt konnte er sogar in Betracht ziehen, zu einem frühen Mittagessen bei Poogan's Porch einzukehren. Eine kleine Portion Shrimp Creole vielleicht oder eine Schale von deren berühmtem Okra Gumbo.

Tidwell betätigte den Zündschlüssel. Der Motor des großen Wagens sprang an und brummte dann tief.

Theodosia Browning hatte sich als höchst findig erwiesen. Ja, sie war neugierig und ihm gegenüber argwöhnisch, aber sie hatte ein paar interessante Vermutungen angestellt.

Und vor allem hatte sie hier in der Altstadt von Charleston einiges aufgerüttelt. Und das kam ihm außerordentlich gelegen. Schließlich gehörte Theodosia wirklich dazu. Im Gegensatz zu ihm.

46

»Hast du zugelassen, dass die Polizei deine Fingerabdrücke nimmt?« Theodosia ging in ihrem kleinen Büro auf und ab, während Bethany auf einem Stuhl saß. Das Mädchen hatte die Knie ans Kinn gezogen und knetete mit den Händen unaufhörlich den Stoff des langen Rocks.

»Ja«, sagte sie mit dünner Stimme. »Leyland Hartwell

hat gesagt, es sei in Ordnung. Außerdem hat die Polizei gesagt, das sei nötig, um mich auszuschließen.«

»Bethany, du brauchst dich nicht vor mir zu rechtfertigen. Ich veranstalte schließlich kein Kreuzverhör.«

»Nein, das kommt dann später«, erwiderte Bethany finster.

»Das steht doch überhaupt noch nicht fest«, sagte Theodosia. *Wirklich,* dachte sie, *das Mädchen kann einen zum Wahnsinn treiben.*

Das Telefon auf Theodosias Schreibtisch klingelte, und sie nahm den Hörer ab, froh über die Unterbrechung.

»Wie ich höre, war es bei Ihnen letzte Nacht ganz schön aufregend«, sagte Jory Davis.

»Hat die Sicherheitsfirma Sie etwa angerufen?«, fragte Theodosia überrascht.

»Natürlich. Ich habe sie schließlich beauftragt.« Es folgte eine lange Pause, dann fragte er leise: »Theodosia, wächst Ihnen die Sache über den Kopf?«

Sie schwieg so lange, dass Jory Davis seine Frage schließlich selbst beantwortete: »Manchmal ist keine Antwort auch eine Antwort«, sagte er.

»Ich verspreche, dass ich Ihnen heute Abend absolut alles erzähle. Und mir jeden anwältlichen Rat, den Sie mir mitgeben wünschen, aufrichtig zu Herzen nehme.« Sie machte eine Pause. »Ehrlich.«

»Nun gut.« Offensichtlich war er beruhigt. »Ich sehe unserem gemeinsamen Abend mit gespannter Erwartung entgegen.« Aus seiner Stimme klang leise Belustigung.

»Kann ich bitte wieder an die Arbeit gehen?«, fragte Bethany. Theodosia hatte schon lange aufgelegt, stand aber immer noch an ihrem Schreibtisch, seltsam entrückt, und starrte gedankenverloren auf die Tischplatte.

Theodosia sah auf. »Was? Oh, natürlich, Bethany.«
Bethany sprang auf, zum Rückzug bereit.

»Du weißt nicht zufällig, wovon Tidwell gesprochen hat?«, rief Theodosia ihr nach.

Bethany fuhr auf dem Absatz herum. »Was meine Fingerabdrücke angeht? Nein, natürlich nicht.« Sie sah Theodosia verletzt und gedemütigt an. »Ich glaube ... ich glaube, das ist wohl mein letzter Tag hier«, schniefte sie.

»Bethany, bitte!« Das war das Letzte, was sie wollte, Bethany in irgendeiner Weise aufzuregen, sie noch unglücklicher zu machen.

»Nein. Meine Anwesenheit hier ist viel zu problematisch geworden.«

»Wie du willst, Bethany«, sagte Theodosia. Sie wartete, bis Bethany die Tür hinter sich zugezogen hatte, dann setzte sie sich seufzend auf ihren Stuhl. Wie hatte sie sich nur einbilden können, den Mord an Hughes Barron aufzuklären? Sie war ihren Eingebungen und Vorahnungen gefolgt, und angekommen war sie ... nirgendwo. Wenn überhaupt, dann gab es jetzt noch mehr offene Fragen, noch mehr unerklärliche Windungen und Wendungen. Und jetzt war auch noch ein mysteriöser Gegenstand in Hughes Barrons Wohnung aufgetaucht, ein Gegenstand, den die Polizei untersucht und auf dem sie Spuren von Bethanys Fingerabdrücken gefunden hatte!

Theodosia zog die Schreibtischschublade auf und holte das Telefonbuch heraus. Schnell blätterte sie durch die ersten Seiten. Direkt hinter dem Inhaltsverzeichnis und den Vorwahlen für Ferngespräche fand sie die Nummer, die sie suchte. Das Polizeipräsidium von Charleston.

Nervös wählte sie die Nummer. Ihr war klar, dass dies ein Schuss ins Blaue sein würde, und ein riskanter dazu.

»Cletus Aubrey, bitte«, sagte sie der Dame in der Telefonzentrale.
»Welche Abteilung?«, fragte die mit gleichgültiger Stimme.
»EDV«, sagte Theodosia.
»Wissen Sie die Durchwahl nicht?« Die Frau klang verdrossen.
»Nein, tut mir Leid«, sagte Theodosia und kam sich dämlich dabei vor, sich dafür bei jemandem zu entschuldigen, dessen Job es war, Telefonnummern herauszusuchen.
Cletus Aubrey war ein Freund aus Kindertagen. Er war auf einer Farm in der Nähe der Browning-Plantage im Low Country aufgewachsen. Als Kinder hatten sie und Cletus ungezählte Sommertage zusammen verbracht, waren durch die Wälder gestreift, durch Bäche gewatet, hatten Hühner erschreckt und waren in Flussbetten auf Krebsfang gegangen. Cletus hatte sich schon früh für den Polizeidienst interessiert und war von ihrem Vater, Macalester Browning, ermutigt worden. Und als Cletus seinen High-School-Abschluss in der Tasche hatte, besuchte er eine zweijährige Polizeischule und ging danach ins Präsidium von Charleston.
»Morgen, Cletus Aubrey.«
»Cletus? Hier spricht Theodosia. Theodosia Browning.«
Sie hörte einen tiefen Atemzug, gefolgt von aufrichtigem, warmem Gelächter.
»Ich glaube, ich spinne! Ist es denn zu fassen! Wie geht es Ihnen, Miss Browning?«
»Cletus! Seit wann bin ich Miss Browning?«
»Seit du aufgehört hast, barfuß durch Schlammpfützen

zu hopsen und angefangen hast, einen Teeladen zu betreiben. Weißt du, Mädchen, es gefällt mir, dich Miss Browning zu nennen. Erinnert mich daran, wie du in die graziösen Fußstapfen deiner Tante Libby getreten bist. Wie geht es Tante Libby eigentlich?«

»Sehr gut.«

»Verwöhnt sie immer noch all ihre gefiederten Freunde mit Hirse und Korn?«

»Sie hat ihre Zuwendung auf Murmeltiere, Waschbären und sogar Opossums ausgedehnt.«

Cletus Aubrey kicherte erneut. »Die guten Dinge im Leben ändern sich nie. Theo, *Miss* Browning, was verschafft mir diesen Ausflug ins Gestern, diesen Spaziergang auf der Straße der Erinnerungen?«

»Cletus, ich muss dich um einen Gefallen bitten.«

»Schieß los.«

»Du hast doch mal in der Asservatenkammer gearbeitet, nicht wahr?«

»Drei Jahre lang. Ehe ich auf die Abendschule gegangen und zum Computernarr mutiert bin.«

»Wie aufwendig wäre es, sich dort unauffällig ein bisschen umzusehen?«

»Überhaupt nicht aufwendig, wenn ich im Groben wüsste, wonach ich Ausschau halten soll.«

»Nennen wir es ein mysteriöses Objekt, welches in der Wohnung eines gewissen Hughes Barron sichergestellt wurde.«

»Oho, die alte Suche nach dem mysteriösen Objekt. Ja, das schaffe ich wahrscheinlich. Wie war der Name noch mal? Barron?«

»Ja. B-A-R-R-O-N.«

»Und der Vorname ist Hughes?«

»Genau«, sagte Theodosia.

»Einer der Jungs aus der Asservatenkammer schuldet mir noch zwanzig Mäuse, die er letzte Woche bei einer Wette auf die Mannschaft von Citadel verloren hat. Ich rück ihm mal auf den Pelz und sehe mich dabei gleich ein bisschen um. Zwei Fliegen mit einer Klappe schlagen.«

»Cletus, du bist ein Schatz.«

»Das erzähl ich meiner Frau auch die ganze Zeit, aber sie kauft es mir leider nicht ab.«

Theodosia war mitten im Gespräch mit einem der Verkäufer von Frank & Fuller, einem Teegroßhandel in Montclair, New Jersey, als die zweite Leitung klingelte. Es war der Rückruf von Cletus.

»Das wird dir leider gar nicht gefallen, Miss Browning«, fing er an.

»Was ist es denn, Cletus?«

»Irgend so ein Teedingsdabumsda.«

»Beschreib es mir bitte«, sagte Theodosia.

»Silbern, mit vielen kleinen Löchern drin.«

»Ein Teesieb.«

»Verkaufst du die?«, fragte Cletus.

»Kistenweise«, sagte Theodosia und seufzte.

47

Vor Theodosia ausgebreitet auf dem Schreibtisch lagen die Verkaufsbelege der letzten sechs Monate. Haley hatte versucht, sie monatsweise zu stapeln, aber es waren so viele der dünnen Kassenzettel, dass sie ständig durcheinander rutschten und sich auf ihre eigene Weise neu sortierten.

»Ist das alles?«, fragte Theodosia. In dem Versuch, wenigstens etwas Ordnung zu schaffen, hatte sie ihre Haare – sehr zu Haleys Vergnügen – zu einem Knoten aufgesteckt.

»Du siehst aus wie eine Figur aus einem William-Faulkner-Roman«, hänselte Haley sie. »Fehlt nur noch Draytons Lesebrille auf der Nasenspitze.«

Theodosia beachtete sie nicht. »Das sind alle Kassenbelege, stimmt's?«

»Eigentlich schon; außer, du möchtest, dass ich auch noch die Computeraufstellungen rauslasse.« Haley wurde wieder ernst. »Das muss doch nicht sein, oder? Das wäre doppelte Arbeit.«

»Wenn wir die hier zusammen durchsehen, sollten wir doch einen Beleg für jedes Teesieb finden, das wir verkauft haben, oder?«

Weil der Indigo Tea Shop eine Kundendatei für den Versand von Werbebriefen pflegte, waren auf fast jedem Kassenbeleg Name und Adresse eingetragen.

Haley machte ein skeptisches Gesicht. »Was für Siebe? Zangen, Teeeier, Tasseneinsätze, Siebe mit Griff, Teebälle?«

»Alle«, verkündete Theodosia. »Du nimmst dir diese drei Stapel vor und ich den Rest.«

»Schon gut, schon gut. Ich frage ja nur. Ich mache mir ja auch Sorgen um Bethany.« Haley beugte sich beflissen über ihren Stapel.

»Und du bist sicher, dass Bethany vor sechs Monaten noch nicht bei uns an der Kasse gearbeitet hat?«, fragte Theodosia. Sie machte sich Gedanken um den zeitlichen Rahmen, den sie überprüften.

Haley runzelte nachdenklich die Stirn. »Vor Mai? Nein, ich glaube nicht.«

Zwei Stunden später hatten sie alle Belege durchgesehen und zu ihrem Erstaunen festgestellt, dass im Indigo Tea Shop in den vergangenen sechs Monaten fast fünfzig Teesiebe über den Ladentisch gegangen waren.

»Und jetzt müssen wir versuchen, einige Leute auszuschließen«, sagte Theodosia etwas verzagt angesichts der riesigen Anzahl Belege.

»Als da wären?«, fragte Haley.

»Touristen zum Beispiel. Leute, die nur auf eine Tasse Tee vorbeigekommen sind und noch ein paar Kleinigkeiten gekauft haben.«

»Okay, verstanden«, sagte Haley. »Ich schaue die fünfzig Belege durch. Mal sehen, was das bringt.«

Weitere fünfzehn Minuten Arbeit brachten wenigstens einen kleinen Fortschritt.

»Ich denke, ungefähr dreißig hiervon können wir guten Gewissens ausschließen«, überlegte Haley. Sie deutete auf einen Stapel Belege. »Diese Kunden kommen alle aus anderen Bundesstaaten, ziemlich weit verstreut. Kalifornien, Texas, Nevada, New York ...«

»Einverstanden«, sagte Theodosia. »Bleiben noch einheimische Kunden. Wen haben wir da?«

Haley reichte Theodosia die verbliebenen Belege. »Elmira und Elise, die beiden Schwestern, die über dem Kurzwarenladen wohnen. Reverend Jonathan. Ein paar Pensionen.«

Theodosia studierte die aussortierten Belege. »Das meiste sind Bekannte und Nachbarn«, sagte sie. »Nicht gerade die üblichen Verdächtigen.«

»Lydia vom Chowder Hound Restaurant hat gleich *drei* gekauft«, sagte Haley. »Glaubst du, sie hatte Hughes Barron auf dem Kieker?«

»Ich bezweifle, dass sie ihn überhaupt kannte«, murmelte Theodosia. »Also gut, Haley. Danke. Gute Arbeit.«

»Tut mir Leid, dass nicht mehr dabei herausgekommen ist.« Haley blieb zögernd in der Tür stehen. Sie hatte irgendwie das Gefühl, als hätte sie Theodosia im Stich gelassen.

»Schon gut«, sagte Theodosia. »Danke noch mal.«

Theodosia griff nach der Spange, die ihr dichtes Haar zusammenhielt und zog sie heraus. Als ihr die Haare über die Schultern fielen, musste sie an all die Dinge denken, die im Laden unerledigt geblieben waren, und daran, dass sie diese Woche sogar die Therapiestunden mit Earl Grey hatte ausfallen lassen.

Ihr Herz zog sich zusammen. Earl Grey. Der Hund, den sie zusammengekauert in der Gasse gefunden hatte, der Hund, der ihr treuster Gefährte geworden war. Irgendwer, möglicherweise Hughes Barrons Mörder, hatte gedroht, Earl Grey zu vergiften, wenn sie sich nicht aus der Sache raushielt.

Okay, sagte sich Theodosia. Die Sache mit den Belegen wäre endgültig ihr letzter Versuch. Und wenn nichts dabei herauskam, dann würde sie sich wirklich raushalten.

Sie versuchte sich zu konzentrieren und sah den Stapel mit den ungefähr zwanzig Belegen durch, die Haley aussortiert hatte.

Lydia vom Chowder Hound. Stand sie in irgendeiner Weise zu Hughes Barron in Verbindung? Oder zu einem der Verdächtigen? Ihr Gefühl sagte ihr, dass das unwahrscheinlich war.

Auch Samantha Rabathan hatte vor ein paar Monaten ein Teesieb gekauft. Was, wenn Samantha das Sieb für die Heritage Society gekauft hatte?

Sie war in dieser Beziehung geradezu musterhaft. Wenn sie nicht gerade auf einem Blumenwettbewerb das Blaue Band für ihre Aufsehen erregenden La Reine Victoria-Rosen einheimste oder als Teil der Schickeria von hie nach da flatterte, widmete sie einen guten Teil ihrer Zeit als Freiwillige der Heritage Society. Sie arbeitete in der kleinen Bibliothek und half dabei, neue Sponsoren zu gewinnen.

Also war es noch immer möglich, dass Timothy Neville hinter all dem steckte.

Timothy Neville hätte Hughes Barron aus dem Weg räumen und das Teesieb mit Bethanys Fingerabdrücken als falsche Fährte hinterlassen können. Er wusste, dass ihre Fingerabdrücke die Polizei in die Irre führen würden, falls die Polizei überhaupt in dieser Richtung Witterung aufnahm.

Nun, es gab nur eine Möglichkeit, das herauszufinden. Sie würde Samantha einen Besuch abstatten und sie fragen, ob sie ein Teesieb für die Heritage Society gekauft hatte. Mochte sein, dass Samantha diese Frage seltsam vorkam, aber wenn dem so war, wäre sie sicherlich zu höflich, um es zu sagen.

48

Samantha Rabathans Garten, durch den sich ein Weg aus alten Pflastersteinen und blauen Sandsteinen zog und dessen Krönung eine mit Wein bewachsene Laube war, war eine friedliche, vollkommene Oase der Ruhe. Um einen kleinen Teich waren in konzentrischen Kreisen Blumen gepflanzt, die zwar für diese Saison bereits die meisten Blüten verloren hatten, doch dank der großen, sorgsam ausgewählten Vielfalt noch immer einen üppigen, schönen Anblick boten.

»Hallo, hier bin ich, meine Liebe«, rief Samantha.

Sie hatte Theodosia aus dem Augenwinkel kommen sehen und ihre Schritte gehört. Auf Händen und Knien sah Samantha zu ihr auf, ein Lächeln auf den Lippen und die Gartenschere in der Hand.

»Das sorgsame Beschneiden der Pflanzen im Herbst sorgt für Blütenpracht im Frühjahr«, sagte Samantha, als hielte sie einen Vortrag im Gartenverein. Auf dem Kopf trug sie einen breitkrempigen Strohhut, obwohl die Nachmittagssonne jeden Moment endgültig hinter großen Wolkentürmen zu verschwinden drohte.

Theodosia sah sich um. Der Garten war wunderschön, daran bestand kein Zweifel. Doch Samanthas Garten wirkte gleichzeitig immer ein klein bisschen gewollt. Die meisten Gärten in Charleston hatten ihren geheimnisvollen Zauber gerade dem leicht verwilderten, ungezähmten Touch zu verdanken. Wilder Wein, der sich in Kaskaden über Ziegelmauern ergoss, Bäume, die ihre ausladenden Zweige über einem ausstreckten, wucherndes Grün, aus dem hie und da Statuen, Steingärten und schmiedeeiserne Gestelle herauslugten.

»Wie geht es euch denn so im Teeladen?«, erkundigte sich Samantha fröhlich.

»Gut«, sagte Theodosia. »Viel zu tun. Wir stecken gerade mitten in der Inventur, und es geht drunter und drüber.« Sie hoffte, mit dieser kleinen Geschichte jeden Argwohn bezüglich ihrer Teesiebrecherchen im Vorfeld austreiben zu können.

»Klingt aber ziemlich öde«, sagte Samantha. Sie nahm

eine Harke, stach tief in die satte Erde und machte einem verirrten Unkraut den Garaus.

»Es ist die einzige Möglichkeit, die Nachbestellungen in den Griff zu bekommen«, erklärte Theodosia, während Samantha das Unkraut auf einen ordentlich zusammengetragenen Haufen verwelkter Blüten und abgeschnittener Stängel warf.

»Samantha«, fuhr Theodosia fort, »hast du irgendwann mal für die Heritage Society ein Teesieb bei uns gekauft?«

Samantha stopfte das Erdloch wieder zu, stand auf und stampfte die Stelle mit einem resoluten Tritt fest.

»Möglich wäre es, vielleicht. Gibt es ein Problem, Theodosia? Eine Rückrufaktion?« In ihrer Stimme schwang Belustigung. »Ich sag dir was: Komm mit rein, und wir gönnen uns eine schöne Tasse Tee und einen netten kleinen Plausch.«

Ohne eine Antwort abzuwarten, steckte Samantha die Gartenschere und die Harke in die Taschen des leinernen Arbeitsgürtels, den sie um die Hüften trug, hakte sich bei Theodosia unter und zog sie mit sich zum Hintereingang.

»Sieh mal, dort drüben«, sagte Samantha und deutete hinüber, »wo ich letztes Jahr meine neuen La Belle Sultane-Rosen gepflanzt habe. Ich wette mit dir, in fünf Monaten habe ich Blüten so groß wie eine Faust!«

Während Samantha in der Küche mit dem Geschirr klapperte, machte Theodosia es sich in dem kleinen Speisezimmer bequem. Samantha besaß eine beachtliche Sammlung Waterford-Kristall, und heute fing sich das Licht, das durch die achteckigen Fenster über den Einbauregalen fiel, ganz besonders schön in den Gläsern.

»Da wären wir.« Samantha kam mit einem silbernen Teeservice hereingeschwebt. »Vielleicht nicht ganz so perfekt wie bei dir im Indigo Tea Shop, aber hoffentlich genauso elegant.«

Theodosia wusste, dass Samantha auf ihr silbernes Teeservice anspielte. Nicht nur versilbert, nein, die Kanne und die dazugehörenden Stücke waren aus reinstem englischen Sterling, Antiquitäten, die seit mehr als hundert Jahren in Besitz von Samanthas Familie waren.

»Ganz wunderbar«, murmelte Theodosia, während Samantha am Tisch stand, eine Tasse aus zartem Porzellan unter den Ausgießer hielt und geschickt einschenkte.

Theodosia nahm die dampfende Tasse Tee entgegen und atmete das zarte Aroma ein. Ceylon Silver Tips? Kenilworth Garden? Es gelang ihr nicht, den Tee eindeutig zuzuordnen.

Als Theodosia die Tasse an die Lippen hob, um einen Schluck zu trinken, fiel ihr Blick auf die purpurnen Blumen, die so kunstvoll auf der Anrichte gegenüber arrangiert waren. Komisch, dass sie ihr nicht schon früher aufgefallen waren. Aber da hatte die Sonne ins Fenster geschienen und sich so auffällig in den Gläsern gebrochen.

Die purpurnen Blüten sahen aus wie gelockter Samt und erinnerten merkwürdig an die Kapuze einer Mönchskutte, fand sie. Hübsch. Aber auch irgendwie ungewöhnlich.

Plötzlich durchzuckten Theodosia Erinnerungen. An Blumen, die sie anderswo gesehen hatte. Purpurne Blumen, welche die schmiedeeisernen Tische auf der Lamplighter-Tour geschmückt hatten. An Mrs. Finster in der Wohnung von Hughes Barron, eine Vase mit verwelkten Blumen in der Hand. Dunkellila, beinahe schwarz. Trocken und schrumplig.

Theodosia stellte die Tasse ab, ohne einen Schluck genommen zu haben. Das feine Porzellan klirrte leise, als die

Tasse auf die Untertasse traf. Plötzlich war ihr klar, mit welchem Gift Hughes Barron ermordet und wie einfach die Tat vollbracht worden war.

Während ihr das volle Ausmaß dieser Erkenntnis dämmerte, drang die schrille Stimme von Samantha Rabathan wie aus weiter Ferne an Theodosias Ohr.

»Du trinkst deinen Tee nicht«, schalt Samantha sie in einem gereizten Singsang und kam an Theodosias Seite.

Wie gelähmt starrte Theodosia auf die Tasse mit der tödlichen Flüssigkeit. Sie blinzelte, hob den Kopf und blickte direkt in die Gartenschere aus blitzendem Stahl mit den gebogenen Klingen und den scharfen Spitzen, nur wenige Zentimeter von ihrem Gesicht entfernt. Einen erschreckenden Augenblick lang sah sie den Ausdruck von Wut und Triumph auf Samanthas Gesicht.

»Hughes Barron«, flüsterte Theodosia. »Warum?«

Mit einem grausamen Zug um den Mund spie Samantha die Antwort heraus: »Ich habe ihn geliebt. Aber er wollte sich nicht von ihr scheiden lassen. Von Angelique. Er hat es mir versprochen, und dann hat er es nicht getan.«

»Und da hast du ihn vergiftet.« Es war eine Feststellung, keine Frage.

»O bitte! Zuerst wollte ich ihn nur krank machen. So krank, dass er mich brauchte. Und dann ...« Samanthas Augen rollten wie irre, als sie ganz leicht mit der Gartenschere zustieß. Wieder und wieder stachen die scharfen Spitzen in die Haut an Theodosias Hals.

Sie hat einen Nervenzusammenbruch, dachte Theodosia. *Die Nervenverbindung zwischen ihren Gedanken und ihren Handlungen hat eine Art Kurzschluss erlitten. Sie hat sich von der Realität verabschiedet.* Gleichzeitig wusste Theodosia, dass sie Samantha irgendwie dazu bringen musste, weiter zu reden. Sie beschäftigen und dafür sorgen musste, dass Samantha sie als Menschen sah. Theodosia schauderte und versuchte, nicht an die schrecklichen Stahlklingen zu denken, die ihr in den Hals ritzten.

»Was sind das für welche?« Ihre Stimme klang heiser. »Die lila Blumen, meine ich.«

»Eisenhut«, blaffte Samantha.

»Eisenhut«, wiederholte Theodosia. Sie hatte einmal etwas über diese Pflanze gehört. Eisenhut enthielt das tödliche Gift Aconitin. Es fand schon seit Jahrhunderten Verwendung. Die Chinesen tauchten Pfeilspitzen und Speere in Aconitin. In England wurde die Pflanze Altfrauenbeistand genannt. Und die wirkungsvollen Blüten hatten wahrhaftig so manche alte Frau zur Witwe gemacht.

»Sei nicht unhöflich«, drängte Samantha. »Trink deinen Tee.« Die scharfen Spitzen zeichneten einen Kreis auf Theodosias Nacken, unmittelbar hinter ihrem linken Ohr.

Der stechende Schmerz ließ Theodosia zusammenzucken. *Genau da verläuft die Halsschlagader!*, dachte sie panisch.

»Der Tee«, fauchte Samantha. »Du entpuppst dich reichlich schnell als unhöflicher, unerwünschter Gast, der meine Geduld lange genug auf die Probe gestellt hat!« Den letzten Teil des Satzes presste sie in einem hohen, schrillen Ton heraus.

Tief in Theodosia regte sich Zorn und verdrängte die Angst. Diese Frau hatte Hughes Barron mit eiskalter Berechnung vergiftet. Hatte es gewagt, Earl Grey zu bedrohen. Und jetzt war diese geistesgestörte Irre kurz davor, auch ihr etwas anzutun! Rasende Wut machte sich in jeder Faser ihres Körpers breit.

Langsam hob Theodosia ihre rechte Hand und streckte

sie nach einem kleinen Silberschälchen aus, in dem ein halbes Dutzend Zuckerwürfel lagen.

»Darf ich?«, fragte Theodosia.

Samanthas Lachen klang wie raues Gebell. Ihr Kopf zuckte auf und nieder. »Wie ging dieser dumme Spruch doch gleich? Schluckimpfung ist süß? Los, bedien dich, du Zimperliese!«

Theodosia nahm zwei Würfel und hielt sie manierlich zwischen Daumen und Zeigefinger. So wie sie die feinen Zuckerkörner zwischen ihren Fingern spürte, spürte sie auch den kalten Stahl, der fest gegen ihren Hals drückte.

Sie zog die Hand zurück und ließ plötzlich die Zuckerstücke fallen, als hätte sie sich daran verbrannt. Ihre rechte Hand umklammerte den Griff von Samanthas edler Teekanne, als klammere sie sich am Leben selbst fest. Mit aller Kraft schwang Theodosia die schwere Silberkanne, die bis zum Rand mit brühend heißem Tee gefüllt war, in Samanthas Richtung. Der silberne Deckel flog voran und schnitt Samantha die Wange auf. Der heiße Tee schwappte heraus und traf sein Ziel. Ein heftiger Schwall ergoss sich über Samanthas Gesicht.

Samantha warf den Kopf zurück und heulte auf wie eine verbrühte Katze. »Mein Gesicht! Mein Gesicht!«, kreischte sie. Die Gartenschere flog ihr aus der Hand und landete scheppernd auf dem Boden, während ihre Hände hilflos um sich schlugen. »Du gemeine Hexe!« Voll Wut und Schmerz knirschte sie mit den Zähnen. »Was hast du mit meinem Gesicht getan!« Samantha wankte unsicher zurück, von der heißen Flüssigkeit geblendet und mit triefenden Haaren.

Theodosia beugte sich nach unten und schnappte sich die Gartenschere. Dann machte sie einen Satz nach vorn und brachte auch die stählerne Harke aus Samanthas Arbeitsgürtel in Sicherheit. Als würde sie einen Revolverhelden entwaffnen, dachte Theodosia verwegen.

Mit einer Hand an der Wand wankte Samantha hilflos herum und versuchte, sich den Weg in die Küche zu ertasten. »Hilf mir!«, jaulte sie vornübergebeugt und kein bisschen damenhaft. »Kaltes Wasser ... ein Handtuch!«

Theodosia zog ihr Mobiltelefon aus der Handtasche und wählte Burt Tidwells Nummer. Tidwells Büro stellte sie unverzüglich auf sein Mobiltelefon durch.

Theodosia gab ihm in knappem Befehlston Samanthas Adresse durch und wies ihn an, unverzüglich herzukommen. Dann trat sie hinaus auf die vordere Veranda, ließ sich erschöpft auf die Stufen sinken und barg das Gesicht in den Händen. Sie versuchte, nicht auf Samanthas klägliche Schreie zu hören.

49

»Alles in Ordnung mit Ihnen?« Tidwell sah ihr aufmerksam ins Gesicht. Vor zehn Minuten war er eingetroffen, atemlos, mit wütendem Blick, die Pistole gezückt. Sekunden später waren auch zwei Streifenwagen mit heulenden Sirenen und Blaulicht aufgetaucht.

Theodosia holte tief Luft und atmete hörbar aus. »Ich bin okay.« Tidwell hatte sie fürsorglich von den Stufen der Veranda zu der bequemeren Hollywoodschaukel geführt.

»Sind Sie sicher?« Eine seiner üppigen Augenbrauen zuckte zweifelnd. »Sie sind nämlich schrecklich blass. Aschfahl gewissermaßen.«

»Das ist nur Ausdruck von posttraumatischem Stress«, sagte Theodosia langsam. »So sehe ich immer aus, wenn ich geistesgestörte Mörder stelle.« Ihre Stimme zitterte leicht, doch es schwang auch ein Unterton von Humor mit.

Tidwell legte den Kopf schief. Er sah sie immer noch aufmerksam an. »Sie haben Recht. Sie haben eindeutig diesen gewissen Am-Rande-des-Abgrunds-Ausdruck im Gesicht.« Er grinste schief, aber es war eindeutig respektvoll gemeint.

Theodosia saß einen Augenblick schweigend da und betrachtete Tidwells große Hände, die nervös zuckten. »Haben Sie schon mit ihr gesprochen?«, fragte sie schließlich.

Tidwell nickte ernst. »Es klang alles ziemlich wirr, aber um Ihre Frage zu beantworten, ja, gesprochen habe ich mit ihr.«

»Ich war vollkommen auf dem Holzweg«, sagte Theodosia gereizt. »Ich war so sicher, dass Timothy Neville der Mörder war. Und dann hatte ich auch noch Lleveret Dante und Tanner Joseph in Verdacht!«

Burt Tidwell streckte sich zu seiner vollen Größe, zog den Bauch ein und sah sie mit einem Blick voller Tadel an. »Ich bitte um Verzeihung, Madam. Aber wenn Sie es gütigst unterlassen wollten, Ihre Anstrengungen schlecht zu machen oder klein reden zu wollen! Wenn die Gerechtigkeit jetzt ihren Lauf nimmt, dann allein Ihrer Bemühungen wegen!«

Wie aufs Stichwort öffnete sich die Haustüre, und zwei uniformierte Beamte führten Samantha Rabathan in Handschellen auf die Veranda. Die Polizisten hatten ihr gestattet, eine rosarote Wolljacke über ihre Gartensachen zu ziehen und sich einen farblich passenden Paisley-Schal wie einen Turban um den Kopf zu winden. Obwohl der Schal bis über die Ohren heruntergezogen war, waren auf der einen Gesichtshälfte rote Flecken und beginnende Blasen zu erkennen.

Auf den Stufen blieb Samantha zögernd stehen und sah sich verwirrt um. Plötzlich entdeckte sie Theodosia, und irgendetwas dämmerte in ihr.

»Theodosia!« Ihr Mund verzog sich zu einem flüchtigen Lächeln. »Bitte sei doch so gut und gieße den Korb mit Bleiwurz, ja? Und nimm dich in Acht vor der Sonne.«

50

»Sie hat dir ein Messer an die Kehle gehalten?«, quiekte Haley.

»Hast du nicht zugehört?«, fiel Drayton ihr entnervt ins Wort. »Theodosia hat uns doch gerade erzählt, dass es eine Gartenschere war!« Von Theodosias Begegnung mit der Gefahr noch bis ins Mark erschüttert, streckte Drayton seinen Arm über den Tisch und legte seine Hand beschwichtigend auf die von Theodosia. »Jedes Kind weiß, dass dieses Werkzeug eine tödliche, gefährliche Waffe ist!«

Drayton, Haley und Bethany hatten ungläubig und mit offenen Mündern zugehört, während Theodosia ihnen die bizarre Folge von Ereignissen schilderte, die sich bei Samantha Rabathan zugetragen hatte. Als Burt Tidwell Theodosia vor gut zehn Minuten in den Teeladen geführt hatte, blass und noch immer leicht zitternd, hatte er Drayton beiseite genommen und ihm hastig etwas zugeflüstert. Drayton hatte sich die unglaubliche Geschichte angehört und Tidwell überschwänglich gedankt. Dann hatte der sonst so unerschütterliche Drayton die letzten verbliebenen Gäste förmlich aus dem Salon gejagt. Wie Haley später erzählen sollte, war dies das einzige Mal, dass Gäste des Indigo Tea Shops je hinausgeworfen worden waren!

»Und ich dachte schon, Timothy Neville sei der Schuldige«, meldete sich Haley zu Wort. »Er ist so ein arroganter bärbeißiger Alter!«

»Auf meiner Liste stand er auch ganz oben«, gab Theodosia zu. »Ich hatte sogar befürchtet, dass er auch mit Mr. Dauphines Tod etwas zu tun hatte. Aber Detective Tidwell hat mir versichert, dass der arme Mann wirklich an einem Herzinfarkt gestorben ist.«

»Ich dachte, es wäre Tanner Joseph«, sagte Bethany leise. »Drayton hat uns vorhin verraten, dass er sich gestern Nacht vor deinem Haus herumgedrückt hat.«

»Der Typ hat anscheinend eine Schwäche für dich, Theodosia«, sagte Haley und rollte die Augen.

»Nun, er ist furchtbar töricht«, sagte Drayton empört. »Seltsamer Typ, schleicht herum, schaut durch fremder Leute Fenster und all so was. Ich vermute, er hatte vor, irgendeinen Liebesbrief an der Tür zu platzieren, ehe der Wachmann ihn verscheuchte.«

Bethany legte Theodosia eine Hand auf die Schulter. »Ich bin so froh, dass du in Sicherheit und wieder da bist«, sagte sie mit Tränen in den Augen.

»Ich bin froh, dass *du* wieder da bist«, erwiderte Theodosia.

»Und für Lleveret Dante hatte sich niemand ausgesprochen?«, fragte Drayton.

»Als Mörder?«, fragte Haley nach. »Eigentlich nicht. Aber ich glaube, das lag daran, dass wir nie genug über ihn in Erfahrung gebracht haben, um ihn ernsthaft zu verdächtigen«, fügte sie hinzu.

»Burt Tidwell schon«, sagte Theodosia. »Er hat mir erzählt, dass Dante hier genauso viel Ärger macht wie bei sich zu Hause in Kentucky.«

»Dann hoffe ich, sie verurteilen ihn und schicken ihn postwendend wieder dorthin zurück«, sagte Drayton. »Gute Methode, solchen Müll wieder loszuwerden. Kerle wie den können wir hier in Charleston nicht gebrauchen.«

»Genau«, verkündete Haley. »Davon haben wir selbst schon genug.«

»Drayton, wie spät ist es?«, fragte Theodosia auf einmal.

Er zog die Nase kraus und warf einen Blick auf seine alte Piaget. »Zwanzig vor vier.«

»Was bedeutet, dass es eigentlich zehn vor vier ist«, warf Haley ein.

»Fährst du mich zu Tante Libby hinaus?«, fragte Theodosia. »Ich will Earl Grey abholen.«

»Aha!« Haley klopfte auf den Tisch. »Kommt, wir fahren alle zusammen raus ins Low Country und holen Earl Grey ab. Wir können unterwegs bei Catfish Jack's anhalten und mit Bier und Räucherfisch feiern.«

»Die Idee gefällt mir«, sagte Theodosia. »Aber können wir das auf ein andermal verschieben? Ich muss gleich wieder zurück.«

»Ja, das musst du«, sagte Drayton wohlwollend. »Du hast eine fürchterliche Tortur hinter dir. Was du jetzt brauchst, ist ein geruhsamer, gemütlicher Abend zu Hause.«

Drayton hat Recht, dachte Theodosia, *ich sollte es wirklich ruhig angehen lassen, mich ein bisschen entspannen. Und das werde ich auch. Morgen Abend, ganz sicher. Aber was heute Abend anbelangt ... heute geh ich in die Oper!*

Ein Rezept aus dem Indigo Tea Shop

»Theodosias marmorierte Eier«
Eine sommerliche Vorspeise

$1/2$ Liter Wasser
8 kleine Eier
2 Teelöffel loser Schwarztee
oder 5 Teebeutel
1 Teelöffel Salz

Eier in einen Topf geben, mit kaltem Wasser bedecken und zum Kochen bringen. Die Hitze reduzieren und die Eier etwa 10–12 Minuten köcheln lassen. Die Eier herausholen und das Wasser beiseite stellen. Die Eier so lange abschrecken, bis man sie anfassen kann, und sie dann mit dem Rücken eines Teelöffels rundherum vorsichtig aufschlagen, so dass die Schale Risse zeigt. Die Teeblätter oder Teebeutel in das noch warme Wasser geben und die Eier zurück in den Topf legen. Salz hinzufügen und die Eier im geschlossenen Topf etwa eine Stunde köcheln lassen. Den Topf vom Herd nehmen und die Eier noch etwa eine halbe Stunde ziehen lassen. Die Eier herausnehmen, abkühlen lassen und schälen. Sie sind nun braun marmoriert. Um sie zu servieren, die Eier halbieren und mit Paprika und gehackter Petersilie garnieren.

Danksagung

Mein Dank geht an Mary Higgins Clark, die mich auf den richtigen Pfad geführt hat; an Grace Morgan, überragende Agentin; an Judith Palais, Cheflektorin und Liebhaberin von Teestuben; meinem Schriftstellerkollegen R. D. Zimmerman für seinen Sachverstand und seine guten Ratschläge; an Jim Smith für seine Freundschaft und seine Ermutigung; und an Dr. Robert Poor, meinen Mann, für all seine Liebe und seine Unterstützung.

NOBLE LADIES OF CRIME

Sie wissen alles über die dunklen Labyrinthe der menschlichen Seele...

44425

43552

42597

44091

NOBLE LADIES OF CRIME

Sie wissen alles über die dunklen Labyrinthe der menschlichen Seele...

44703

44844

41653

44698

DEBORAH CROMBIE

»Eine herausragende Romanserie einer Meisterin der Kriminalliteratur.«
Publishers Weekly

44091

43209

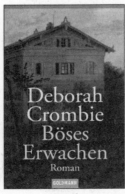

44199

42666

GOLDMANN

CAROLINE GRAHAM

»Caroline Graham schreibt einfach die besten Krimis seit Agatha Christie.«
The Sunday Times

44676

44384

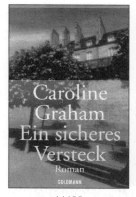

44698

44261

GOLDMANN

*Das Gesamtverzeichnis aller lieferbaren Titel erhalten Sie
im Buchhandel oder direkt beim Verlag.
Nähere Informationen über unser Programm erhalten Sie auch im Internet unter:*
www.goldmann-verlag.de

★

Taschenbuch-Bestseller zu Taschenbuchpreisen
– Monat für Monat interessante und fesselnde Titel –

★

Literatur deutschsprachiger und internationaler Autoren

★

Unterhaltung, Kriminalromane, Thriller
und Historische Romane

★

Aktuelle Sachbücher, Ratgeber, Handbücher und
Nachschlagewerke

★

Bücher zu Politik, Gesellschaft, Naturwissenschaft und Umwelt

★

Das Neueste aus den Bereichen
Esoterik, Persönliches Wachstum und Ganzheitliches Heilen

★

Klassiker mit Anmerkungen, Anthologien und Lesebücher

★

Kalender und Popbiographien

★

Die ganze Welt des Taschenbuchs

★

Goldmann Verlag • Neumarkter Str. 18 • 81673 München

Bitte senden Sie mir das neue kostenlose Gesamtverzeichnis

Name: _____

Straße: _____

PLZ / Ort: _____